ANTHOLOGY OF YIDDISH FOLKSONGS

VOLS I—IV

This special edition of the Anthology of Yiddish Folksongs is dedicated to the memory of **Golda Meir,** Prime Minister of Israel (1969—1974), who represented to the world the very soul of the Jewish People, its civilization, its uniqueness, and its humanity

THE HEBREW UNIVERSITY OF JERUSALEM

anthology of yiddish folksongs

AHARON VINKOVETZKY
ABBA KOVNER
SINAI LEICHTER

VOLUME ONE

MOUNT SCOPUS PUBLICATIONS
BY THE MAGNES PRESS

Distributed By The Magnes Press
The Hebrew University, Jerusalem 91904

First Edition, June 1983
Second Edition, August 1983
Third Edition, March 1989

Printed in Israel
ISBN 965-223-447-8

Graphics: Yoseph Marton
Illustrations: Daniela Passal
Photo-Computerised Typesetting — Boys Town, Jerusalem
Plates: Art Plus, Jerusalem
Printing: Ahva Co-op. Press, Jerusalem

"I was attracted to the strange and haunting beauty of Jewish music. I felt, almost, as though I had been brought into a new musical world when a few authentic Jewish melodies were brought to my notice. I was so bewitched by the mysterious color and exotic charm of these melodies that for weeks I could not get this music out of my mind. Then my imagination was set aflame..."

Maurice Ravel.

"The innermost history of the Jewish people is expressed in its Folksongs."

Aaron Jellinek

This Anthology contains 340 songs, which are grouped in 14 sections according to their basic themes.
The Anthology consists of the following four Volumes:

PREFACE

Assuming that the readers and the singers of this Anthology may wish to know how it came into being, we would like to describe its "Genesis" in a few sentences.

In 1979, a new immigrant from Leningrad, Aharon Vinkovetzky, approached the Information Department of the Hebrew University of Jerusalem, with a suggestion to publish an Anthology of Yiddish Folksongs based on material which he had collected in Russia over many years. A Public Committee was then organised, headed by Mrs. Emma Schaver of Jerusalem, Mr. Leon Gildesgame of New York, with some thirty members, mostly volunteers, including experts in Jewish Folklore, Music, Literature and History, as well as graphic artists, translators, editors and educators, all of whom were inspired by the desire to preserve and to re-vitalize something of the cultural and folkloristic heritage of Eastern European Jewry that is no more.

The Editorial Board spent more than a year, probing, scanning and selecting 340 songs, most of them based on Aharon Vinkovetzky's collection - and others on old publications, manuscripts, recordings and oral transmission.

Abba Kovner, one of Israel's foremost poets and leader of the partisan fighters in Lithuania during the Second World War, wrote an inspired and inspiring introduction which was translated from Hebrew into English by Malcolm Low and Shirley Kaufman, and into Yiddish by Ephraim Shedletzky. The English translations and summaries of the songs were written by Sol Liebgott and Professor Yitzhak Walerstein, and the Hebrew by David Niv, aided by Yitzhak Bonneh and Daniel Efron. The illustrations were made by Daniela Passal.

The Editorial Board wishes to express its deep appreciation and gratitude to Professor Dov Noy and his brother Meir for their valuable advice and guidance; to Yoseph Marton for his devoted efforts; and to Mr. Leon Gildesgame for his tireless efforts to secure the funds needed for the project. A list of major gifts appears in the introductory pages.

It is the hope of the Public Committee and of the Hebrew University of Jerusalem that the Anthology of Yiddish Folksongs will serve as a source of joy and inspiration to Jewish families all over the world and will be a valuable resource for Jewish schools, synagogues and societies.

EMMA SCHAVER
Chairman
Public Committee

SINAI LEICHTER
Chairman
Editorial Board

To the Reader

To enable the widest possible use and enjoyment of the songs in the original Yiddish, especially by the younger generation of Jews throughout the world, the Editorial Board has provided the following facilities:

a) Transliteration of all songs, in full, into Latin characters, according to the rules of YIVO.

b) Chords suited to piano or guitar to enhance group singing at home, in synagogues, schools, clubs and youth movements.

c) Names of poets and composers are given wherever known.

d) Captions to each song in Yiddish, Hebrew, English and in Transliteration.

e) Short biographies of all known poets and composers whose songs appear in this Anthology, and of the major protagonists of Yiddish Folksongs.

f) Bibliography of major collections of Yiddish Folksongs and a selection of books on the subject.

g) Alphabetical indexes of all songs, composers and poets.

e) Each of the 14 chapters is briefly prefaced for the purpose of general orientation.

Note: The lyrics of some of the songs will not make sense, unless sung in Yiddish, where the humourous rhymes and rhythms are the core of their attractiveness and popularity.

Anthology of Yiddish Folksongs

Compiled by	Aharon Vinkovetzky
Introduction	Abba Kovner
Illustrations	Daniela Passal
	Public Committee
Chairman	Emma Schaver
Vice Chairman	Eliyahu Honig
Hon. Treasurer	Leon Gildesgame
	Prof. Israel Adler
	Eddie Aronoff
	Avraham Berniker
	Theodore Bikel
	Yitzhak Bonne
	Melvin Fenson
	Dr. Jacob Gelman
	Dr. Israel Goldstein
	Abe Harman
	Prof. Abraham Katch
	Shirley Kaufman
	Michael Lockman
	Yaacov Macht
	Prof. Dov Noy
	Jan Peerce
	Prof. Dov Sadan
	Faye Schenk
	Anka Shamir
	Ephrayim Shedletzky
	Elie Wiesel
	Solm Yach
	Prof. Jacob Zussman
	Editorial Board
Chairman	Sinai Leichter
Hebrew Editor	David Niv
Yiddish Editor	Shoil Ferdman
English Editor	Sol Liebgott
ASsociate Eng. Editor	Prof. Y. Walerstein
Music Editor	Lev Kogan
Graphics Editor	Yoseph Marton
Music Graphics	Sara Ginzburg, Edwin Serusi
Proofs	Zeev Elyashiv,Chaim Leichter
Music Proofs	Zvi Kaplan

TRIBUTE

The Editorial Board of the Anthology wishes to record the names of those whose financial contributions made this publication possible. Thanks to their generosity, something of the cultural heritage of East European Jewry will be preserved and placed, in suitable form, at the disposal of the younger generations of Jews in all parts of the world.

Our special gratitude goes to Mr. Leon L. Gildesgame of Mt. Kisco, New York, for his steadfast efforts and boundless devotion.

The board places on record its appreciation to Mr. Samuel Rothberg, honorary chairman of the International Board of Governors of the Hebre[illegible] versity of Jerusalem, for his most significant support.

From the United States of America:

Walter Artzt
Theodore Bikel
Aron Chilewich
G. & R. Daniel Foundation
Nathan Derector
The Gildesgame Family
Cecil & Ruth Greenwold
in memory of Lena Goldberg
of Melbourn, Australia
Simon Jaglom
Ludwig Jesselson
The Kampe Foundation
Paul Kohnstamm
David Rose
Romie Shapiro
Rachel Skolkin
in memory of her parents,
Zeev & Tsvia Silberstein of Jerusalem
Max Targ
Frieda Weiner and Lea Miron

Professor Tuvia Maizel *(Mexico)*
Pierre Gildesgame *(London)*
Israel and Miriam Blankfield *(Melbourne)*

From Canada:

Daniel J. Albert
Eddie Aronoff
Saul Aronoff
Dr. David Azrieli
Joseph Berman
Bernard Bloomfield
Louis Mendelson
Fay Micay
L. Reznick
Leon Shane
Joseph Shapiro

From Israel:

Joe Busheikin
Leba Fine
in memory of her husband, Abraham Fine
Jennie Fink
Yehuda Honig
whose love for Jewish culture continues
to inspire his children and grandchildren
Dr. Alec Lerner
Daniela Passal
in memory of her husband, Dr. Elias Gechman
The Rotman Family
in memory of Golda
Emma Shaver

CONTENTS

Abba Kovner

FOLKSONGS OF A VANISHED ERA

1 September 1980
7 a.m.
As I sit at my desk
writing the introduction for the anthology
of Jewish folksongs, I think
of rising and walking once again
in the streets of the city
where my parents' house stood in the suburbs
on the banks of the little Vilenka river which flows
into the Vilya river which flows
into the great Neman river which pours
into the Baltic Sea. I think
before writing I should return to the source
of the songs we sang
on workdays and holidays
in the small hours of the morning.
But on the morning of September first
in the year 1980
I am sitting in Ein Hahoresh,
a kibbutz in the Sharon Plain of less
than 900 people, including 240 young children,
10,000 miles' walk,
37 years 21 days and 6 hours exactly
from that hour
when I and my fellow-commandos
the last Ghetto fighters
slipped past the ring of German
destruction and broke out
through the sewers to the forest of the partisans
without knowing who would live and who
would die,
who by fire and who by water.
The city
where my parents' house stood in the suburbs,
where we sang those songs,
was called by Jews

the Jerusalem of Lithuania
because everything of Jerusalem was there
except for Zion and Jerusalem.
And before we left it forever
we set up barricades in its streets
– fighters of all peoples
and all times built barricades
as we know
when the time came to take up arms
against the oppressor and enemy –
but I do not know
really do not know when there was
an enemy like
the Germans – Ukrainians – Lithuanians – Nazis
– one God one Folk one Fuhrer –
faced by
old people – women – children –
famished incarcerated tortured – without
government – without army – without –
without – without –
I never saw really never saw – who among the fighters
for the freedom of man ever saw – barricades
built out of bundles of books
because
in the capital of Lithuania in the Vilna Ghetto
there was no sand
to fill sacks the way armies do
when they set up their positions.
But – if you understand me –
in the Jerusalem of Lithuania they printed
for 150 continuous years by the Gutenberg method
the Talmud
brought from Babylonia by their forefathers
smuggled out of all the auto-da-fes
in great volumes
used daily,
for every good Jew in those parts fixed
a time for his reading the Torah,
a daily page
according to G-d's commandments.
It was not enough for the Jews to fulfill
613 commandments: the Chosen People
was also commanded to study
and every good Jew in those parts made a habit

of being at least
one page wiser each day
every day wiser for every day.
In the library, as in each house, there was a wall
for the Six Orders of the Talmud
and when the Six Orders could do nothing
they added Sholom Aleichem who taught a Jew
how to laugh when his other eye wept,
and Mendele Mokher Seforim, grandfather
of that modern Yiddish literature which gave birth to more
in the short period between two world wars
than any other literature throughout the centuries,
and I.L. Peretz next to
the poems of Micah Joseph Lebensohn,
herald of modern Hebrew lyric poetry who died
at twenty-seven,
and the books of his father Adam ha-Kohen,
pioneer of the Jewish Enlightenment who opened
windows looking out at the big world,
and pages and pages of Isaac Meir Dick
who was born before bestsellers existed.
There was not one Jewish woman in Vilna,
especially among the poor,
who going to market would not take an extra
ten kopeks to buy a new volume
of stories by the popular novelist for the whole family
which sat reading on Fridays, and if
Isaac Meir Dick was not enough
others had *The Love of Zion* by Mapu,
and many knew Bialik's "City of Slaughter" by heart
without understanding –
Look! the poem is here – on the barricade
with all the volumes of *Ha-Tekufah*
heavy volumes
where the rifle can now be placed
with its four bullets
and the unsheathed revolvers
and the made-in-the-Ghetto hand grenades
opposite the gate
where the German liquidators are entering on foot
and riding half-tracks and dragging cannons.
Their helmets are shining
in the morning sun – September 1, 1943,
exactly 37 years ago. And I know that the books still

hover in the air, perhaps even more
beautiful –

Because Vilna rebuilt is a new Vilna
and the Jerusalem of Lithuania is gone
and never will return.
I yield to the pull of the earth,
go back to my writing desk donated by
the Furniture Committee of the kibbutz on my return
from the War of Independence in the south,
my third war and not
my last – and I open a collection of songs
and find the lines written in Yiddish by Bialik
and copy them here
word by word:

"Unter di grininke boymelekh
Shpiln zikh Moyshelekh, Shloymalekh,
Tsitsis, kapotkelekh, peyelekh –
Yidilekh frish fun di eyelekh."

1.
The Largest Tribe of Israel

These songs were sung by a people in a world that has vanished. It was the world of East European Jewry, which in the last generations before World War II comprised the greater part of the Jewish people. In that world the largest tribe of Israel to appear since the Jewish people went into exile lived and flourished.

Before Hitler's armies came and turned the continent into a crematorium, the Jewish world of Eastern Europe was fertile ground for writers, national thinkers, philosophers and scientists who gained a global reuputation among their own people and among others. Yet this contribution by famous Jewish intellectuals to universal culture, a contribution familiar to all, was not more important to the history of Jewish life than the anonymous literary creativity that arose from a deep-rooted and effervescent folkness, which left an indelible imprint upon the formation of the character of the Jew in Eastern Europe and upon the way of life, both private and public.

Under the green trees by the way,
Little Moshes and Shlomos play,
Gaberdines, fringes, earlocks, new–
Hatched from the egg, each baby Jew.

2.
Between Myth and Reality

From Riga on the coast of the Baltic in the north
to Odessa on the shores of the Black Sea
from Kalisz to Brody and Poltava,
by way of the spacious provinces of Russia and the Ukraine,
in Serbia and Romania, Bohemia, Moravia and Hungary
and above all
in the towns and townships of Poland and Lithuania
the houses of Israel flourished, as Europe still lay
in the twilight of the Middle Ages.
Their forefathers came in waves: a wave from
the east and a wave from the west
alternately. Refugees from Byzantium
and from persecutions in Germany.
Survivors. From days of old
wayfaring Jewish merchants traversed the lands of
the Oder and the Vistula to reach the gates
of Asia and the river
Sambatyon. Thus we are told by Abraham ben Jacob,
the Jewish traveler, of the growth of the Jewish community
in Kiev
in the middle of the tenth century. Probably in that period
the capital of the principality of Kiev was already
a center of Jewish settlers
and a crossing-point Jewish families and groups going west
toward the provinces of Podolia and even
Lemberg. While from the other side
caravans from the German states
in the direction of Bohemia and Moravia
were increasingly striving to go east – whether for refuge or for room to use their talents, the Jewish migrants did not come to the Slav lands by the back door, or stealthily in the night, but entered them on the main road of civilization: the emergence of towns in Europe was at that time spreading from west to east – and this was also the direction of Jewish migration. It seems that from ancient times the Jewish wanderer had his own radar for piloting his boat through rocks and storms without being shattered on the cliffs.

3.

The Story Begins with Cordiality

About a thousand years ago
before Poland had a king
a Jewish wayfarer arrived at the country's frontier.

The man was a trader and learned in the Torah, and like his brethren was continually migrating – eastward. In those days the Christian gospel was beginning to reach the land of the Slavs, but hatred of Christians for Jews had not yet appeared in its wake. The inhabitants of the place received the Jew with bread and salt and said: "Signs were given to us from heaven that you are the man who will be our king and unite our tribes, so come and be our king!"

The Jew's name was Prochownik, testifying to the many roads on which his feet had become dusty.* He complied with their plea and became King of Poland for one day.

The next day they threw him to the dogs –

"A mol iz geven a mayse,
Di mayse iz gor nit freylekh, –
Di mayse heybt zikh onet
Mit a yidishn meylekh."

Until now we do not know what is legend and what is a grain of truth in the story of the king-for-a-day. But it is certainly true that between the life of a king and the life of a dog, forty generations of our forefathers appeared. The first ones to arrive were received with a cordiality that raised hopes.

The royalty – princes and dukes – used to invite them to settle in their domains under their protection, to help in developing the backward country by means of trade and the construction of private towns for the Slav rulers. All seemed to augur well. After the persecutions in the west, the gate of life in the east had been opened.

Only too soon
here also the old affliction
fell upon them, curse of discrimination,

* The name means "bearer of dust."

A melancholy tale I have to relate
A tale about a Jewish king and queen
In the ancient Polish State

hostility of townspeople and nationalists,
antisemitism of the Christian clergy,
blood libels.
Pogroms.

The welcome Jew returned to being an alien.
His blood could be shed.
with impunity.

4.
And When They Shall Oppress Him

Unbelievable!
In those good old days, when Jewish immigrants were still welcome and could enjoy the protection of the rulers, when they saw the goodness of the land and watched the cities spring up with their help, the Jewish commonwealth on the banks of the Vistula, the Neman, the Danube, the Dnieper and the Volga was limited. In those days, when the Jews had their Council of the Four Lands, when Jewish autonomy flourished, they were only an insubstantial minority. When in the seventeenth century Chmielnitzky, the worst oppressor of the Jews until then, arose to destroy the houses of Israel with fire and sword, the Jewish population of the whole of Poland amounted to only a quarter of a million.

When Hitler's legions went out to implement the *Final Solution,* there were over seven million Jews living in Eastern Europe.

Of course, restrictions had long been imposed upon their sources of income. They had been forbidden to acquire land of their own. Eventually they were expelled by the Tsar from the large towns to the *Pale of Settlement,* which was meant to suffocate a people, not to revive it. But here, in the terrible distress of their existence, the Jews revealed their amazing vitality, their talent for living.

5.
The Paradox of the *Shtetl*

Segregated from the surrounding society, cut off from the rest of the world, isolated by inferior roads between swamps and forests, and by the wall of political prohibitions, densely packed together in their small settlements, the Jews developed the special type of community which was the Jewish township of Eastern Europe — the *shtetl.*

The *shtetl* was not a small town. Nor was it a large village. The *shtetl* was simply a small organ in the body of a large population – and it was a complete Jewish world in itself.

A world of enormous paradox: millions of members of the Chosen People, destined for greatness by divine providence, lived in the Pale of Settlement and ghettos like animals in pens, in abject poverty and deprivation. Yet no other place was like the Jewish township – so open to the world, alert and sensitive to the voices proclaiming enlightenment, national revival, social redemption, so involved in the ideals of revolution, progress and humanism which soared in the skies of the modern world.

In damp cellars, in garrets, in courtyards of synagogues, or in the market squares of those towns and townships, the Jews lived history with an uncommon intensity. They were not captains and generals in the great campaigns of their time, they did not make history. But history was happening to them constantly. Beside the shoemaker's stool,
in negotiations with the tailor, in everyday
conversations about an egg and chickens,
in the old market,
or in pleasant discourse with the Sabbath guest,
wherever current affairs were discussed you could hear them
recalling the creation of the world,
the expulsion from paradise,
the flood and its moral, the destruction of the Temple,
and. . .
the Russo-Japanese War. In one breath
they would mention
the names of Balaam, Alexander the Great, the Gaon
of Vilna and Napoleon, the Maggid of Dubno
and Rothschild; they cited opinions from Maimonides,
from Ecclesiastes, in the name of Rabbi Akiva and
the Baal Shem Tov, from books of Rabbi Nachman
of Bratslav, as if they were all
persons alive and present,
members of their own generation
about to emerge
from the anteroom of the old synagogue
and walk in the fish market
or sit down at the family table.
Nowhere, it seems, was closer to Mount Sinai
than the snow-covered synagogue in a township
of Lithuania or the Ukraine.
A whole thesaurus in itself were the Yiddish curses.

Even the curses of the carters
or the women selling goods in the market,
were full of allusions to the Bible,
to the literature of *Aggadah* and *Halakhah,*
to the *Shulhan Arukh* and to *Ein Ya'akov,*
to the tradition of generations.
And at the other extreme of the tradition,
there was no revolutionary idea in Europe and no liberation
movement in the world which did not closely affect the Jews of
the *shtetl,* which did not shake the walls of the house and the family
table with fierce disputes and yearnings, no less than the coming of
the Messiah.

Here you could see, on its way past the Great Synagogue, a procession of enthusiastic workers waving the Red Flag on May 1, while in the same unpaved street the feet of other young people would – no less enthusiastically – raise up the dust in the annual parade on Lag ba-Omer, with the flag of the Jewish-State-to-be hoisted above their heads.

Hasidim would carry infants in their arms, wrapped in prayer-shawls, to their first lesson in the *heder,* while groups of *tarbutnikim* would hurry past them on their way to the school where they could already learn Hebrew-in-Hebrew! At the same time, thick-bearded Jews sitting on the wooden benches in the public park would be hungrily devouring the leading articles in the Jewish daily newspaper. *Haynt* and *Moment,* which arrived from Warsaw before the smell of the fresh ink had time to fade.

Among the founders of those communities, there was not even one person who thought that his *shtetl* was his whole world, or that he was building his permanent home in those alleys. Admittedly, the Jew never ignored matters of the present world in favor of the world to come; he devoted himself to his earthly duties with complete earnestness. But he also never forgot that all-this-here is ultimately "conditional," a way of waiting until the prophet Elijah arrived to proclaim that the hour had come to leave on his way to redemption.

From a distance – meaning in the eyes of a stranger – the Jewish street seemed like a nest of ants, whose inhabitants were blindly running about and congregating in groups. But the masses in the *shtetl* had a dream. From that dream came Trotsky and Weizmann, Chagall and Artur Rubinstein, Bialik and Ben-Gurion. Over their cradles they heard the words and melody of the same lullaby:

"Unter mayn kinds vigele
Shteyt a goldn tsigele.
S'tsigele iz geforn handlen
Rozhinkes mit mandlen. . ."

6.
Behind the Stereotype

The stereotyped image of peddlers and money-changers, whose only interest was a greed for money, hid the true character of the Jewish population, with its great variety, earning an honorable living however they could and being content with their lot.

They engaged in every trade
life needed in their time –
millers in flour-mills
bakers of bread
tailors and saddlers
shoemakers and cobblers and tanners
plasterers, glaziers and smiths:

"In der kuznie bay dem fayer
Shteyt der shmider un er shmidt;
Klapt dos ayzen, funken fayer shpritsn,
Un er zingt derbay a lid:

Fun der frayhayt, vos vet kumen,
Zingt er mutik, zingt er heys,
Un er filt nit, vi es rinen
Fun zayn ponim taykhn shveys."

Beneath my baby's cradle
Stands a little white goat
The goat went off to trade
In raisins and almonds

In the smithy at the fire
Stands the blacksmith stout and strong.
Sparks fly as he strikes the iron;
As he strikes, he sings a song.

Heartily and bold he sings of
Freedom that will come apace.
And he does not feel as streams of
Sweat go pouring down his face.

Among the ordinary folk in every center, you would find the wagoner, the porter and the water-drawer. As for the shoemaker, whose trade did not provide a living, he would also be a teacher for beginners in order to keep body and soul together:

"Oh hemerl, hemerl, klap,
Shlog shtarker a tshvek noch a tshvek, –
Keyn broyt iz in shtub shoyn nito,
Nor tsores un leyd on an ek."

Besides the peddler of haberdashery – and sometimes of precious stones – trudging between the manors of the "squires" in search of the means to nourish his numerous offspring, and besides the Menachem-Mendel who was absorbed in matters of the spirit, you would encounter the bent backs of the first Jewish members of the proletariat, former petty artisans now working in factories:

"Gey ikh mir in fabrik,
Der zeyger iz shoyn akht;
Kum ikh mir in fabrik
Un blayb mir shteyn fartrakht. . ."

"Sovereign of the Universe!" – asked those workers – "Have we any chance of not dying from consumption inside the walls of these miserable factories?"

And they also engaged in work in the woods and on the waters. The Jews in this region built barges and transported trees from the forest along the rivers to the Bay of Gdansk and the Dutch coast. Until they were torn away, there were Jews working on the land, even landowners here and there.

And there were Jewish towns, in which the gentiles were a minority, until the authorities were cunning enough to change the town boundaries before the census and elections; and there were also townships in which there were no gentiles apart from the *shabbes-goy*.

Strike, little hammer, strike,
Strike harder, nail after nail!
Food– I have none in the house
But only troubles and travail

I arrive in the factory
The time is just eight
But I remain there standing
Lost in my dreams and thoughts

The market and the fair were the chief trading places of the Jews and gentiles. Here bargaining took place between peasant and Jew, amid tension and mutual dependency: the Jews needed the fruits from the farms of the peasants, while the latter required the tools and household goods from the stores and workshops of the Jews.

For hundreds of years, the Jews were the teachers and guides of the Slav peoples in wholesale and retail commerce, in the art of foreign trade, in financial theory and technical professions. They set up the important banks and founded the textile, sugar, tobacco and clothing industries.

The world of the gentiles was distinguished by stability and slowness, while the Jews were aflame with activity and constant initiative. Not by chance were Jews among the first promoters and financiers of railroads in Europe, which were to symbolize more than anything the unity of the new world that was coming:

"Lomir trinken a lekhaim,
Ay-ay, ay-ay-ay!
Far dem lebn far dem nayem,
Ay-ay, ay-ay-ay!"

7.
The Treasure of the Soul

A new world was indeed coming: little by little, the changes also penetrated the Jewish *shtetl.* The changes were heralded by the smoke of the trains, the thunder of distant cannons and the high-school caps on the heads of Jewish children. The Jewish street gradually acquired the character of a society more modern, more secular, imbued with a lively political consciousness, eager for cultural and intellectual variety. Yet even as the twentieth century began, this society remained faithful to its origins and to the way of life and internal values of the *shtetl,* as something essential to be passed on from generation to generation.

For the Jewish township was indeed a kind of social unit having an established autonomous administration which molded its own style of life, a style which had a clear scale of values.
And therefore:

Let us drink Le-Khayim
To life, to our new life!

"Im yeysh et nafsh'kha ladaat et hamaayan
Mimenu shaavu akhekha ham'dukaim
Beyn m'tsarey sh'ol um'tsukot shakhat, beyn akrabim —
Tankhumot eyl, bitakhon, otsma, orekh ruakh
V'khoakh barzel laseyt yad kol amal, shekhem
Hanatuy lisbol
B'li keyts, b'li g'vul, b'li akharit —
El Beyt-Hamidrash sur, hayashan v'hanoshan,
B'leyley teyvet haarukim, hashomeymim,
Biymey tamuz haboarim, halohatim, —
...Az yageydkha lib'kha,
Ki ragl'kha, al miftan beyt khayeynu tidrokh
V'eynkha tire otsar nishmateynu."

Kh. N. Bialik

The gates of the house of learning were open every day of the week, day and night. Study was a basic necessity of life. Every young Jew of distinction migrated from his parents' house to a center of Torah studies, in order to spend years in a famous *yeshivah.*

The *yeshivah* is one of the oldest institutions in the Diaspora communities. But in Eastern Europe it reached the peak of its development and its achievements. In the *yeshivot* of Poland and Lithuania educational methods evolved that gained worldwide renown.

Those *yeshivot* not only produced men famous for their learning in the Torah but also – and not by chance – many thinkers of the new generation and

---

If you would know the well where those who, crushed
Between the straits of Chaos and the Grave,
Drew comforts of the Lord, and mighty faith
To suffer long, and iron strength to bear
Travail, with shoulder set to toil in life
Of rancour and despite, toil without end
Beneath the boundless burden. . .

. . .

Turn to the Beth Hamidrash, antic, old,
In the long nights of winter desolate,
In summer days that scorch and flame with heat,

. . .

Then shall the heart inform you how your feet
Stand on the threshold of our House of Life,
And our Soul's treasure-house your eyes behold.

intellectuals who assumed central roles in the Zionist revival movement and in the revolutionary movements of the new era.

In the absence of state institutions for social security and of a system of public scholarships, the custom of "eating days" became a social institution which saved many *yeshivah* students from the shame of hunger and sometimes even found them the girl of their choice. . . Every family would invite one *yeshivah* student to eat at its table for a number of days, according to its means. And, indeed, matching the daughter of rich parents with a poor but learned man was a social ideal in the eyes of the Jews of Eastern Europe. Centuries before compulsory education was introduced in the countries of Europe, every Jewish boy was studying even before the customary school age today. When he was three or four years old, he would already be sitting in front of his rabbi and learning Torah and the alphabet:

Oyfn pripetshik brent a fayerl
Un in shtub iz heys,
Un der rebe lernt kleyne kinderlekh
Dem alef-beys!:

Zet zhe, kinderlekh, gedenkt zhe, tayere,
Vos ir lernt do;
Zogt zhe nokh a mol, un take nokh a mol,:
Komets alef – O!

Un az ir vet, kinder, dem goles shlepn,
Un oysgemutshet zayn,
Zolt ir fun di oysies koyekh shepn –
Kukt in zey arayn!"

A little flame burns in the tiny grate
And the room is warm,
And the Rebbe teaches little children
The Hebrew Aleph Beth.

Say it after me, learn your lesson well
Remember it forever
Repeat is once again, again and yet again
Kometz Aleph O

When through life you will bear
Our exile's heavy load
You will draw strength and hope
From these letters of old

Impoverished as it might have been, every Jewish community maintained the many educational institutions in its midst and took care of orphans and the children of the poor. In the *shtetl* there was no more derogatory term for the baseness of a man than to call him illiterate, an ignoramus.

On every feast day and on every Sabbath, the congregation would gather in the synagogue. However poor, there was no settlement of Jews that did not have a synagogue in its center. Small ones would have a single synagogue, middle-size ones would have several of them, and the largest communities would support more than a score! How did this all exist without any government assistance? From the stratum of esteemed members, the congregation would take its "dignitaries." The "dignitary" was the community leader and its representative to the authorities. The "dignitaries" and the "committee" would appoint the office holders – very few of them on a salary – who maintained the community services. You might encounter the cantor and the sexton, the slaughterer-and-inspector appointed to supervise dietary regulations, and over them all the rabbi. The "committee" would raise taxes – for the state and for education, for religion and the internal social services of the community. Whereas the authorities demanded the payment of a tax *per capita,* the Jewish community would turn it into a kind of "rich man's tax," a tax which was progressively greater in proportion to the means of the individual.

Charity, one of the chief commandments of Judaism, was carried out by means of voluntary societies. There was a society called "Clothing the Naked," which brought clothes and shoes to people in distress. The "Taking in Guests" society took care of the visitor staying for the night who had no means. There were also "Cast Me Not Off in the Time of Old Age," the "Orphans' Home," the "Bridal Fund," "Rendering Charity" (which gave interest-free loans) and "Giving in Secret." Their names may now sound strange, but they were a response of good will to the acute problems that perplex modern mass society even to this day.

Larger communities actually built and maintained hospitals. But even in the small *shtetl* there would be a society providing medicaments, help with household tasks, and spiritual support for sick people living alone, fulfilling the commandment of visiting the sick.

Violent robbery and murder were unknown in the *shtetl.* There were no drunken Jews wandering along the sides of the streets, cases of violence were very rare, and the criminal records of the police would be unlikely to contain half a score of Jews. The most severe punishment that the community could impose on members who strayed from the straight path was social criticism and ostracism. For centuries, indeed, the Jewish community was only a voluntary society!

8.
Cradle of the Jewish Revolution

Such were the moral and social foundations of the Jewish communities in Eastern Europe. But there is no greater illusion than that of regarding those communities as a world frozen alive, of treating the experience of the *shtetl* as a "classic example" of obscurantist conservatism or as the "pastoral life of a provincial swamp." Even in those traditional communities, there was never an absence of social tension and intellectual conflict, in both earthly and heavenly matters, and both the individual and the public were caught up in them – sometimes to the point of crisis. The greatest and most bitter controversy erupted in the second quarter of the eighteenth century with the appearance of *Hasidism.*

It might seem that everyone knows what *Hasidism* is. All the same, it is worth recalling in the present context some features of that movement, which has few parallels in cultural history. It began in the most remote border settlements of the Ukraine. Quickly it burst "from the forests" and flowed in an increasing torrent across Belorussia, Volhynia, Central Poland, Galicia, Hungary, Romania, Lithuania, Slovakia, taking shape and ramifying – over the ocean – to this very day. *Hasidism* did not make its conquests by forcing itself upon the masses, nor by virtue of an innovative concept. The significant change which it introduced into the Jewish communities of Eastern Europe was the *Hasidic congregation,* a kind of association headed by a new and authoritative leader – the *tzaddik.* This congregation developed its own kind of religious service, which did not deviate in the slightest detail from the accepted prayer book, but was characterized by enthusiasm and abandonment. In their form of prayer, in the manner in which they fulfilled positive commandments, indeed in all their everyday behavior, the *Hasids* were characterized by manifestations of devotion, rejoicing, song, and dance – which contained an element of ecstasy, which burst out to illuminate the Jewish home sunk in sorrow and poverty.

The message of *Hasidism,* therefore, chiefly concerned the formation of a Jewish style of life, which left a deep imprint upon the individual and the whole Jewish population in each particular locality. *Hasidism* propelled the Jewish Diaspora into a religious revival movement, popular in nature and foreceful in expression, which did not lack manifestations of social protest – against the moral distortions attaching to the rabbis and "dignitaries" of the community. As such, it raised the ire of the religious and communal establishment.

The most determined rivals of the *Hasids* were the *Misnagdim* ("opponents"), headed by the Gaon Rabbi Elijah of Vilna. This was a struggle which penetrated into every house and threatened Jewish society with a deep split of national dimensions, until new trends arose to stir people's hearts. Ultimately, this crisis was also a source of spiritual dynamism, which fertilized Jewish thought and the Jewish literature of Eastern Europe in all areas: journalism, fiction, poetry, theater – and folksongs:

"Vos farshteystu, filozof,
Mit dayn ketsishn moyekhl?
Kum aher tsum rebns tish
Vet er dikh lernen seykhl!

Tiri-bim, bim-bam,
Tir-bim, bim-bam,
Oy-oy!"

Yet this movement, which suffered contempt and persecution for daring to make innovations in the Jewish way of life and for regarding divine worship with a fresh and original spirit, became, in less than a century, a fortress of zealous conservatism and had to go over from the offensive to the defensive: it was now the Jewish Enlightenment that stormed onto the stage. All the houses of the pious arose against the Enlightenment and the manifestations of secularization in Jewish life. The protagonists of the Enlightenment, for their part, viewed *Hasidism* as their chief enemy and did not spare the arrows of satire, dramatic and popular, using the witty tale and the popular song, which penetrated more deeply than any polemical writings:

"A dampshif hostu oysgetrakht
Un nemst zikh dermit iber, –
Der rebe shpreyt a tikhl oys
Un shpant dem yam ariber!
Tiri-bim, bim-bam. . .

What do you understand, philosopher,
With your narrow little brain?
Come hither to the Rebbe's table
There you will knowledge gain

You invented the steamship
And look on it with pride
The Rebbe spreads his kerchief out
And spans the sea with his stride

Tsi veystu den, vos der rebe klert,
Ven er zitst beyekhides? –
In eyn minut er in himl flit
Un pravet dort sholesh-s'udes!
Tiri-bim, bim-bam. . .

Among the millions of Jews in Eastern Europe, new social and national trends arose, clubs sprang up, mass organizations were founded, distinctive parties emerged: the family table was divided among adherents of different views, and the foundations of the house shuddered.

In this manner a new Yiddish culture arose and flourished, together with the literature of the Hebrew revival, journalism on all modern questions, a host of periodicals, a network of independent schools, both religious and secular, and books about everything under the sun.

Eastern Europe was the breeding ground of the Jewish revolutionary workers' movement which did not remain merely the creation of an intellectual elite, but immediately found an echo in the common folk, with a folksong to guide the tongue:

"Tates, mames, kinderlekh
Boyen barikadn,
Un in gasn geyen um
Arbeter-otriadn.

Siz der tate haynt avek
Fri in der fabrik,
Un di kinder fregn nit,
Ven er kumt tsurik. . ."

Do you know what the Rebbe does
When he sits in solitude?
Heavenward he flies to eat
The Sabbath meal in quietude

Parents and children
Build the barricades
And groups of workers
Patrol the streets

Daddy left early
For work at the factory.
None of the children would ask
When he will come back

And at the same time in the same place Zionism was fermenting: at the beginning of the 1880s, *Hibbat Zion* was born – an intellectual and social movement which called for a national revival among the Jews and for their return to the Land of Israel, their historic homeland. The young movement, which was initially very small, drew most of its concepts from the fundamental values of the Jewish tradition, from the sense of exile deep-rooted in the *Pale of Settlement,* and from the aspiration for redemption and the religious and spiritual relationship between every Jew and the Land of Israel. Before this movement turned into modern political Zionism and into a popular force which was to give rise to the Jewish State, its proclaimers had to blaze their trail among the people against obstacles and disappointments.

Orthodox religious Jewry displayed increasing opposition to what it saw as an attempt to anticipate the coming of the Messiah and forbade – on pain of excommunication – this intervention by mortals in the ways of divine providence. The historians of Zionism give praise to the leading personalities of the movement and the outstanding exponents of the idea, the liberal intellectuals and writers: Smolenskin, Pinsker, Ahad Ha-Am. But few of them show awareness that the crown for publicizing the Zionist vision in a popular manner among the Jewish masses belongs to a man whose profession was that of an entertainer at weddings, the wandering singer Eliakum Zunser (1839-1913), father of popular Yiddish songs. He composed songs in both Yiddish and Hebrew, for instance, "The Plough":

"In der sokhe
Ligt di mazl-brokhe,
Der vorer glik fun lebn,
Keyn zakh mir nit felt!"
"Hamakhreysha
Hi even harosha
Lekhayey shalvat hasheket
B'li makhsor lagev."

About this song and many others that he composed in favor of the return to Zion, the writer Citron – a younger contemporary of Zunser – stated in his memoirs: ". . . in all the towns and townships where Zunser appeared at weddings and read and sang his songs, his propaganda in favor of settling the land of Israel had a deep influence on the audience. Almost always, branches of *Hibbat Zion* were organized on the spot. . . As soon as his coming became

---

It is the plow
That holds all the blessings
And life's real joy.
I lack nothing any more.

known in the town (advertisements were not published because the gatherings were held in synagogues and usually with a permit) a public of thousands would assemble ahead of time and many clustered around the doors because they were unable to get inside. . . All his appearances with songs of *Hibbat Zion* won enthusiastic applause from the audience." Another writer, Sol Liptzin, remarked that when Herzl appeared in Europe, "his call fell upon fertile soil, because this soil had been ploughed deep by the popular storyteller (Abraham Mapu) and the popular poet (Zunser)."

Eliakum Zunser was the first of the Jewish "troubadours" in the modern era to be followed by many others who took the popular song into every Jewish home.

This home, which had escaped from the flames of pogroms, which was enveloped in poverty and sorrow, was transported by a storm of ideas to the shores of the twentieth century, while pulsing in the heart of the masses was an old-new singing of songs.

9.
On the Migrations of a Song

The Jews learned very early – as early as the days of the Mishnah and the Talmud — how to blend words with notes in the synagogue. At the center of the religious service there was always the cantor.

The members of the congregation never viewed the cantor, who later acquired the lofty title of "emissary of the public" (*sheliah tzibbur*), as merely a singer, a man with a voice. Even in ancient times, the qualities requisite in a cantor were not merely the knowledge and ability to pray in public, but also those of the educator and entertainer. . . He was a teacher of children of school age, he would bring cheer to bride and bridegroom, console the bereaved, go on errands of mercy. . . and compose liturgical hymns. From the days of the Talmud to the modern era, cantorial music was almost the only expression of musical enjoyment in the experience of the Jew who lived according to tradition.

According to ethno-musicologists, cantorial music in Eastern Europe had its own distinctive character. Its originality found expression in its lyricism and in the emphasis placed on emotion rather than order. This cantorial music was born in the wooden synagogues of the Ukraine and Podolia, and spread from there – in the seventeenth century – to the houses of Israel throughout the Jewish world. This was the "singing of emotion" in which the voice and imagination of the skilled cantor played a central role.

We do not know exactly when song separated itself from prayer and liturgical hymns, but it is clear that among the Jews, the folksong – with its words and melody – was always a part of divine worship. Over the course of centuries, it broke away from the formal framework of the synagogue and spread and took root in all the religious domains and socio-cultural activity of Jewish life.

Wherever the singing of religious songs found its way, it was always accompanied and supported by community singing, which thus reinforced the feeling of unity and the sense of a common heritage in the whole congregation.

When we used to gather in the secrecy of the woods of Poland and Lithuania and recline around the bonfires – youngsters in *Hashomer Hatzair,* the pioneering youth movement, or the Bund (whose young members were called the "bees") – and sing with the yearning of youth, it is doubtful whether we noticed that, in reality, we were spinning the same thread which stretched back to the times when the whole family, young and old, gathered around the table in our grandfather's house, escorting "the Sabbath Queen" with hymns.

For, from the day when singing emerged from the synagogue and entered the family home and surrounded the dinner table, at least twice a week (when the Sabbath came in and went out) at ceremonial dinners, every betrothal, wedding, circumcision and so on was an occasion for hymns to burst through the walls of the house. At all those times, folksongs served as an expression of the close connection which the Sabbath and festivals had with the Holy Blessed One and His Chosen People and the Torah and commandments. The attachment of those songs to the biblical stories, and especially to the Book of Psalms, was a strong one, just as there were evident connections with the Hebrew liturgical texts in the ordinary prayer book and in the special prayer book for festivals. The songs did not merely quote the sacred texts, but expanded and interpreted them in accordance with the needs of the time and the desires of the soul – a soul which spoke in two languages, Hebrew and Yiddish, chiefly the latter.

The spoken language, mostly Yiddish, made possible the active participation of the whole community: intellectuals, students of the Talmud, and the common folk, young people and women, old people and infants, sang in unison, with the soft, sad melody carrying the words from heart to heart. That is, until warm-hearted *Hasids* came and sought to purify the singing of songs and divest them of any text. Yet even when it was supposedly freed from the dross of words, everyone knew what the soul wanted to say:

> *"Ay-ba, ba-ba, ba-ba-bam,*
> *Ay-ba, ba-ba-bam!..."*

10.
A Lyric of Great Love with a Cossack Melody

Folksongs are sometimes taken over and melodies sometimes borrowed from other peoples. Although the Jews were "a people that shall dwell alone," culture encountered culture, and human voices and their melodies mingled and indeed influenced one another.

Among the prominent Russian composers of the nineteenth century, Mussorgsky (1839-1881) is known for his lively interest in Jewish folk music. This music appealed to him on account of its emotional flavor, and he even attributed importance to its contribution in universal terms – as a mirror of the environment of the musician and the source of his inspiration. According to Mussorgsky, the sounds of a musician can be recognized only in his attachment to the realities of his world. Yet the world and roots of Mussorgsky were Russia and the Russian people. He knew from close up the soul of the Russian and his secret longings and aspirations and he loved the *muzhik* as manifested in his sufferings and joys. So what interest could Mussorgsky have had in Jewish folksinging?

It seems that Mussorgsky, a composer notable for educating Russian musicians in the spirit of love for the Russian character, and who resembled most Russian musicians of his generation in being an inveterate antisemite, found in Jewish popular musical compositions the "musical truth" for which he searched in his desire for simplicity. In them he discovered the elementary, primordial and instinctive bases of music, the natural and unforced formations of the musical expression of the people. He used to relate how, when only an officer doing his military service, he would miss no opportunity to slip out of the barracks and reach some Jewish settlement in order to be present at one of their weddings. During his travels, he would sometimes stop his coach and write down in his notebook the melodies which he heard from Jewish minstrels wandering on the road. Once, on emerging from a synagogue after listening to the prayers and hymns, he noted: "Two Hebrew themes have become deeply engraved in my memory: one of the cantor and one of the 'choir boys' – the synagogue choir, and I shall never forget them!"

Because, it seems, of his strong attachment to sources, the melody and rhythm of Jewish popular music – in hymns, songs and dance tunes – sounded to Mussorgsky like something intuitively natural, and he was captivated by them. Transcending national differences and ideological divisions, the soul of the musician was conquered by the power of Jewish melody and the rhythm of this music, an expression of the variety in the Jewish feeling-for-life.

And on the other hand – there were the Jewish folk poets, cantors-entertainers-singers-liturgists, descendants of the *shpilman* and remote descendants of the Levites of the Temple, whose singing was not professional, whose instruments were primitive, whose writing was done on the spur of the moment and whose tunes were often Russian in origin, from Zunser's first song in honor of *Hibbat Zion,* "The Plough," to *"Zog nisht keinmol az du geyst dem letsten veg,"* composed by Hirshka Glik in the Vilna Ghetto.

Unlike the case of Mussorgsky, however, here the process was different. It was not adaptation by a professional composer or the Pan-like impudence of an ethno-musicologist, but an immediate drawing of water – from the spring.

The language of our first folksongs was a mixture of the Yiddish and Hebrew of the Jewish Enlightenment together with a great deal of "internationalism," but these were just the outer covering. The body was of course the colloquial language – the *heimish loshn* – the intimate speech of the common folk. As for the melody – we are liable to find in the songs of Eliakum Zunser a lyric of great love set to Cossack rhythms! The world of sounds of Zunser and his colleagues came from the synagogue. . . but also from the sheepfolds, from the music stand of the cantor and from the pens of the Russian or Ukrainian *khutor**. And the gripping aspect of such singing is the blend of elements, how the Jewish poet of the people selected his material and what he did with it.

There are indeed songs that were taken over and tunes that were borrowed, whose notes preserve their local non-Jewish character inside our folksongs, and yet they exist as if wrapped in a prayer shawl – in a concealed expression of profundity and meditation. Lurking behind the borrowed element there is suddenly a biblical motif, and a traditional way of singing subordinates the foreign contribution. A similar process occurs with the text.

When he came to sing nursery rhymes or love songs, or to trill a *Hasidic* tune, or to make wedding guests dance and bring joy to brides and bridegrooms (it should be remembered that wedding songs would also digress into everyday matters such as Jewish politics on the local and world scale!) and when he served up soldiers' songs with their sadness or songs conveying a moral, the popular Jewish performer would imprint upon all of them something so very Jewish, in the mystical-melancholy rhythm of the tune and in the forceful expression of the words, that it would be difficult to find anything comparable elsewhere. Here is Zunser's song of the ferryboat *(Der Parom)* in its original version of 1861 (it subsequently spread widely in many different versions):

* farmyard

"Dort bay der Vilie gey ikh shpatsirn,
Ze ikh dem parom oyfn taykh,
Hin un tsurik tut er iberfirn,
Zog ikh: "brider dos meynt men aykh.

Di velt iz der taykh un shtreng,
Der parom – dos iz di tsayt;
Ineveynik mentshn ongeshpart eng,
Un er shift – oyf yener zayt.

Di shtromen mit di gayves
Un di veltlekhe tayves,
Vos zey traybn dem parom;
Mer nit di linie,
Dos iz di emune,
Lozt undz nit fartrinken in tehom."

11.
The Mirror of Life

The folksongs of the Jews of Eastern Europe are a faithful mirror of the life of the Jewish people in exile. More than anything else, the simplicity of their melodies and rhythms brings us closer to understanding the vitality of the Jewish character, the difference between the Jew's feeling-for-life and that of the surrounding peoples, which arose from the abundance of his sufferings and his poor man's joy.

At first hearing, the themes of this singing are not different from those of the folksinging of every nation and tongue. They likewise center upon the cycle of the year and life, upon the life of the individual, the family and society in all their aspects, the problems of making a living, trades, love, separation, the joy of festivals, and death. In addition to those customary themes,

---

By the river Vilie I take a walk
A ferryboat runs back and forth
Here are you, brother, I say:
The river is our world
The ferry is our time
Inside– people are crowded.
Like our worldly desires,
The waves propel the ferry
But it is our faith
That keeps us from drowning.

however, yearnings for the messianic future are strung on the thread of an historical memory going far, far back. And it is no wonder that these Jewish songs are more introspective, that their tunes color the most merry and impulsive words with a nuance of sadness and grief. Just like the flow of life, the flow of song – and I believe this applies to artistic as well as to popular singing – gives rise to both valuable and worthless things. In Jewish folksong, too, you will find insipid pieces and marvellous creations arising side by side.

And just as the main strength of folksongs comes from the spirit of the folk, it also contributes in its turn to molding that spirit itself.

"Kum ikh arayn tsu shpringen
Oyf eyn fisele bloyz;
Heyb ikh on tsu zingen –
Di simkhe iz mir groys!
Zingen mir, loybn mir.
Shoshanat Yaakov!"

In the words and in the tunes, the spirit of ancient Israel moved upon the ground out of which those songs – both religious and secular – sprang up. And this singing had heroes, central characters who appeared in its verses time and again:

the child, the little tailor,
the daughter of marriageable age, match-makers, bridesmaids,
the shoemaker and the rabbi,
the ancient patriarchs, King David, Elijah –

but above all the figure of the *Yiddishe Mame*
as if all the life-blood of the harsh experience of the Jew in his exile had been stored up:

I enter and skip on one foot
And start to sing with joy
My happiness knows no bounds
As I sing "Shoshanat Yaakov"

"Kh'hob gehat a mameniu,
Hot zi mikh gelernt:
Zay nor gut un frum, un veys
Mer keyn khokhmes nit!

Regn, regn, regendl,
Kh'bin a kleyn yidele,
Loz ikh mikh beregenen,
Kh'veys keyn khokhmes nit. . ."

12.
Not Being Satisfied with Yourself

Itzik Manger, the prince of Yiddish ballad singing, saw himself as the great-grandson of "Eliakum the humorist." Eliakum Zunser was the father of Jewish folksong and a contemporary of Rabbi Israel Salanter.* Rabbi Israel of Salant founded a movement for religious renewal, the *Musar* movement. But what was there to renew in the world of the faith of Israel after the Gaon of Vilna, after the Ba'al Shem Tov, after Ba'al ha-Tanya and Rabbi Nachman of Bratslav? Israel Salanter had everything needed to become a worthy Jew, happy with his lot and satisfied with himself. But, like his spiritual forefathers,** he found no tranquility – in his eyes everything was in need of reform. Without seeking to imitate the Thirteen Principles of Faith of Maimonides, he formulated thirteen principles of his own:

* The founder of the Musar movement was born in Lithuania (1810) and died in Koenigsberg (1883). At the age of 12 he was known as an expert in the Talmud, and prominent people of the time prophesied a great future for him. A thinker and skilled editor and writer, he was endowed from youth with the ability for spiritual leadership. Various *yeshivot* and synagogue congregations sought to engage him as their leader.

** One of them was Joseph Sunder Salant, his teacher and model, a man of outstanding moral character who refused to don the rabbinical robe and earn a living in public affairs. He died in Jerusalem.

I had a mother who taught me
To be kind and pious–
But nothing of worldly wisdom.

Raindrops, little raindrops,
I am but a simple man
I allow myself to be drenched
For I know nothing of worldly wisdom.

1. Truth – not uttering from the mouth anything with which the heart does not agree.
2. Assiduity – not wasting a moment in idleness.
3. Diligence – carrying out decisions with devotion and feeling.
4. Honor – preserving someone else's honor even if you do not agree with him.
5. Repose – doing nothing in haste, for this is the respose of the soul.
6. Quiet – speaking the words of the wise in quiet.
7. Cleanliness – preserving the cleanliness and purity of body and garment.
8. Patience – facing every obstacle and distress calmly.
9. Humility – not being severe with the shortcomings of your comrade and recognizing your own deficiencies.
10. Order – doing everything with order and discipline.
11. Justice – at its simplest: conceding what is yours.
12. Frugality – making do with little.
13. Silence – thinking and reflecting upon every statement before uttering it.

Not only the spirit and fervor of a preacher of morality are recognizable in the above. You also can feel the real essence for which there is no translation: the Jewish *umru,* * which never allowed him to reconcile himself with what already existed, to be satisfied with what he had done. It seems that the impulse for reform is the creative impulse, common to the experience of both the *musarnik* and the humorist.

Eliakum Zunser was a successful man from his youth. Even at the beginning of his career, his appearances conquered people's hearts. He raised the dignity of the humorist to a level which it had never attained before. The writer S. Spektor tells us: "I remember when a certain notable in Petrograd married off his daughter. The wedding was held in their summer residence outside the city, and invited to the wedding, from distant Minsk, was Eliakum Zunser. And when it became known in Petrograd that Eliakum the humorist woud appear at the wedding, many hundreds of Jews travelled from Petrograd and came to the wedding uninvited, in order to be able to listen to Eliakum Zunser. Hundreds of Jews waited after the marriage ceremony for many hours next to the fence and did not move from the place until Eliakum had finished. . ." Yet while all of them, notables and poor, were celebrating his appearances and appreciating his songs, he lost his self-esteem. For suddenly it seemed to him that all the resonant rigmarole of his singing was insipid and he was aware of the dark side of the life of his society and its ways. He attacked the accepted and the traditional, without fear or favor, firing sharp arrows of satire at the *Hasidism* which had fortified itself within its courts and its customs.

* Approximately: disquiet, restlessness.

This anti-*Hasidic* satire was indeed the battle cry of the Jewish Enlightenment. But Zunser, who adopted the ideals of the Enlightenment, quickly discovered the faults and distortions of this young movement. Seemingly with clownish humor, but with verses that cut into a person's consciousness like a honed knife, he also stormed against the alienated protagonists of the Enlightenment who scorned their own heritage, against those who posed as intellectuals, against the irritation, acculturation and assimilation that accompanied the forward march of the Enlightenment.

There are very few people in the world who have succeeded in being as dissatisfied with themselves and with their achievements as the Jews of Eastern Europe. . .

The great skill of these Jews lay in their style of life, the relentless assurance and the humor which defended them against the tragedies of life. Not less important, however, was the secret weapon which preserved their life from degeneration: the quality of not-being-satisfied-with-yourself, the impulse to discover new worlds, to penetrate untiringly into profound spirituality. Such Jews were likely to attain their patrimony – but never repose.

13.
"Shabbat Shalom"

Songs always return from the barricades ashamed. Yet even when the troops – for whom songs fired the spirit of combat – already lie buried in the dust, and the yearning of the song-writers has been blotted out under the debris, the songs, those songs of the people, creations existing in themselves, continue to march beyond the campaigns from which they arose. And note the strange thing about it: those folksongs do not give us a feeling of having been let down, but – even if the original meaning of the words has been lost – rise up even today as an echo of the pride of the men who dreamed and fought, warm and still near, transcending the barriers of time:

"un oyb farzamen vet di zun un der kayor,
Vi a parol zol geyn dos lid fun dor tsu dor."

In 1920, 23 years before the youthful poet Hirshka Glik composed the song which became the anthem of the Jewish partisans inside the walls of the

---

Should dawn and sunshine
Stay out too long
From mouth to mouth
Shall pass our song

burning ghetto, in the summer of that peaceful year — after the end of World War I and the victorious Russian revolution and the bloody civil war — the delegations of Soviet Russia and independent Lithuania met to negotiate a peace treaty. The Red Army stood at the gates of Warsaw and everyone prophesied that the Soviets would not merely regain control of the whole area of the Tsarist Empire, but extend its frontiers and swallow up most of the neighboring countries — a prophecy which was completely fulfilled only a generation later. The Soviet delegation was headed by the Deputy Foreign Secretary, the Jew Adolph Joffe, while the delegation of Lithuania was headed by its own Deputy Foreign Secretary, the Jew Semyon (Shimshon) Rosenbaum. . . To the surprise of observers Rosenbaum extracted extraordinary concessions from the Soviet side, concessions which other Baltic countries had failed to gain. Yet Rosenbaum, the Lithuanian patriot, was not satisfied with regaining Vilna, which was recognized to be the Lithuanian capital, but sought to annex areas which had never belonged to Lithuania, regions of Belorussia with many Jewish inhabitants. . . and some say that a Jewish national interest was his guiding light in those exhausting negotiations.

The effect of the Jews on the history of Eastern Europe is also illustrated by the following story, which was current at that time. Whether true or fictional, it is true in spirit. When Comrade Joffe, the representative of Russia realized that Rosenbaum's territorial demands were insatiable and almost lost his patience, he asked: "Tell me, Comrade Rosenbaum, where, after all, do you believe that the frontier of your Lithuania should run?"

To this, the story goes, the representative of Lithuania answered without batting an eyelid: "They (the gentiles) will not understand this, but the two of us know the precise answer. Wherever the Jews greet each other with 'Sabbat Salom,' that place is of course Lithuania, and where the Jews greet each other with 'Shabbat Shalom' — there and beyond lies Russia!"

This difference of pronunciation — which enabled Russian Jews to joke about the failure of Lithuanian Jews to pronounce the sound "sh" — was obliterated in the ashes of Babi Yar, Ponar and the Ninth Fort. Yet even they did not block the fountain from which Jewish life and creativity continue to flow — elsewhere at a distance. Rephrasing the question, we may ask: "Where does the frontier of the Jewish world run today?"

Perhaps "they" (the gentiles) will find it difficult to understand this, but we, among ourselves, need to know the answer in all its simplicity: whenever the ear still hears the greeting "Shabbat Shalom"!

And wherever Jews still greet each other by saying "Shabbat Shalom" — with or without an accent — the Jewish folksong can hope to retain its joys and be heard in the streets in the year 2000 and beyond:

"Un mir zaynen ale brider,
Oy-oy, ale brider,
Un mir zingen freylekh lider –
Oy-oy, oy-oy!"

This anthology of Jewish folksongs is offered to the public by the Hebrew University of Jerusalem. Its nucleus is a selection from the material devotedly gathered and brought to Israel by Aharon Vinkovetzsky, a recent immigrant from the Soviet Union, where, in the late 1940s, Stalin's regime systematically annihilated Jewish culture. Here, it seems, there is more than something symbolic, perhaps – a premonition.

For the Eternity of Israel will not fail. And who knoweth the way of the spirit? In modern society, whether general or Jewish, and whether the Jewish society is dispersed among other nations or has its shape in the State of Israel, changes of spirit are producing people who will repeatedly ask about their origins and the root of their identity. A renewed acquaintance with folksong is capable not only of providing a nostalgic feeling, but – and I am sure of this – of restoring to modern man the voice of his forefathers, which will never become extinguished:

"Un mir haltn zikh in eynem,
Oy-oy, zikh in eynem,
S'iz azoyns nito bay keynem –
Oy-oy, oy-oy!"

Kibbutz Ein Hahoresh, Elul 5740.

We are all brothers
And sing happy songs together
Where in the world does such unity exist?

שירי אהבה   Love Songs   ליבעלידער

שירי אהבה

שירי המדור הזה, להוציא שירי גבירטיג ושניאור, שייכים ללא ספק לתקופה המוקדמת של היצירה היידית העממית. לאספני שירי־העם ביידיש ניתן לקבץ, להעתיק ולהקליט מאות שירי־אהבה ישנים. לדאבון לבב הלך חלק רב מחומר זה לאיבוד בתקופת הכיבוש הנאצי בארצות אירופה המזרחית.

שיר האהבה הוא, בעיקרו, ביטויה של חוויה אינטימית והוא מושר לעצמו או מושמע לידידים קרובים באמת. אפשר שיהיה פרי של התרעשות רגשית או של אהבה נכזבת. דוגמאות לסוג הראשון ישמשו השירים הפשוטים, התמימים כמעט, כמו ״בחור מפולין״ או ״עלי תנור בחורה יושבת״. הקינה על האהבה הנכזבת בוקעת מן השיר ״חלפו להן שנותי״ או מן הזכרונות העגומים שב״היכן היית״.

כמה מן השירים חוברו כדיאלוג בינו לבינה. אלה בדרך־כלל הצהרות אהבה הדדית, אבל לפעמים יש בהם נסיון לתלות בגורם זה או זה או בבן־אדם מסויים את ניפוץ היחסים. האהבה לא תמיד היתה הקובעת. לעתים קרובות נמנים סמכות ההורים, גאוות המשפחה ונדוניה שאינה מספקת כגורם המכשיל את היחסים, מכשול נוסף היה השירות בצבא הצאר שהביא לניתוק של שנים ואפילו של תמיד, כך שהמניעים לשירי האהבה רבים היו ומגוונים — געגועים ועצב, נאמנות ואכזבה, וגם חלומות של תקווה וחדוות־נעורים. סגנונות ונימות אלה אתה מוצא גם ביצירות המחברים המאוחרים של שירי יידיש — גולדפאדן, גבירטיג, מאנגר — וביסודות העממיים של כמה משירי פרץ, ביאליק, רייזין, שניאור ואחרים.

Love Songs

The songs in this section, with the exception of those by Gebirtig and Shneour, undoubtedly belong to the early period of Yiddish fold creation. Collectors of Yiddish folksongs were able to gather, transcribe and record hundreds of old love songs. Unfortunately much of this material was lost during the Nazi occupation of Eastern Europe.

The love song is primarily a recreation of an intimate experience which is sung for oneself or confided to really close friends. It may be the fruit of an exalted emotion or of an unrequited love. Examples of the first kind are the simple, almost naive ones, like A Lad From Poland or A Girl Sits At The Hearth. The lament of a love gone awry are heard in I'm A Maiden No Longer Young or in the regretful memories of Where Were You ?

Some of the songs are composed as a dialogue between him and her. These may be declarations of mutual love but at times they seek out whom or what to blame for their relationship having gone on the rocks. Love was not always to be the determinant, -- parental authority, pride of family and insufficient dowry are often mentioned as the stumbling block. Another deterrent was service in the Czar's army which caused separation for years and possibly for ever.Thus the motives for the love song were many and varied -- longing and regret, loyalty and disappointment but also hopeful dreams and youthful joy. These styles and tones are also found in the compositions of the later Yiddish song writers -- Goldfaden, Gebirtig, Manger -- and in the folk motifs of some of the poems by Peretz, Bialik, Reisen, Shneour and others.

ליבעלידער

די לידער פֿון דעם אָפּטייל [חוץ די פון מ. געבירטיג און ז. שניאור] געהערן בלי ספֿק צו דער עלטערער ייִדישער פֿאָלקשאַפֿונג. די זאַמלערס פֿון ייִדישן פֿאָלקסליד האָבן אויפֿגעזאַמלט הונדערטער ליבעלידער, לײַדער זײַנען אַ סך פֿון זיי פֿאַרפֿאַלן געוואָרן בעת דער דײַטשישער אָקופּאַציע.

דאָס ליבעליד איז פֿריער פֿון אַלץ אַן אינטימע שאַפֿונג — אַ ליד וואָס מע זינגט פֿאַר זיך אַליין אָדער פֿאַר אַ גאָר נאָענטן פֿרײַנד, וועמען מע קאָן דאָס שווערע געמיט פֿאַרטרויען. אָפּטער פֿון אַלץ זינגט דאָס ליבעליד וועגן די לײַדן פֿון אומגליקלעכער אָדער צעשטערטער ליבע, און צום מערסטן איז דער קרבן דער "שוואַכער צד" — דאָס מיידל. זי קלאָגט זיך: "איך בין שוין אַ מיידל אין די יאָרן/ וואָס האָסטו מיר מײַן קעפּעלע פֿאַרדרייט ?/ איך וואָלט שוין לאַנג אַ כּלה געוואָרן/ און אפֿשר טאַקע חתונה געהאַט"...אַן אַנדער מיידל וויינט ווידער אויף דער פֿעלשונג פֿון איר געליבטן, אויף דער געצוווּנגענער צעשיידונג.

טייל ליבעלידער זײַנען געבויט ווי אַ דיאַלאָג צווישן "אים" און "איר", פֿון וועלכן מיר דערוויסן זיך, אַז אין דער פֿאַרשטערטער ליבע זײַנען שולדיק די עלטערן פֿון חתן, וואָס זיינען ניט מסכּים אויפֿן שידוך, ווײַל די כּלה האָט ניט קיין נדן. אין אַנדערע קומט אַרויס די גרויסע שטערונג פֿון מיליטערדינסט, וואָס האָט צעשיידעט דאָס פּאָרל אויף לאַנגע יאָרן, און אַ מאָל — אויף תּמיד.

אָבער צווישן די ליבעלידער קאָן מען אויך געפֿינען אַזעלכע, וואָס דערציילן אין פּשוטע ווערטער וועגן אײדעלע, צאַרטע געפֿילן פֿון יונגער און גליקלעכער ליבע: "וואָס האָסטו מיר אַזוינס אָפּגעטאָן, טײַער לעבן מײַנס,/ איך האָב זיך פּשוט אײַנגעליבט אין דיר, אוי, אין דיר!".

בענקשאַפֿט און חרטה, געטריישאַפֿט און אַנטוישונג — דאָס זײַנען די אָפּסטע מאָטיוון פון ליבעליד: "דו האָסט מיר צוגעזאָגט מיך נעמען, / איך האָב אויף דיר לאַנג שוין געוואַרט;/ פֿאַר וואָס זאָלסטו, דושעניו, מיך פֿאַרשעמען — / צי האָסטו דיך אין מיר געגנאַרט?"...
דער דאָזיגער נוסח און טאָן איז אויך אַריין אין די לידער פֿון די שפּעטערדיקע ייִדישע פֿאָלקזינגער [גאָלדפֿאַדען, געבירטיג] און אין די פֿאָלקסטימלעכע מאָטיוון פֿון אונדזערע גרויסע מאָדערנע פּאָעטן, ווי פּרץ, ביאַליק, רייזען, שניאור און אַ סך אַנדערע.

IKH BIN SHOYN A MEYDL IN DI YORN
I AM A MAIDEN - NO LONGER YOUNG

איך בין שוין אַ מיידל אין די יאָרן
חָלְפוּ לָהֶן שְׁנוֹתַי

Sostenuto ♩ = 74 - 76
Am
Ikh bin shoyn a mey-dl in di yo - rn, vos hos-tu mir mayn ke-pe-le far-
A7
Dm7
dreyt? Ikh volt shoyn lang a ka - le ge - vo - rn , un
E7
Am
A7
ef-sher ta-ke kha-se-ne ge - hat; Ikh volt shoyn lang a
Dm
F
E7
Am
ka - le ge-vo - rn, un ef-sher ta-ke kha-se - ne ge - hat.

Ikh bin shoyn a meydl in di yorn,
Vos hostu mir mayn kepele fardreyt?
Ikh volt shoyn lang a kale gevorn
Un efsher take khasene gehat.

Du host mir tsugezogt mikh nemen,
Ikh hob oyf dir lang shoyn gevart;
Far vos zolstu, dushenyu, mikh farshemen
Tsi hostu dikh in mir genart?

Un efsher geyt dir, dushenyu, in nadn?--
Mayn mame vet farkoyfn ir shtib.
Lomir beyde khasene hobn,
Vayl ikh hob dikh zeyer lib.

Un efsher vilstu visn mayn yikhes?
Mayn zeyde iz gevezn a rov;
Lomir beyde khasene hobn,
Un zol shoyn nemen a sof!

איך בין שוין אַ מיידל אין די יאָרן,
וואָס האָסטו מיר, מײַן קעפּעלע פֿאַרדרייט?
איך וואָלט שוין לאַנג אַ כלה געוואָרן
און אפֿשר טאַקע חתונה געהאַט.

דו האָסט מיר צוגעזאָגט מיך נעמען,
איך האָב אויף דיר לאַנג שוין געוואַרט;
פֿאַר וואָס זאָלסטו, דושעניו[1], מיך פֿאַרשעמען
צי האָסטו דיך אין מיר גענאַרט?

און אפֿשר גייט דיר, דושעניו, אין נדן? —
מײַן מאַמע וועט פֿאַרקויפֿן איר שטיב.[2]
לאָמיר שוין ביידע חתונה האָבן,
ווײַל איך האָב דיך זייער ליב.

און אפֿשר ווילסטו וויסן מײַן ייִחוס?
מײַן זיידע איז געווען אַ רב.
לאָמיר שוין ביידע חתונה האָבן,
און זאָל שוין נעמען אַ סוף!

1. נשמה מיינע (צערטלוואָרט)
2. שטוב (דיִאַלעקטיש)

Un efsher hostu shoyn an andere,
A shenere un besere fun mir? --
Zol ir got gebn fir yor libe
Un aza sof vi bay mir ...

און אפֿשר האָסטו שוין אַן אַנדערע,
אַ שענערע און בעסערע פֿון מיר? —
זאָל איר גאָט געבן פֿיר יאָר ליבע
און אַזאַ סוף ווי בײַ מיר...

חָלְפוּ לָהֶן שְׁנוֹתַי לְלֹא תוֹעֶלֶת
מַדּוּעַ זֶה סוֹבַבְתָּ אֶת רֹאשִׁי?
יָכֹלְתִּי כְּמוֹ כֻּלָּן כְּבָר לִמְצֹא לִי חָתָן
וְגַם לְהִנָּשֵׂא כְּבָר, חֵי נַפְשִׁי!

לָשֵׂאת אוֹתִי הִבְטַחְתָּ וְנִשְׁבַּעְתָּ,
הֵן רַק לְךָ חִכִּיתִי בִּבְתוּלַי;
מַדּוּעַ זֶה הִכְלַמְתָּ פָּנַי לֹא אֵדַע,
אוֹ שֶׁמָּא אִכְזַבְתִּיךָ אַלְלַי.

אוֹ שֶׁמָּא הַנְּדוּנְיָה מְעַכֶּבֶת?
אִמִּי תִּמְכֹּר בֵּיתָהּ לְמַעֲנִי,
וּשְׁנֵינוּ, אֲהוּבִי, בִּמְהֵרָה נִנָּשֵׂא,
כִּי רַק אוֹתְךָ אֹהַב בְּכָל לִבִּי!

וְשֶׁמָּא הַיִּחוּס שֶׁלִּי מַפְרִיעַ?
סָבִי הָיָה גַּם רַב וְגַם שׁוֹחֵט;
אָבִי שֶׁלִּי הָיָה הַיָּפֶה בַּגְּבָרִים,
הוֹ, בֹּא אֶל הַחֻפָּה כִּי בָא מוֹעֵד!

וְשֶׁמָּא נִמְצְאָה לְךָ אַחֶרֶת,
יָפָה מִמֶּנִּי הִיא וְגַם טוֹבָה,
תֵּן לָהּ אֵלִי הַטּוֹב שָׁנִים אַרְבַּע שֶׁל אַהֲבָה
וְסוֹף כְּמוֹ הַסּוֹף אֲשֶׁר לִי בָא!

עברית: י. שבתאי

I am a maiden but the years pass me by.
You turn my head with promises
Which you then deny.
If you brood over my dowry as paltry
My mother is willing to sell her house.
If you wish to know about my ancestry
My grandfather was a Rabbi of renown.
But perhaps you love another,
Someone more beautiful than I.
Then may she be granted four years of love
And her fate be such as mine.

IKH ZITS MIR BAY MAYN ARBET
AS I SIT AT WORK

איך זיץ מיר באַ מייַן אַרבעט
אֲנִי יוֹשֶׁבֶת וְעוֹבֶדֶת

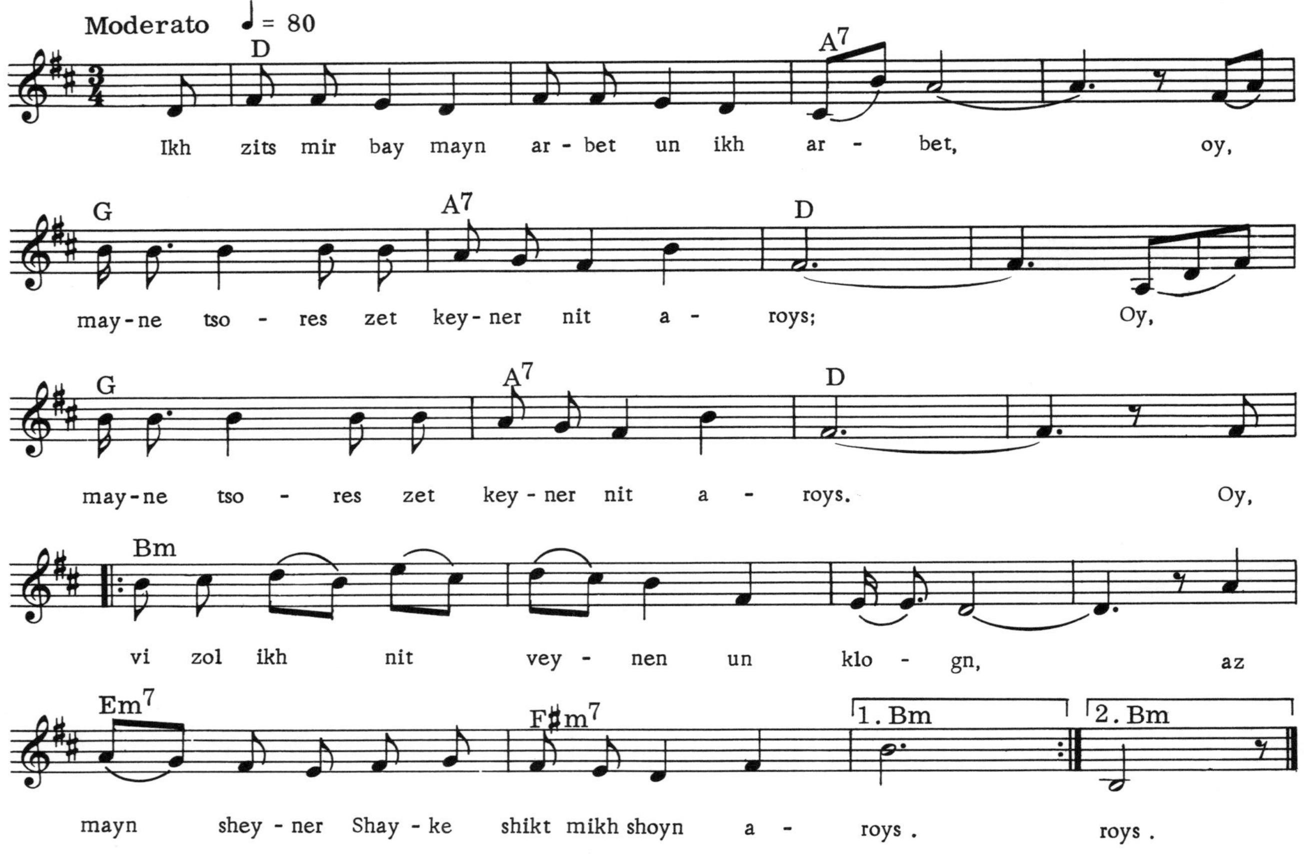

Moderato ♩ = 80
D
A7
Ikh zits mir bay mayn ar - bet un ikh ar - bet, oy,
G
A7
D
may-ne tso - res zet key-ner nit a - roys; Oy,
G
A7
D
may-ne tso - res zet key - ner nit a - roys. Oy,
Bm
vi zol ikh nit vey - nen un klo - gn, az
Em7
F♯m7
1. Bm
2. Bm
mayn shey - ner Shay - ke shikt mikh shoyn a - roys. roys.

Ikh zits mir bay mayn arbet un ikh arbet,
Oy, mayne tsores zet keyner nit aroys;
Oy, vi zol ikh nit veynen un klogn,
Az mayn sheyner Shayke shikt mikh shoyn aroys!

Kh'bin mit Shayken oyf a khasene gegangen,
Un mayn mame hot im tsum ershtn mol gezen.
Oyf a vunk hot zi mikh, oy, avekgerufn;
- Oy, ze, Idasye, mit vemen tustu geyn!

איך זיץ מיר בייַ מייַן אַרבעט און איך אַרבעט,
אוי, מייַנע צרות זעט קיינער ניט אַרויס;
אוי, ווי זאָל איך ניט וויינען און קלאָגן,
אַז מייַן שיינער שייַקע שיקט מיך שוין אַרויס!

כ׳בין מיט שייַקען אויף אַ חתונה געגאַנגען,
און מייַן מאַמע האָט אים צום ערשטן מאָל געזען.
אויף אַ ווונק האָט זי מיך, אוי, אַוועקגערופֿן:
— אוי, זע, אידאַסיע, מיט וועמען טוסטו גיין!

- Mit vemen ikh tu geyn, iz nit dayn eysek,
Un keyn deyes, mame, freg ikh nit bay dir;
Az ikh'l darfn far im a kale vern,
Kumen fregn vel ikh nit bay dir !

Winter in di groyse zavierukhes
Mit dir tsu geyn bin ikh nit gevezn foyl,
Un haynt hostu kikh, oy, azoy obidiet,
Az bay di bosiakes lig ikh shoyn in moyl ...

— מיט וועמען איך טו גיין, איז ניט דײַן עסק,
און קיין דעות, מאַמע, פֿרעג איך ניט בײַ דיר;
אַז איכ'ל דאַרפֿן פֿאַר אים אַ כלה ווערן,
קומען פֿרעגן וועל איך ניט בײַ דיר!

ווינטער אין די גרויסע זאַוויערוכעס[1]
מיט דיר צו גיין בין איך ניט געווען פֿויל,
און הײַנט האָסטו מיך, אוי, אָבידיעט[2],
אַז בײַ די באָסיאַקעס[3] ליג איך שוין אין מויל...

אֲנִי יוֹשֶׁבֶת וְעוֹבֶדֶת, שְׁרוּיָה בְּצַעַר וּבוּשָׁה:
— לֹא שַׂיָּקָה הַנָּאֶה שֶׁלִּי אוֹתִי שִׁלֵּחַ.
אִתּוֹ פַּעַם לַחֲתוּנָה הָלַכְתִּי,
אִמִּי רָאֲתָה אוֹתוֹ וְאָסְרָה עָלַי לְהִפָּגֵשׁ עִמּוֹ.

אָמַרְתִּי לָהּ: — זֶה לֹא עִסְקֵךְ לֹא אַטֶּה אֹזֶן לָךְ.
אִם יִרְצֶה שַׂיָּקָה אִתִּי לְהִתְחַתֵּן
לֹא אֶת פִּיךְ אֶשְׁאַל, אַחֲרָיו אֵלֵךְ.
לְבַסּוֹף עֲזָבָנִי, הֶעֱלִיבַנִי וְהִשְׁפִּילַנִי.
הַיַּחְפָנִים יְמַלְאוּ שְׂחוֹק פִּיהֶם.

I sit at the workbench, my grief within me -
My suffering and pain no one can see.
Though my mother forbade me ever to see him,
I stood my ground,
And remained devoted and true.
Now that he has spurned me and left,
I am alone with my sorrow and shame.

1. שניישטורעם
2. באַליידיקט (רוסיש)
3. ווילע יונגען

IKH HOB DOKH DIR GEZOGT
I TOLD YOU

איך האָב דאָך דיר געזאָגט
הֲרֵי אָמַרְתִּי לָךְ

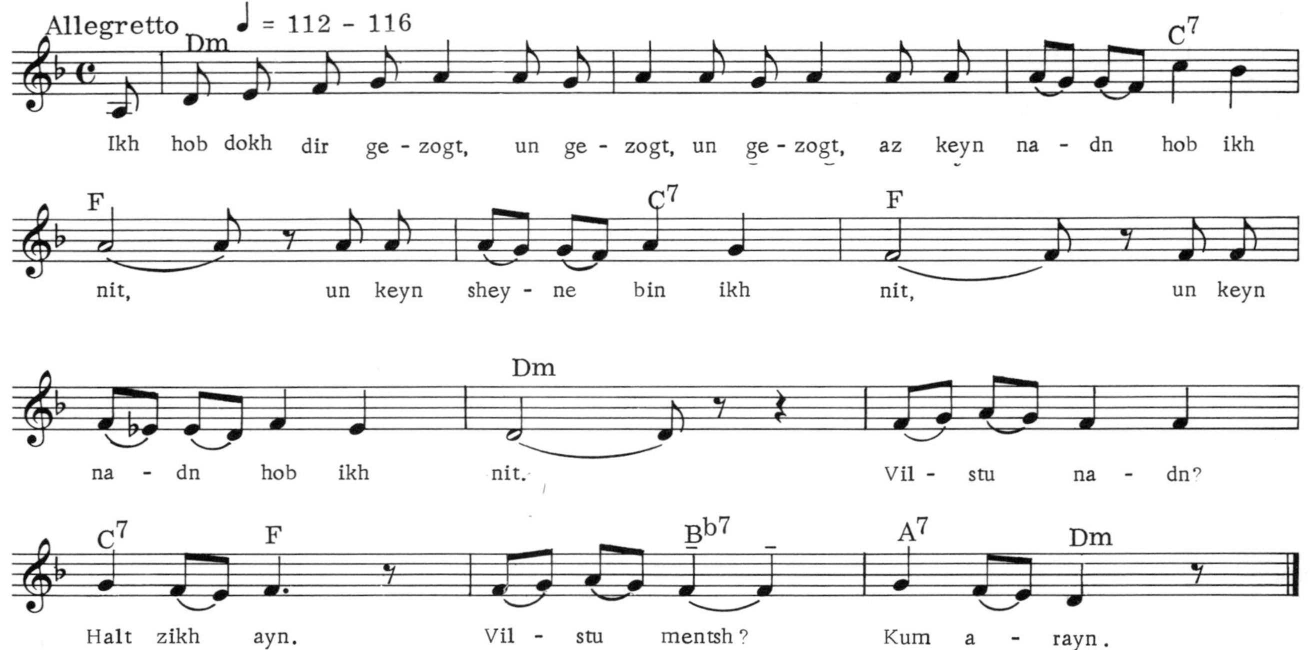

Allegretto ♩ = 112 - 116
Dm C7 F C7 F Dm C7 F Bb7 A7 Dm
Ikh hob dokh dir ge - zogt, un ge - zogt, un ge - zogt, az keyn na - dn hob ikh
nit, un keyn shey - ne bin ikh nit, un keyn
na - dn hob ikh nit. Vil - stu na - dn?
Halt zikh ayn. Vil - stu mentsh? Kum a - rayn.

Ikh hob dokh dir gezogt,
Un gezogt, un gezogt,
Az keyn nadn hob ikh nit,
Un keyn sheyne bin ikh nit,
Un keyn nadn hob ikh nit.
Vilstu nadn? -- Halt zikh ayn!
Vilstu mentsh? - Kum arayn!

Ikh hob dokh dir gezogt,
Un gezogt, un gezogt,
Az keyn groys guts hob ikh nit,
Un keyn raykhtum hob ikh nit,
Un keyn yikhes hob ikh nit.
Vilstu raykhtum? -- Halt zikh ayn!
Vilstu mentsh? -- Kum arayn!

איך האָב דאָך דיר געזאָגט,
און געזאָגט, און געזאָגט:
אַז קיין נדן האָב איך ניט,
און קיין שיינע בין איך ניט,
און קיין נדן האָב איך ניט.
ווילסטו נדן? — האַלט זיך איַין!
ווילסטו מענטש? — קום אַריַין!

איך האָב דאָך דיר געזאָגט,
און געזאָגט, און געזאָגט:
אַז קיין גרויס גוטס האָב איך ניט,
און קיין ריַיכטום האָב איך ניט,
און קיין ייִחוס האָב איך ניט.
ווילסטו ריַיכטום? — האַלט זיך איַין!
ווילסטו מענטש? — קום אַריַין!

הֲרֵי אָמַרְתִּי וְחָזַרְתִּי וְאָמַרְתִּי לְךָ:
— לֹא נְדוּנְיָה לִי, לֹא יִחוּס לִי, לֹא עֹשֶׁר לִי.
אִם נְדוּנְיָה תְּבַקֵּשׁ — סוּר מֵעָלַי;
אִם אָדָם הָגוּן — בּוֹא תָּבוֹא.

How oft have I repeated
That I possess neither dowry nor beauty
Nor noble ancestry.
If you are in pursuit of these
Then please depart.
But if you want goodness and virtue
These I will give you with all my heart.

IKH ZITS UN SHPIL MIR OYF DER GITARE
AS I PLAY MY GUITAR

איך זיץ און שפּיל אויף דער גיטאַרע
אֲנַגֵּן לִי בְּגִיטָרָה

Moderato ♩ = 92
D Gm Cm6
Ikh zits un shpil mir oyf der gi - ta - re, un
Eb 7 D7 Cm6
zing zikh mir a lid fun zikh a - leyn. Oy, mayn stra - da - nye
Gm Cm6 Eb7 D
veyst nor Got dem e - mes, oy, mayn stra-da - nye veyst nor Er a - leyn.

Ikh zits un shpil mir oyf der gitare
Un zing zikh mir a lid fun zikh aleyn.
Oy, mayn stradanie veyst nor Got dem emes,
Oy, mayn stradanie veyst nor Er aleyn .

Shpatsirn zaynen mir beyde gegangen
Arum un arum dem gorodskoy shpitol.
Oy, tsugeshvoyrn hot er mir, oy, mame,
Az ikh vel zayn zayn froy, un er - mayn man . . .

Shpatsirn zaynen mir beyde gegangen
Arum un arum dem gorodskoy shpitol.
An umkheyn, mamenyu, hot er oyf mir gevorfn,
An umkheyn, mame, mame, mit a mol . . .

איך זיץ און שפּיל מיר אויף דער גיטאַרע
און זינג זיך מיר אַ ליד פֿון זיך אַליין.
אוי, מיין סטראַדאַניע[1] ווייסט נאָר גאָט דעם אמת,
אוי, מיין סטראַדאַניע ווייסט נאָר ער אַליין.

שפּאַצירן זיינען מיר ביידע געגאַנגען
אַרום און אַרום דעם גאָראָדסקאָי[2] שפּיטאָל .
אוי, צוגעשווירן האָט ער מיר, אוי מאַמע,
אַז איך וועל זיין זיין פֿרוי, און ער — מיין מאַן...

שפּאַצירן זיינען מיר ביידע געגאַנגען
אַרום און אַרום דעם גאָראָדסקאָי שפּיטאָל .
אַן אומחן, מאַמעניו, האָט ער אויף מיר געוואָרפֿן,
אַן אומחן, מאַמע-מאַמע, מיט אַ מאָל...

Only the A'mighty discerns my sorrow
As I pluck my guitar and hum my tunes.
I strolled with my beloved for many an hour.
He swore we shall be bride and groom.
But suddenly, dear mother
His love for me vanished
And of his promises nought remained.

אֵשֵׁב לִי לְבַדִּי וַאֲנַגֵּן בְּגִיטָרָה, אַךְ צַעֲרִי־יִסּוּרַי — רַק הָאֱלֹהִים יֵדַע. עִם אֲהוּבִי טִיַּלְתִּי סְבִיב בֵּית־הַחוֹלִים הָעִירוֹנִי, הוּא הִבְטִיחַנִי שֶׁיִּהְיֶה לְבַעַל לִי וַאֲנִי אִשְׁתּוֹ. אַךְ לְפֶתַע, הוֹ אִמָּא'לִי, נָקְעָה נַפְשׁוֹ מִמֶּנִּי. לְפֶתַע, אִמִּי שֶׁלִּי...

1. ליידן, פּיין
2. שטאָטישער

IKH GEY AROYS OYFN GANIKL
AS I WALK OUT ON THE PORCH

איך גיי אַרויס אויפֿן גאַניקל
עַל הַיָּצִיעַ לִי אֵצֵא הַיּוֹם

Larghetto ♩ = 58
Dm
Ikh gey a - roys oy - fn ga - ni - kl dos shte - te - le ba - ku - kn, ikh
F
Gm
gey a - roys oy - fn ga - ni - kl dos shte - te - le ba - ku - kn,
A7
Dm
kumt tsu fli - en a kleyn fey - ge - le, un tut zikh tsu mir bu - kn,
G7
Dm
kumt tsu fli - en a kleyn fey - ge - le, un tut zikh tsu mir bu - kn.

Ikh gey aroys oyfn ganikl
Dos shtetele bakukn,
Kumt tsu flien a kleyn feygele
Un tut zikh tsu mir bukn.

Nit azoy dos sheyne feygele,
Vi dos sheyne flien;
Es varft arop mir a kleyn brivele,
Tu ikh far dem knien.

Ikh leyen iber dos ershte shurele:
Mayn gelibter iz fardorbn;
Ikh leyen iber dos tsveyte shurele:
Mayn gelibter iz geshtorbn...

איך גיי ארויס אויפֿן גאַניקל
דאָס שטעטעלע באַקוקן,
קומט צו פֿליִען אַ קליין פֿייגעלע
און טוט זיך צו מיר בוקן.

ניט אַזוי דאָס שיינע פֿייגעלע,
ווי דאָס שיינע פֿליִען;
עס וואַרפט אַראָפּ מיר אַ קליין בריוועלע,
טו איך פֿאַר דעם קניִען.

איך לייען איבער דאָס ערשטע שורהלע:
מײַן געליבטער איז פֿאַרדאָרבן;
איך לייען איבער דאָס צווייטע שורהלע:
מײַן געליבטער איז געשטאָרבן...

Klaybt tsunoyf ale mayne khavertes,
Alemen in eynem,
Ver s'hot nor a libe gefirt,
Zol mir helfn veynen....

קלײַבט צונויף אַלע מײַנע חברטעס,
אַלעמען אין איינעם —
ווער ס'האָט נאָר אַ ליבע געפֿירט,
זאָל מיר העלפֿן וויינען!...

עַל הַיָּצִיעַ לִי אֵצֵא הַיּוֹם.
עַל פְּנֵי הָעִיר אַשְׁקִיפָה;
צִפּוֹר־דְּרוֹר עַל פָּנַי פָּרְחָה־עָבְרָה,
מַבָּט אֵלַי הֵעִיפָה.

מַה מְּאֹד יָפְתָה צִפּוֹר הַדְּרוֹר,
וּמַה הִיא לִי הֵבִיאָה? — מִכְתָּב קָטָן אֵלַי זוֹרֶקֶת,
מִיָּד אֵלַי הִגִּיעַ.

אֶת הַשּׁוּרָה הָרִאשׁוֹנָה קָרָאתִי —
"הוּא" מְסֻכָּן עוֹדֶנּוּ;
אֶת הַשְּׁנִיָּה קָרָאתִי, אוֹיָה לִי —
אֲהוּבִי אֵינֶנּוּ.

אֶת רֵעוֹתַי כֻּלָּן אִסְפוּ־נָא,
כֻּלָּן, כֻּלָּן יֶאֱתָיוּ;
אֲשֶׁר בְּכָל צָרוֹתַי לָהֶן צַר,
מַר עָלַי יִבְכָּיוּ!

עברית: ח. ב. אילון־ברניק

As I stroll about the porch of my house
A small bird flutters overhead
And alights at my feet.
From its tiny beak a letter drops.
I open it and . . . alas I learn that
My beloved had been ailing and he is no more.
I invite you my dearest friends
Who have known the sorrows of lost love,
To join me and share my grief.

A LIBE TSU SHPILN
'TIS NO SIN TO LOVE

אַ ליבע צו שפּילן
לְשַׂחֵק בְּאַהֲבָה

Moderato ♩= 84-88
Dm
A li - be tsu shpi - ln iz nit keyn av - le -
ray, iz nit keyn av - le - ray, nor ven iz dos ge -
F
redt ge - vo - rn mit ey - ner nit mit dray, nor
Gm
ven iz dos ge - redt ge - vo - rn mit ey - ner nit mit dray.
A7
Dm

A libe tsu shpiln
Iz nit keyn avleray,
Nor ven iz dos geredt gevorn -
Mit eyner, nit mit dray.

Er kumt tsu mir tsu geyn
Un kusht mir oys di glider,
Er geyt avek tsu an ander meydl
Un zingt fun mir lider...

Er kumt tsu mir tsu geyn
Un zogt, er vet mikh nemen,
Er geyt avek tsu an ander meydl
Un tut mikh nor farshemen ...

Oy, a libe tsu shpiln
Iz nit keyn avleray,
Nor ven iz dos geredt gevorn -
Mit eyner, nit mit dray ...

אַ ליבע צו שפּילן
איז ניט קיין עוולהריי[1],
נאָר ווען איז דאָס גערעדט געוואָרן —
מיט איינער, ניט מיט דריי.

ער קומט צו מיר צו גיין
און קושט מיר אויס די גלידער,
ער גייט אַוועק צו אַן אַנדער מיידל
און זינגט פֿון מיר לידער...

ער קומט צו מיר צו גיין
און זאָגט, ער וועט מיך נעמען,
ער גייט אַוועק צו אַן אַנדער מיידל
און טוט מיך נאָר פֿארשעמען...

אוי, אַ ליבע צו שפּילן
איז ניט קיין עוולהריי,
נאָר ווען איז דאָס גערעדט געוואָרן —
מיט איינער, ניט מיט דריי...

1. אומרעכט

לְשַׂחֵק בְּאַהֲבָה — לֹא עַוְלָה הִיא וְלֹא פֶּשַׁע.
בַּמֶּה דְּבָרִים אֲמוּרִים ? — עִם אַחַת, לֹא עִם שָׁלֹשׁ.
כְּשֶׁיָּבוֹא אֵלַי הוּא יַעְתִּיר נְשִׁיקוֹת לִי,
אַחַר־כָּךְ יֵלֵךְ לְנַעֲרָה אַחֶרֶת וְעָלַי שִׁירִים יָשִׁיר.
כְּשֶׁיָּבוֹא אֵלַי הוּא יַבְטִיחַ לְקַחְתֵּנִי לְאִשָּׁה,
אַחַר־כָּךְ יֵלֵךְ לְנַעֲרָה אַחֶרֶת וְאוֹתִי לְבוּז יָשִׂים.

To love is not a sin -
But love must be for one,
Not for three.
He pours sweet words in my ear,
He promises to marry me.
To my dismay I find
He does to others what
He does to me.

A YINGELE FUN POYLN
A POLISH YOUTH

אַ ייִנגעלע פֿון פּוילן
בָּחוּר מִפּוֹלִין

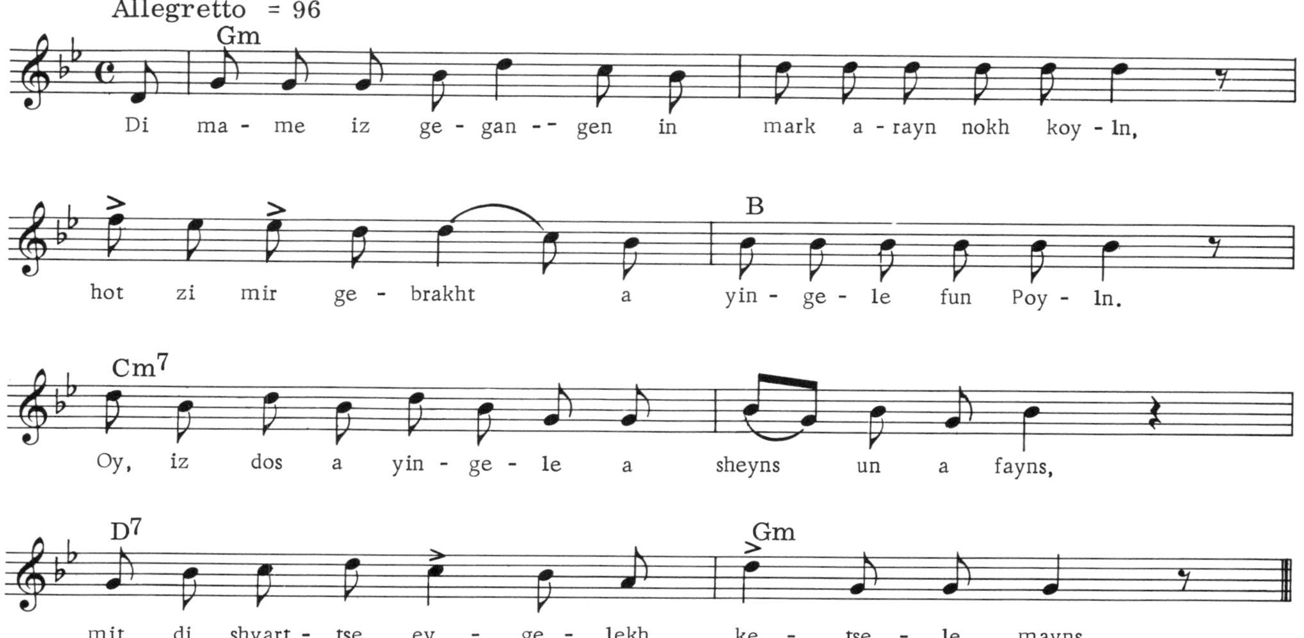

Allegretto = 96
Gm
Di ma - me iz ge - gan -- gen in mark a - rayn nokh koy - ln,
hot zi mir ge - brakht a
B
yin - ge - le fun Poy - ln.
Cm7
Oy, iz dos a yin - ge - le a sheyns un a fayns,
D7
mit di shvart - tse ey - ge - lekh,
Gm
ke - tse - le mayns.

Di mame iz gegangen
In mark arayn nokh koyln,
Hot zi mir gebrakht
A yingele fun Poyln.
Oy, iz dos a yingele
A sheyns un a fayns,
Mit di shvartse eygelekh –
Ketsele du mayns !

Di mame iz gegangen
In mark arayn nokh broyt,
Hot zi mir gebrakht
A yingele fun boyd.
Oy, iz dos a yingele
A sheyns un a fayns,
Mit di vayse tseyndelekh –
Ketsele du mayns !

די מאַמע איז געגאַנגען
אין מאַרק אַרײַן נאָך קוילן,
האָט זי מיר געבראַכט
אַ ייִנגעלע פֿון פּוילן.
אוי, איז דאָס אַ ייִנגעלע
אַ שיינס און אַ פֿײַנס,
מיט די שוואַרצע אייגעלעך —
קעצעלע דו מײַנס!

די מאַמע איז געגאַנגען
אין מאַרק אַרײַן נאָך ברויט,
האָט זי מיר געבראַכט
אַ ייִנגעלע פֿון בויד.
אוי, איז דאָס אַ ייִנגעלע
אַ שיינס און אַ פֿײַנס,
מיט די ווײַסע ציינדעלעך —
קעצעלע דו מײַנס!

Ikh hob gegesn mandlen, Ikh hob getrunken vayn – Ikh hob gelibt a yingele, Ikh ken on im nit zayn. Oy, iz dos a yingele A sheyns un a fayns, Mit di shvartse herelekh – Ketsele du mayns !	איך האָב געגעסן מאַנדלען, איך האָב געטרונקען ווײַן — איך האָב געליבט אַ ייִנגעלע, איך קען אָן אים ניט זײַן. אוי, איז דאָס אַ ייִנגעלע אַ שיינס און אַ פֿײַנס, מיט די שוואַרצע הערעלעך — קעצעלע דו מײַנס!

אִמִּי הָלְכָה הַשּׁוּקָה לִקְנוֹת לָהּ גֶּחָלִים,
הֵבִיאָה לִי בָּחוּר שֶׁהִגִּיעַ מִפּוֹלִין.
אַךְ זֶה הָיָה בָּחוּר יָפֶה וְנֶחְמָד,
עִם יוֹנִים עֵינַיִם, לֹא אֶשְׁכָּחֵן לָעַד.

אִמִּי הָלְכָה הַשּׁוּקָה לִקְנוֹת לָהּ רֹאשׁ שֶׁל כְּרוּב,
הֵבִיאָה לִי בָּחוּר יְפֵה-מַרְאֶה, אָהוּב.
אַךְ זֶה הָיָה בָּחוּר יָפֶה וְנֶחְמָד,
עִם רְחֵלִים שִׁנַּיִם לֹא אֶשְׁכָּחֵן לָעַד.

מִדִּבְשׁוֹ לֶאֱכֹל, מִיֵּינוֹ לִשְׁתּוֹת,
בָּחוּר יָפֶה אָהַבְתִּי, אֵיךְ בִּלְעָדָיו לִחְיוֹת?
אַךְ זֶה הָיָה בָּחוּר יָפֶה וְנֶחְמָד,
עִם תַּלְתַּלִּים עוֹרְבִים, לֹא אֶשְׁכָּחֵם לָעַד.

עברית: ח. ב. אילון-ברניק

My mother went to market to buy coal.
She brought me a lad from Poland.
A handsome lad with black eyes.
My little kitten you are mine.

My mother went to market to buy bread.
She brought me a lad right off a coach.
What a lovely lad with snow white teeth.
My little kitten you are mine.

I have been eating almonds.
I have been drinking wine.
I loved a young lad - and cannot part from him.
Oh what a lad so handsome and fine.
With his black and curly hair - he is all mine.

A KHAVERTE
A FRIEND

אַ חבֿרטע
חֲבֵרָה נֶאֱמָנָה הָיְתָה לִי

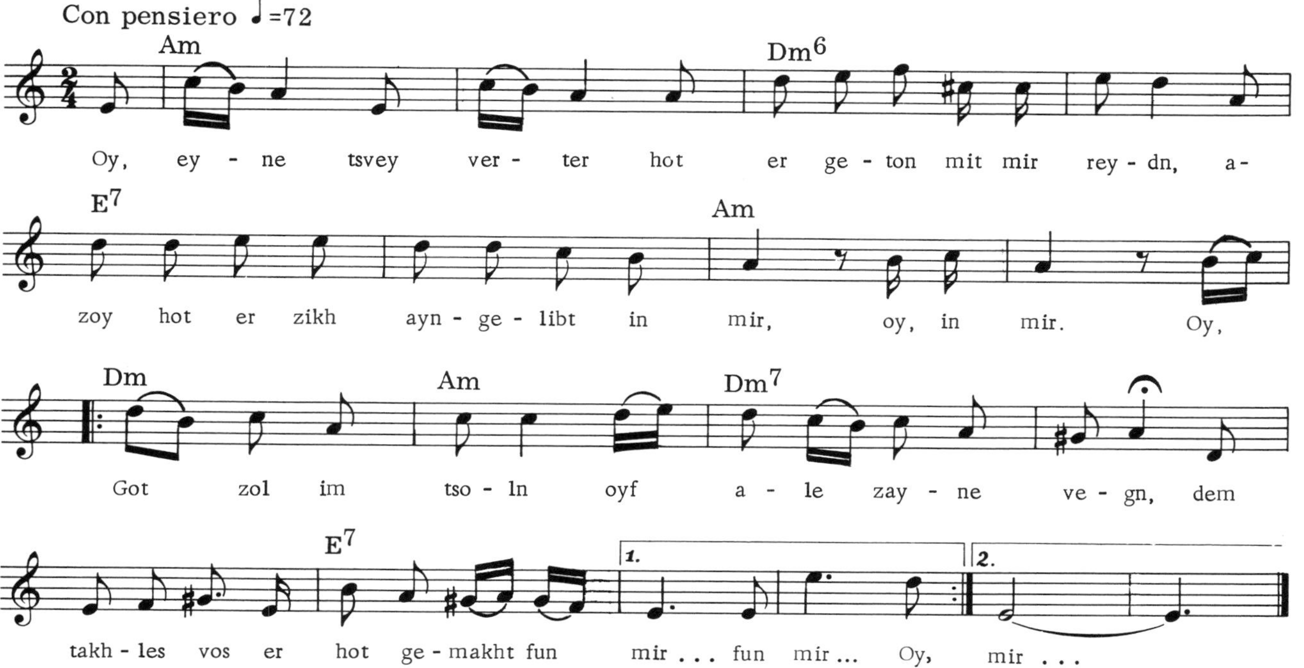

Con pensiero ♩=72
Am
Dm6
Oy, ey - ne tsvey ver - ter hot er ge - ton mit mir rey - dn, a-
E7
Am
zoy hot er zikh ayn - ge - libt in mir, oy, in mir. Oy,
Dm
Am
Dm7
Got zol im tso - ln oyf a - le zay - ne ve - gn, dem
E7
1.
2.
takh - les vos er hot ge - makht fun mir . . . fun mir . . . Oy, mir . . .

Oy, eyne tsvey verter
Hot er geton mit mir reydn,
Azoy hot er zikh ayngelibt in mir,
  Oy, in mir!
Oy, Got zol im tsoln
Oyf ale zayne vegn,
Dem takhles, vos er hot gemakht fun mir...

A khaverte, oy, a khaverte
Hob ikh gehat a getraye,
Vos getrayer ken shoyn gor nit zayn
  Oy, nit zayn!
Mit ire falshe verter
Hot zi im tsugenumen,
Geblibn bin ikh elnt, vi a shteyn...

אוי, איינע צוויי ווערטער
האָט ער געטאָן מיט מיר ריידן,
אַזוי האָט ער זיך אײַנגעליבט אין מיר,
  אוי, אין מיר!
אוי, גאָט זאָל אים צאָלן
אויף אַלע זײַנע וועגן
דעם תכלית, וואָס ער האָט געמאַכט פֿון מיר...

אַ חבֿרטע, אוי, אַ חבֿרטע
האָב איך געהאַט אַ געטרײַע,
וואָס געטרײַער קען שוין גאָר ניט זיין
  אוי, ניט זײַן!
מיט אירע פֿאַלשע ווערטער
האָט זי אים צוגענומען,
געבליבן בין איך עלנט, ווי אַ שטיין...

A khaverte, oy, a khaverte Hob ikh gehat a getraye, Fun ale sekretn hot zi bay mir gevist, Oy, gevist! Un haynt tut men zingen In ale gasn klingen, Az mayn stradanie iz geven umzist.	אַ חבֿרטע, אוי, אַ חבֿרטע האָב איך געהאַט אַ געטרײַע, פֿון אַלע סעקרעטן האָט זי בײַ מיר געוויסט[1], אוי, געוויסט! און הײַנט טוט מען זינגען, אין אַלע גאַסן קלינגען, אז מײַן סטראַדאַניע[2] איז געווען אומזיסט.
Khavertes, oy khavertes, Klaybt zikh ale tsuzamen Un nemt arop a muser zikh fun mir, Oy, fun mir! Oy, Got zol aykh hitn Fun a falsher libe, Azoy vi eynem fun a yungn toyt!	חבֿרטעס, אוי חבֿרטעס, קלײַבט זיך אַלע צוזאַמען און נעמט אַראָפּ אַ מוסר זיך פֿון מיר, אוי, פֿון מיר! אוי, גאָט זאָל אײַך היטן פֿון אַ פֿאַלשער ליבע, אַזוי ווי איינעם פֿון אַ יונגן טויט!
Oy, haynt iz mir biter Un tsu dertsu nokh fintster, Vos erger, mame, kon shoyn gor nit zayn, Oy, nit zayn! A shteyn oyf mayn hartsn Vel ikh mir oyfhengen Un varfn vel ikh zikh in yam arayn!	אוי, הײַנט איז מיר ביטער און צו דערצו נאָך פֿינצטער, וואָס ערגער, מאַמע, קאָן שוין גאָר ניט זײַן, אוי, ניט זײַן! אַ שטיין אויף מײַן האַרצן וועל איך מיר אויפֿהענגען און וואַרפֿן וועל איך זיך אין ים אַרײַן!...

I had a friend who was faithful to me.
My innermost thoughts I confided to her.
But how treacherous she proved to be
When she lured my beloved away.
Now I remain as lonely as a rock
Alone with my shame and grief.
Oh my dearest friends,
Gather about me and learn
A lesson from my distress.

אֲבוֹי, כַּמָּה מְלִים עִמִּי הֶחֱלִיף וְכָךְ בִּי הִתְאַהֵב, לוּ יְשַׁלֵּם לוֹ הָאֱלֹהִים עַל כָּל דְּרָכָיו עַל מַה שֶּׁלִּי עוֹלֵל.
חֲבֵרָה הָיְתָה לִי, נֶאֱמָנָה מִכֹּל. בִּשְׂפַת-חֲלָקוֹת הִיא אוֹתוֹ גָּזְלָה וְאוֹתִר גַּלְמוּדָה כָּאֶבֶן. כָּל סוֹדוֹתַי גִּלִּיתִי לָהּ. הַיּוֹם יוֹשֵׁר בְּרֹאשׁ חוּצוֹת עַל יִסּוּרַי לַשָּׁוְא הָיוּ.
חֲבֵרוֹתַי, הוֹ חֲבֵרוֹתַי, הִתְאַסְּפוּ לִמְדוּ לֶקַח. יִשְׁמָרְכֶן הַשֵּׁם מֵאַהֲבָה כּוֹזֶבֶת כְּמִפְּנֵי מָוֶת בְּטֶרֶם עֵת. אֲבוֹי, מַר לִי, אִמָּא, חָשְׁכוּ עֵינַי. אֶקְשֹׁר לִי אֶבֶן לְצַוָּארִי, וְאַשְׁלִיךְ עַצְמִי לַיָּם....

1. געוווּסט
2. ליידן, פּײַן

OY ABRAM
OH AVRAM

אוי, אַבראַם
אוי, אַבְרָם

Sostenuto Con brio ♩= 76
Cm
Oy, Ab - ram, ikh ken on dir nit zayn.
Gm Cm
Ikh on dir un du on mir ke - nen mir bey - de nit
Gm Eb B
zayn. Ge - denk - stu, ge - denk - stu, un - tern toy - er
Cm Fm Cm
hob ikh dir ayn - ge - roymt a sod in oy - er? Oy vey,
Fm Ab Cm
Riv - ke - le, gib zhe mir dayn pis - ke - le.

Oy Abram, ikh ken on dir nit zayn!
Ikh on dir un du on mir
Kenen mir beyde nit zayn .
Gedenkstu, gedenkstu untern toyer
Hob ikh dir ayngeroymt a sod in oyer ...
– Oy-vey, Rivkele,
Gib zhe mir dayn piskele !

Oy Abram, ikh ken on dir nit zayn!
Ikh on dir un du on mir
Kenen mir beyde nit zayn .
Gedenkstu, gedenkstu dos royte kleydl ? -
Oy, bin ikh geven a sheyn meydl !
– Oy-vey, Rivkele,
Gib zhe mir dayn piskele !

אוי אַבראַם, איך קען אָן דיר ניט זײַן!
איך אָן דיר און דו אָן מיר
קענען מיר ביידע ניט זײַן.
געדענקסטו, געדענקסטו — אונטערן טויער
האָב איך דיר אײַנגערוימט אַ סוד אין אויער...
— אוי־ווײ, רבֿקהלע,
גיב זשע מיר דײַן פּיסקעלע!

אוי אַבראַם, איך קען אָן דיר ניט זײַן!
איך אָן דיר און דו אָן מיר
קענען מיר ביידע ניט זײַן.
געדענקסטו, געדענקסטו דאָס רויטע קליידל? —
אוי, בין איך געווען אַ שיין מיידל!
— אוי־ווײ, רבֿקהלע,
גיב זשע מיר דײַן פּיסקעלע!

Oy Abram, ikh ken on dir nit zayn!	אוי אַבראַם, איך קען אָן דיר ניט זײַן!
Ikh on dir un du on mir,	איך אָן דיר און דו אָן מיר,
Azoy vi a klyamke on a tir	אזוי ווי אַ קליאַמקע אָן אַ טיר
Gedenkstu, gedenkstu oyf dem bulvar?	געדענקסטו, געדענקסטו אויף דעם בולוואַר?
Ikh a kluge, du a nar.	איך אַ קלוגע, דו אַ נאַר.
— Oy-vey, Rivkele,	— אוי־וויי, רבֿקה׳לע,
Gib zhe mir dayn piskele!	גיב זשע מיר דײַן פּיסקעלע!

— אוֹי, אַבְרָם, לֹא אוּכַל בִּלְעָדֶיךָ לִהְיוֹת;
אֲנִי בִּלְעָדֶיךָ, אַתָּה בִּלְעָדַי,
שְׁנֵינוּ לֹא נוּכְלָה לִהְיוֹת!
הֲתִזְכֹּר, הֲתִזְכֹּר, שָׁם מֵעֵבֶר לַשַּׁעַר
נַעֲרָה לָחֲשָׁה אֶת סוֹדָהּ שָׁם לַנַּעַר,
אוֹי, וַי, רִבְקָה׳לִי,
הָבִי פִּיךְ וּשְׁקִי נָא לִי!

— אוֹי, אַבְרָם, לֹא אוּכַל בִּלְעָדֶיךָ לִהְיוֹת;
אֲנִי בִּלְעָדֶיךָ, אַתָּה בִּלְעָדַי
שְׁנֵינוּ לֹא נוּכְלָה לִהְיוֹת!
הֲתִזְכֹּר, הֲתִזְכֹּר, בַּשִּׂמְלָה הָאֲדַמְדֶּמֶת,
אוֹי, כַּמָּה אָז הָיִיתִי נַעֲרָה שֶׁל חֶמֶד!
אוֹי, וַי, רִבְקָה׳לִי,
הָבִי פִּיךְ וּשְׁקִי נָא לִי!

— אוֹי, אַבְרָם, לֹא אוּכַל בִּלְעָדֶיךָ לִהְיוֹת;
אֲנִי בִּלְעָדֶיךָ, אַתָּה בִּלְעָדַי
שְׁנֵינוּ לֹא נוּכְלָה לִהְיוֹת!
הֲתִזְכֹּר, הֲתִזְכֹּר אֵיךְ טִיַּלְנוּ בַּטַּיֶּלֶת,
אַתָּה הַסָּכָל וַאֲנִי הַמַּשְׂכֶּלֶת!
אוֹי, וַי, רִבְקָה׳לִי,
הָבִי פִּיךְ וּשְׁקִי נָא לִי!

עברית: ש. מלצר

Oh, my dearest Avram,
I cannot live without you.
We have shared so much together.
So many secrets, so much bliss.
Yes, my darling Rivkele,
I remember all.
Lift your lovely mouth to me
So I may seal our happiness with a kiss.

OY, VOS KH'HOB GEVOLT
A PASSING ROMANCE

אוי וואָס כ׳האָב געוואָלט
הוֹי, מַה שֶּׁרָצִיתִי.

Larghetto ♩ = 58
Gm
Oy, vos kh'hob ge - volt hob ikh oys - ge - firt, zol ikh a - zoy
C7
le - bn: kh'hob ge - volt a sheyn yin - ge - le,
A7 D7
hot mir Got ge -
Gm
ge - bn. Kh'hob ge - meynt az er iz shoyn mayn,
C7
kh'hob im shoyn ba - ku - men,
Eb7
iz ge - ku - men a
D7
she - ner mey - de - le
Gm D7
un hot im tsu - ge -
Gm
nu - men.

Oy, vos kh'hob gevolt,
Hob ikh oysgefirt,
Zol ikh azoy lebn:
Kh'hob gevolt a sheyn yingele,
Hot mir Got gegebn.

Kh'hob gemeynt, az er iz shoyn mayn,
Kh'hob im shoyn bakumen, --
Iz gekumen a shener meydele
Un hot im tsugenumen...

אוי וואָס כ׳האָב געוואָלט,
האָב איך אויסגעפֿירט,
זאָל איך אַזוי לעבן:
כ׳האָב געוואָלט אַ שיין יינגעלע,
האָט מיר גאָט געגעבן.

כ׳האב געמיינט, אַז ער איז שוין מײַן,
כ׳האָב אים שוין באַקומען —
איז געקומען אַ שענער מיידעלע
און האָט אים צוגענומען...

How dearly I wanted a handsome young lad,
The A'mighty was kind, and sent one to me.
I thought he was mine to stay --
But there appeared a maiden more fair
And enticed my beloved away.

מַה שֶּׁרָצִתִי בָּא לִי: בְּנַעַר נָאֶה חָשַׁקְתִּי וֵאלֹהִים נְתָנוֹ לִי. חָשַׁבְתִּי: הוּא כְּבָר שֶׁלִּי, אַךְ נַעֲרָה יָפָה יוֹתֵר בָּאָה וַתַּחְטְפֵהוּ.

AZOY VI DER SHENKER
JUST AS THE INNKEEPER

אַזוי ווי דער שענקער
כְּשֵׁם שֶׁשּׁוֹאֵב הַמּוֹזֵג

Comodo ♩=78
Gm C
A - zoy vi der shen - ker tsapt oys dem
Dm7 Gm D7
vayn, un dos un - ter - shte gist er a - roys,
Gm D7
un dos un - ter - shte gist er a - roys,
B F
a - zoy tsap - stu, du mer - der, dos blut fun mayn
Gm Dm
har - tsn un du gist es oy - fn gas a - roys ...

— Azoy vi der shenker tsapt oys dem vayn
Un dos untershte gist er aroys, -
Azoy tsapstu, du merder, dos blut fun mayn hartsn
Un du gist es oyfn gas aroys . . .

אַזוי ווי דער שענקער צאַפּט אויס דעם ווײַן
און דאָס אונטערשטע גיסט ער אַרויס —
אַזוי צאַפּסטו, דו מערדער, דאָס בלוט פֿון מײַן האַרצן,
און דו גיסט עס אויפֿן גאַס אַרויס...

— Shlog dir aroys di libe fun dayn hartsn
Un red dir aza narishkeyt nit ayn:
Ikh muz khasene hobn far an ander meydl,
Un dayn khosn kon ikh nit zayn !

— שלאָג דיר אַרויס די ליבע פֿון דײַן האַרצן
און רעד דיר אַזאַ נאַרישקייט ניט אײַן:
איך מוז חתונה האָבן פֿאַר אַן אַנדער מיידל,
און דײַן חתן קאָן איך ניט זײַן!

—Shlog dir aroys di libe fun dayn hartsn
Un meyn nit, di libe iz oyf eybik,-
Azoy vi di taykhelekh trikenen oys,
Azoy blaybn di gribelekh leydik . . .

— שלאָג דיר אַרויס די ליבע פֿון דײַן האַרצן
און מיין ניט, די ליבע איז אויף אייביק, —
אַזוי ווי די טײַכעלעך טריקענען אויס,
אַזוי בלײַבן די גריבעלעך ליידיק...

— Un az di taykhelekh trikenen oys,
Blaybt dokh a leydike grib, —
Az okh un vey tsu mayne yunge yorn,
In vemen ikh hob mikh farlibt . . .

— און אַז די טײַכעלעך טריקענען אויס,
בלײַבט דאָך אַ ליידיקע גריב[1], —
אַז אָך־און־וויי צו מײַנע יונגע יאָרן,
אין וועמען איך האָב מיך פֿאַרליבט...

כְּשֵׁם שֶׁשּׁוֹאֵב הַמּוֹזֵג אֶת הַיַּיִן
וְאֶת הֶחָבִית הוּא הוֹפֵךְ
שׁוֹאֵב אַתָּה דַּם לְבָבִי, הָרוֹצֵחַ,
וְחוּצָה כַּמַּיִם שׁוֹפֵךְ.

אֶת אַהֲבָתִי מִלִּבֵּךְ נָא הוֹצִיאִי,
שִׁכְחִי הָאִוֶּלֶת הַזֹּאת;
הֲרֵינִי אָנוּס לְהִתְחַתֵּן עִם אַחֶרֶת,
שֶׁלָּךְ לֹא אוּכַל עוֹד לִהְיוֹת.

אֶת אַהֲבָתִי מִלִּבֵּךְ נָא הוֹצִיאִי,
סוֹף כָּל אַהֲבָה — אַכְזָבָה;
כְּשֵׁם שֶׁהַנַּחַל מַכְזִיב בִּימוֹת־קַיִץ,
מַכְזֶבֶת גַּם־כֵּן הָאַהֲבָה.

כְּשֵׁם שֶׁהַנַּחַל מַכְזִיב בִּימוֹת־קַיִץ,
עוֹמֵד הוּא יָבֵשׁ וְחָרֵב;
אֲבוֹי לִי וְאוֹי לִי, בְּמִי הִתְאַהַבְתִּי,
אֶת מִי לְבָבִי עוֹד אוֹהֵב!

עברית: ש. מלצר

As the innkeeper drains wine from the barrel
And the dregs are frittered away
So like a murderer you drain my blood
And thus my love betray.

Do not imagine our love is eternal
Cast it from the depth of your soul.
I have pledged my troth to another
And your groom I will never be.

Now my pain is as deep as an empty furrow
Left dry as the water flows away.
How wasted are the youthful years I gave you
That once were so bright and gay.

1. גרוב (דיאַל)

UNTER A KLEYN BEYMELE
IN THE SHADE OF A TREE

אונטער אַ קליין ביימעלע
תַּחַת עֵץ קָטָן

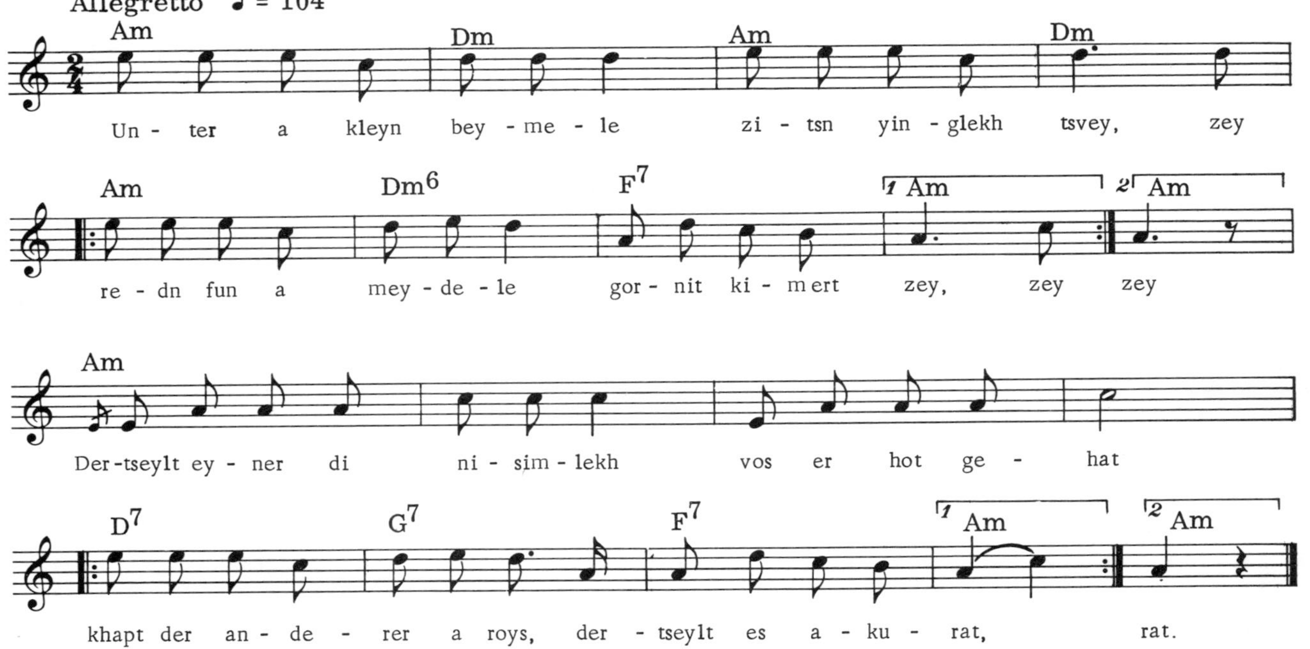
Allegretto ♩ = 104
Am Dm Am Dm
Un - ter a kleyn bey - me - le zi - tsn yin - glekh tsvey, zey
Am Dm6 F7 1 Am 2 Am
re - dn fun a mey - de - le gor - nit ki - mert zey, zey zey
Am
Der - tseylt ey - ner di ni - sim - lekh vos er hot ge - hat
D7 G7 F7 1 Am 2 Am
khapt der an - de - rer a roys, der - tseylt es a - ku - rat, rat.

Unter a kleyn beymele
Zitsn yinglekh tsvey,
Zey redn fun a meydele,
Gornit kimert zey.

Dertseylt eyner di nisimlekh,
Vos er hot gehat,
Khapt der anderer aroys,
Dertseylt es akurat.

Er flegt – zogt er – gantse teg
Umgeyn umgegesn,
Dortn, vu zi hot gevoynt,
Shohen opgezesn.

Shturemvint un regn-shney,
Keyn zakh nit geshrokn,
Un di mame in der heym
Gevart hot mit a flokn.

אונטער אַ קליין ביימעלע
זיצן ייִנגלעך צוויי,
זיי רעדן פֿון אַ מיידעלע,
גאָרניט קימערט זיי.

דערציילט איינער די ניסימלעך,
וואָס ער האָט געהאַט,
כאַפּט דער אַנדערער אַרויס,
דערציילט עס אַקוראַט.

ער פֿלעגט — זאָגט ער — גאַנצע טעג
אומגיין אומגעגעסן,
דאָרטן, וווּ זי האָט געוווינט,
שעהען אָפּגעזעסן.

שטורעמווינט און רעגן־שניי —
קיין זאַך ניט געשראָקן,
און די מאַמע אין דער היים
געוואַרט האָט מיט אַ פֿלאָקן.

Un der tate tsu dertsu
Mitn pas dem groysn,
Oysgeklapt di beyndelekh,
Aroysgeyogt in droysn.

Unter a kleyn beymele
Zitsn yinglekh tsvey,
Zey redn fun a meydele,
Gornit kimert zey.

און דער טאַטע צו דערצו
מיטן פּאַס דעם גרויסן,
אויסגעקלאַפּט די ביינדעלעך,
ארויסגעיאָגט אין דרויסן.

אונטער אַ קליין ביימעלע
זיצן ייִנגלעך צוויי,
זיי רעדן פֿון אַ מיידעלע,
גאָרניט קימערט זיי.

עֵץ קָטָן תַּחְתָּיו יָשְׁבוּ
שְׁנַיִם נְעָרִים;
עַל נַעֲרָה שֶׁאָהֲבוּ
הֵם מְפַטְפְּטִים.

אֶחָד סִפֵּר נִפְלְאוֹתָיו
שֶׁאֶצְלָהּ טָעַם;
הַשֵּׁנִי מוֹסִיף עָלָיו,
וְכֻלּוֹ נִפְעָם.

פִּזְמוֹן: עֵץ קָטָן ...

מִבֹּקֶר הוּא הָלַךְ, סָבַב,
עַד עֶרֶב לֹא שָׁתָה;
וְשָׁעוֹת רַבּוֹת יָשַׁב
מוּל חַלּוֹן בֵּיתָהּ.

פִּזְמוֹן: עֵץ קָטָן...

גֶּשֶׁם שֶׁלֶג וְסוּפָה,
לֹא, הוּא לֹא פָּחַד;
בְּבֵיתוֹ אִמּוֹ חִכְּתָה
עִם מַקֵּל בַּיָּד...

פִּזְמוֹן: עֵץ קָטָן...

אָז גַּם אַבָּא הִצְטָרֵף,
— אוֹי, אֵיזוֹ צָרָה!
וְהִכָּה הֵיטֵב-הֵיטֵב
עִם הַחֲגוֹרָה...

פִּזְמוֹן: עֵץ קָטָן...

עברית: י. שבתאי

Beneath the shade of a green tree
Narrate two young lads to each other
The tales of their loves.
One would gaze night and day
At the cottage where she dwells
The second would follow her
Through rain and snow.
But when both returned home
Mother awaited them angrily
With a rod in her hand
And father with his big strap.

OYFN OYVN ZITST A MEYDL
A GIRL AT THE HEARTH

אויפֿן אויוון זיצט אַ מיידל
עֲלֵי תַּנּוּר בַּחוּרָה יוֹשֶׁבֶת

Allegretto ♩ = 112

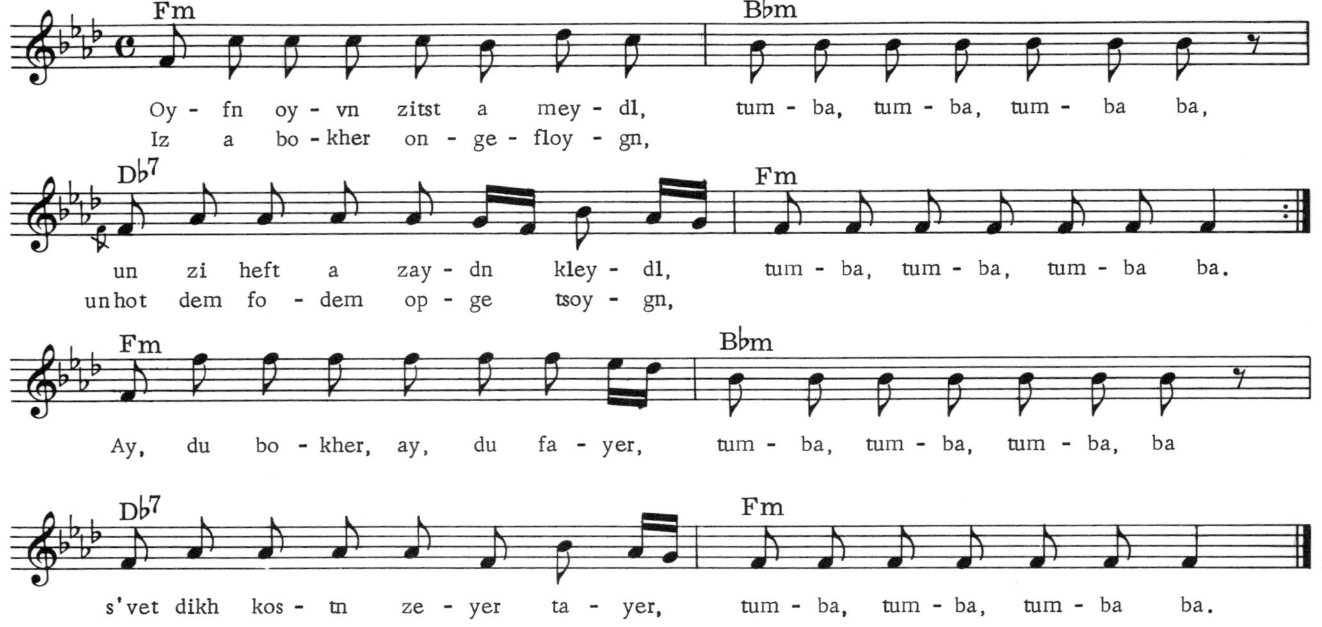

Fm
Bbm
Oy - fn oy - vn zitst a mey - dl, tum - ba, tum - ba, tum - ba ba,
Iz a bo - kher on - ge - floy - gn,
Db7
Fm
un zi heft a zay - dn kley - dl, tum - ba, tum - ba, tum - ba ba.
un hot dem fo - dem op - ge tsoy - gn,
Fm
Bbm
Ay, du bo - kher, ay, du fa - yer, tum - ba, tum - ba, tum - ba, ba
Db7
Fm
s'vet dikh kos - tn ze - yer ta - yer, tum - ba, tum - ba, tum - ba ba.

Oyfn oyvn zitst a meydl,
Tumba, tumba, tumba-ba,
Un zi heft a zaydn kleydl,
Tumba, tumba, tumba-ba !

Iz a bokher ongefloygn,
Tumba, tumba, tumba-ba,
Un hot dem fodem opgetsoygn,
Tumba, tumba, tumba-ba !

—Ay, du bokher, ay, du fayer,
Tumba ...
S'vet dikh kostn zeyer tayer,
Tumba ...

Kh'vel nit fregn dikh fun vanen,
Tumba ...
Kh'vel nit oplozn fun danen,
Tumba ...

אויפֿן אויוון זיצט אַ מיידל,
טומבאַ, טומבאַ, טומבאַ־באַ,
און זי העפֿט א זײַדן קליידל,
טומבאַ, טומבאַ, טומבאַ־באַ!

איז אַ בחור אָנגעפֿלויגן,
טומבאַ, טומבאַ, טומבאַ־באַ,
און האָט דעם פֿאָדעם אָפּגעצויגן,
טומבאַ, טומבאַ, טומבאַ־באַ!

— אײַ, דו בחור, אײַ דו פֿײַער,
טומבאַ...
ס׳וועט דיר קאָסטן זייער טײַער!
טומבאַ...

כ׳וועל ניט פֿרעגן דיך, פֿון וואַנען,
טומבאַ...
כ׳וועל ניט אָפּלאָזן פֿון דאַנען,
טומבאַ...

Nit mit shtrik vel ikh dikh penten,	ניט מיט שטריק וועל איך דיך פענטען[1],
Tumba ...	טומבאַ...
Nor mit mayne vayse hentlekh,	נאָר מיט מײַנע ווײַסע הענטלעך,
Tumba ...	טומבאַ...
Oyfn oyvn zitsn tsveyen,	אויפֿן אויוון זיצן צווייען,
Tumba, tumba, tumba-ba .	טומבאַ, טומבאַ, טומבאַ־באַ,
Nit zey heftn, nit zey neyen,	ניט זיי העפֿטן, ניט זיי נייען,
Tumba, tumba, tumba-ba !...	טומבאַ, טומבאַ, טומבאַ־באַ!...

עֲלֵי תַּנּוּר בַּחוּרָה יוֹשֶׁבֶת, שִׂמְלַת מֶשִׁי לָהּ תִּתְפֹּר.
וְהִנֵּה בָּחוּר הוֹפִיעַ, אֶת הַחוּט פָּרַם.
— הוֹ, בָּחוּר ! שַׁלֵּם־תְּשַׁלֵּם בְּיֹקֶר! שׁוּב לֹא אָנִיחַ לְךָ.
כָּבֹל אֶכְבֹּל אוֹתְךָ. לֹא בְּחֶבֶל כִּי אִם בִּזְרוֹעוֹתַי הַלְּבָנוֹת.
עֲלֵי תַּנּוּר יֵשְׁבוּ בִּשְׁנַיִם, לֹא יִתְפְּרוּ, לֹא יִתְפֹּרוּ...

Sits a maiden at her hearth
Busily sewing a frock.
Suddenly there appears
A lad at her side
And plays with her needle and thread.
I will not ask you whence you came
Nor will I let you free.
Now there sits at the hearth
The maiden - and at her side -
Her new-found love.

---

1. צובינדן

IN A SHEYNER ZUMERNAKHT
ON A PLEASENT SUMMER'S NIGHT

אין אַ שיינער זומערנאַכט
בְּלֵיל קַיִץ יָפֶה

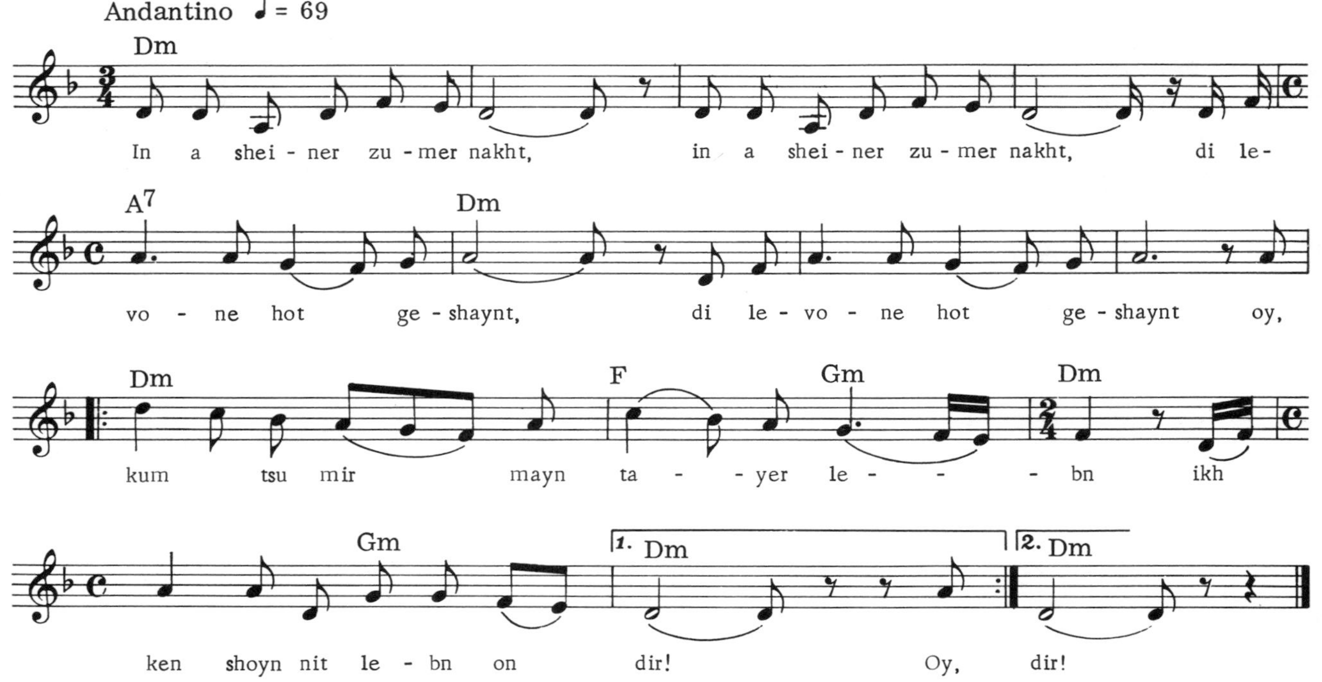

Andantino ♩= 69
Dm
In a shei - ner zu - mer nakht, in a shei - ner zu - mer nakht, di le-
A7 Dm
vo - ne hot ge - shaynt, di le - vo - ne hot ge - shaynt oy,
Dm F Gm Dm
kum tsu mir mayn ta - - yer le - - - bn ikh
Gm 1. Dm 2. Dm
ken shoyn nit le - bn on dir! Oy, dir!

In a sheyner zumernakht,
Di levone hot geshaynt,
Oy, kum tsu mir, mayn tayer lebn,
Ikh ken shoyn nit lebn on dir!

אין אַ שיינער זומערנאַכט,
די לבֿנה האָט געשייַנט,
אוי, קום צו מיר מייַן טייַער לעבן,
איך קען שוין ניט לעבן אָן דיר!

Di tsores hobn mikh arumgeringlt,
Azoy vi a bednazh a fas,
Oy hayntike yingelekh meg men gleybn,
Azoy vi dem hunt oyf der gas.

די צרות האָבן מיך אַרומגערינגלט,
אזוי ווי אַ בעדנאַזש[1] אַ פֿאַס,
אוי, הייַנטיקע ייִנגעלעך מעג מען גלייבן,
אזוי ווי דעם הונט אויף דער גאַס.

1. באַנדער, וואָס מאַכט פֿעסער

Shpatsirn zaynen mir beyde gegangen
Arum un arum dem bulvar;
Oy, ale meydelekh shpiln a libe,
Nor ikh aleyn geblibn bin tsum nar...

שפּאַצירן זײַנען מיר בײדע געגאַנגען
אַרום און אַרום דעם בולוואַר;
אוי, אַלע מײדעלעך שפּילן אַ ליבע,
נאָר איך אַלײן געבליבן בין צום נאַר...

לֵיל-קַיִץ יָפֶה, הַלְּבָנָה תִּתֵּן אוֹרָהּ.
— הוֹ, בֹּא אֵלַי, חֶמְדַּת לְבָבִי.
בִּלְעָדֶיךָ אֵין חַיִּים לִי!
אֲפָפוּנִי הַצָּרוֹת כְּאֶפּוֹף חִשּׁוּק אֶת הֶחָבִית.
הַבַּחוּרִים שֶׁל יָמֵינוּ —
אֶפְשָׁר לְהַאֲמִין לָהֶם כְּמוֹ לְכֶלֶב-חוּצוֹת!
יַחְדָּיו טִיַּלְנוּ סָבִיב לַשְּׂדֵרוֹת.
כָּל חַבְרוֹתַי אוֹהֲבוֹת-נֶאֱהָבוֹת, וְאוּנָּתֵר אֲנִי לְבַדִּי.

In a beauteous summer's night
Come to me my heart's delight.
Without you I cannot exist.
But now my pain knows no surcease.
For my faith has vanished.
Once we walked along a frangrant boulevard.
Now you have left me alone
To bear my sorrow and shame.

OT DORT, OT DORT
OVER THERE

אָט דאָרט
צִפֳּרִים עוֹמְדוֹת שְׁתַּיִם

Animato ♩ = 116
Em Am B7 Em B7 Em
Ot dort, ot dort, oyf ye - nem ort, oyf yė - nem ort,
Am D7
shtey - en zikh fey - ge - lekh tsvey, oy, tsvey; zey
G C Dm Bm
shmue- sn zikh, zey ku - shn zikh, zey lyu - ben zikh, zey ku - shn zikh, okh,
Dm E7 Am
s'a - ra far - ge - ni - gn ho - bn zey, oy, zey! Zey
G Dm7 Bm
shmue - sn zikh, zey ku - shn zikh, zey ku - shn zikh, zey lyu - ben zikh, okh
Dm E7
s'a - ra far - ge - ni - gn ho - bn zey, oy zey!

Ot dort, ot dort, oyf yenem ort,
Shteyen zikh feygelekh tsvey, oy, tsvey;
Zey shmuesn zikh, zey kushn zikh,
Zey kushn zikh, zey lyuben zikh —
Okh, s'ara fargenign hobn zey
Oy, zey!

Zey shmuesn zikh, zey kushn zikh,
Zey kushn zikh, zey lyuben zikh —
Okh, s'ara fargenign hobn zey,
Oy, zey!

אָט דאָרט, אָט דאָרט, אויף יענעם אָרט,
שטייען זיך פֿייגעלעך צוויי, אוי, צוויי!
זיי שמועסן זיך, זיי קושן זיך,
זיי קושן זיך, זיי ליובען[1] זיך —
אָך, סאַראַ פֿאַרגעניגן האָבן זיי
אוי, זיי!

זיי שמועסן זיך, זיי קושן זיך,
זיי קושן זיך, זיי ליובען זיך —
אָך, סאַראַ פֿאַרגעניגן האָבן זיי,
אוי, זיי!

שָׁם, בְּאוֹתוֹ מָקוֹם, צִפֳּרִים עוֹמְדוֹת שְׁתַּיִם.
הֵן יָשִׂיחוּ, יִתְנַשְּׁקוּ, יֶאֱהָבוּ — הוֹ, כַּמָּה יִתְעַנְּגוּ!

Over there two birds are mating.
They chatter, they kiss, they love.
What delight they find in each other!

1. צערטלען זיך, ליבן זיך

IN DROYSN HOT ZIKH FARKHMARET
IT IS DREARY OUT

אין דרויסן האָט זיך פֿאַרכמאַרעט
קָדְרוּ פְּנֵי הַשָּׁמַיִם

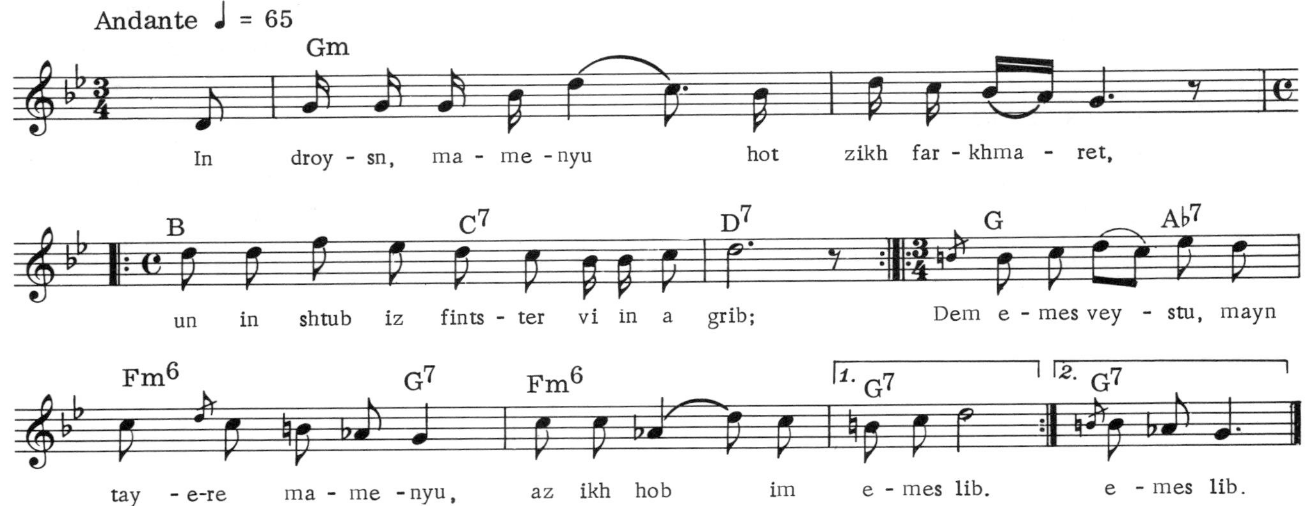
Andante ♩ = 65
Gm
In droy - sn, ma - me - nyu hot zikh far - khma - ret,
B C7 D7
un in shtub iz fints - ter vi in a grib;
G A♭7
Dem e - mes vey - stu, mayn
Fm6 G7 Fm6 1. G7 2. G7
tay - e-re ma - me - nyu, az ikh hob im e - mes lib. e - mes lib.

In droysn, mameñyu, hot zikh farkhmaret,
Un in shtub iz fintster vi in a grib.
Dem emes veystu, mayn tayere mamenyu,
Az ikh hob im emes lib!

Ikh hob im lib, ikh hob im lib,
Ikh kon on im nit lebn keyn eyn minut;
Un az ikh ze im nit far mayne eygelekh,
Trifn trift fun mir mayn blut. . .

Di levone shaynt, di levone shaynt,
Un arum ir shterndlekh gor fayn.
Groyser Got, farlesh dos likhtele,
Zol es vi mayn mazl zayn ! . . .

אין דרויסן, מאַמעניו, האָט זיך פֿאַרכמאַרעט[1],
און אין שטוב איז פֿינצטער, ווי אין אַ גריב[2];
דעם אמת ווייסטו, מײַן טײַערע מאַמעניו,
אַז איך האָב אים אמת ליב!

איך האָב אים ליב, איך האָב אים ליב,
איך קאָן אָן אים ניט לעבן קיין איין מינוט.
און אַז איך זע אים ניט פֿאַר מײַנע אייגעלעך,
טריפֿן טריפֿט פֿון מיר מײַן בלוט...

די לבנה שײַנט, די לבנה שײַנט,
און אַרום איר שטערנדלעך גאָר פֿײַן.
גרויסער גאָט, פֿאַרלעש דאָס ליכטעלע,
זאָל עס ווי מײַן מזל זײַן...

Dear mother how dreary it is outside
And how cheerless is our home.
Only you know the truth, dear mother,
How deep is my love for him.
Without him my life has no meaning.
The moon and the stars illumine the night
But without my love
My heart knows only darkness.

בַּחוּץ, אִמָּא יְקָרָה, קָדְרוּ פְּנֵי הַשָּׁמַיִם, וּבַבַּיִת אֲפֵלָה כְּמוֹ בַּבּוֹר. הָאֱמֶת תֵּדְעִי, כִּי לִבִּי אֵלָיו יוֹצֵא. אֲנִי אוֹתוֹ אוֹהֶבֶת, בִּלְעָדָיו לֹא אֶחְיֶה אֲפִלּוּ רֶגַע קָט. עֵת לֹא אֶרְאֶנּוּ, דָּמִי מִלִּבִּי יִזַּל. הַלְּבָנָה תִּשְׁפֹּךְ אוֹרָהּ. סְבִיבָהּ כּוֹכְבֵי רוֹם; אֵלִי שֶׁבַּשָּׁמַיִם! כַּבֵּה הַמְּאוֹרוֹת, יֶחְשַׁךְ הַיְּקוּם, כַּאֲשֶׁר חָשַׁךְ גּוֹרָלִי.

1. באַדעקט זיך מיט וואָלקנס
2. גרוב/דיאַל./.

GEY IKH MIR SHPATSIRN
AS I STROLL

גיי איך מיר שפּאַצירן
אֵצְאָה לִי לָשׂוּחַ

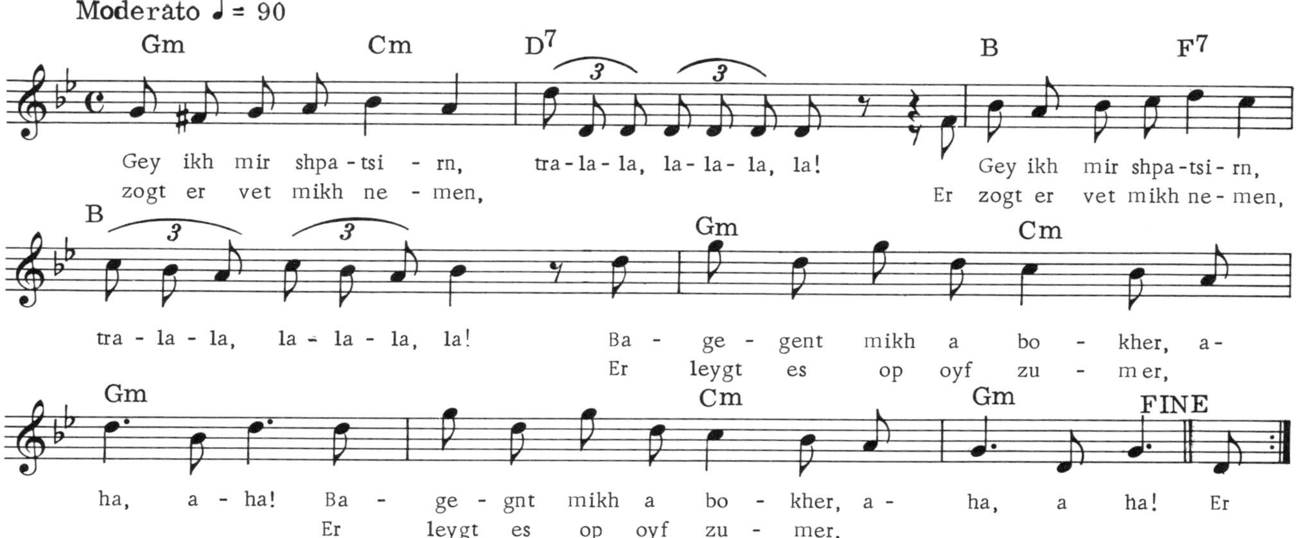

Moderato ♩ = 90
Gm Cm D7 B F7
Gey ikh mir shpa - tsi - rn, tra - la - la, la - la - la, la! Gey ikh mir shpa - tsi - rn,
zogt er vet mikh ne - men, Er zogt er vet mikh ne - men,
B Gm Cm
tra - la - la, la - la - la, la! Ba - ge - gent mikh a bo - kher, a -
Er leygt es op oyf zu - mer,
Gm Cm Gm FINE
ha, a - ha! Ba - ge - gnt mikh a bo - kher, a - ha, a ha! Er
Er leygt es op oyf zu - mer,

Gey ikh mir shpatsirn,
Tra-la-la, la-la-la, la!
Bagegnt mikh a bokher —
Aha, aha !

Er zogt, er vet mikh nemen,
Tra-la-la, la-la-la, la!
Er leygt es op oyf zumer —
Aha, aha !

Der zumer iz gekumen,
Tra-la-la, la-la-la, la!
Er hot mikh nit genumen —
Aha, aha !

Itst vil er mikh shoyn nemen,
Tra-la-la, la-la-la, la!
Itst vil ikh im nit kenen —
Aha, aha !

גיי איך מיר שפּאַצירן,
טראַלאַ-לאַ, לאַ-לאַ-לאַ, לאַ!
באַגעגנט מיך אַ בחור —
אַהאַ, אַהאַ!

ער זאָגט, ער וועט מיך נעמען,
טראַלאַ-לאַ, לאַ-לאַ-לאַ, לאַ!
ער לייגט עס אָפּ אויף זומער —
אַהאַ, אַהאַ!

דער זומער איז געקומען,
טראַלאַ-לאַ, לאַ-לאַ-לאַ, לאַ!
ער האָט מיך ניט גענומען —
אַהאַ, אַהאַ!

איצט וויל ער מיך שוין נעמען,
טראַלאַ-לאַ, לאַ-לאַ-לאַ, לאַ!
איצט וויל איך אים ניט קענען —
אַהאַ, אַהאַ!

אֵצְאָה לִי לָשׂוּחַ — טְרַ־לַ־לַ, לַ־לַ־לַ, לַ!
פָּגַשׁ אוֹתִי בָּחוּר, אֲ־הָהּ, אֲ־הָהּ!

אָמַר כִּי יִקָּחֵנִי — טְרַ־לַ־לַ, לַ־לַ־לַ, לַ!
לַקַּיִץ רַק יִדְחֵנִי, אֲהָהּ, אֲהָהּ!

הַקַּיִץ כְּבָר חָלַף — טְרַ־לַ־לַ, לַ־לַ־לַ, לַ!
וְהוּא אֵלַי לֹא שָׁב, אֲהָהּ, אֲהָהּ!

עברית: ח. ב. אילון־ברניק

I sauntered aimlessly one day.
Along my path I met a lad.
He wanted to marry me
But asked that I wait till summer.
But summer came and went,
And his promise he failed to keep.
Now he truly wants me for his bride
But now 'tis I that cast him aside.

DU FORST AVEK
YOU ARE LEAVING

דו פֿאָרסט אַוועק
אַתָּה נוֹסֵעַ, מְשׂוֹשׂ חַיַּי

Largo ♩=48
F♯m Bm
1.Du forst a - vek, mayn ta - yer le - bn, oyf ve - men loz - tu mikh
F♯m Bm
i - ber? Oy, tsu ve - men ken ikh, oy, a vort oys - rey - dn, az
F♯m Bm
nit tsu dir iz nor tsu zikh, oy, a - leyn. Oy, tsu ve - men ken ikh, oy, a vort oys -
C 7 F♯m 1.2.
rey - dn, az nit tsu dir, iz nor tsu zikh, oy, a - leyn. 2. Oy,
3. F♯m Bm
mit a gu - tn fraynd. 4. Oy, say a shte - te - le, say a der - fe - le, oy,
F m Bm
of - te briv zol - stu mir shray - bn, Oy, vey,
F♯m
of - te bri - ve - lekh zol - stu mir shray - - - bn, az an
Bm 1. F♯ Bm 2. F♯
ey - ge - ne por zo - ln mir far - blay - bn. az an blay - bn.

Du forst avek, mayn tayer lebn —
Oyf vemen lostu mikh iber ?
Oy, tsu vemen ken ikh, oy, a vort oysreydn,
Az nit tsu dir, iz nor tsu zikh, oy, aleyn. . .

Oy, mir darfn zikh shoyn beyde tsesheydn,
Azoy vi der guf mit der neshome.
Oy, az undzere sonim veln zikh dervisn,
Oy, derlebn veln zey zikh a nekome. . .

Oy, a nekome hobn zey zikh shoyn derlebt,
Ikh farhof tsu Got, as s'vet nit zayn oyf lang!
Tsi gedenkstu, du mayn tayer lebn,
Az ikh fleg mit dir taynen, azoy vi mit a gutn fraynd!

Oy, say a shtetele, say a derfele,
Oy, ofte briv zolstu mir shraybn,
Oy vey, ofte brivelekh zolstu mir shraybn,
Az an eygene por zoln mir farblaybn!

דו פֿאָרסט אַוועק, מײַן טײַער לעבן —
אויף וועמען לאָזסטו מיך איבער?
אוי, צו וועמען קען איך, אוי, אַ וואָרט אויסריידן,
אַז ניט צו דיר, איז נאָר צו זיך, אוי, אַליין...

אוי, מיר דאַרפֿן זיך שויןביידע צעשיידן,
אַזוי ווי דער גוף מיט דער נשמה.
אוי, אַז אונדזערע שׂונאים וועלן זיך דערוויסן,
אוי דערלעבן וועלן זיי זיך אַ נקמה...

אוי, אַ נקמה האָבן זיי זיך שוין דערלעבט,
איך פֿאַרהאָף צו גאָט, אַז ס׳וועט ניט זײַן אויף לאַנג!
צי געדענקסטו, דו מײַן טײַער לעבן,
אַז איך פֿלעג מיט דיר טענהן, אַזוי ווי מיט אַ גוטן פֿרײַנד!

אוי, סײַ אַ שטעטעלע, סײַ אַ דערפֿעלע,
אוי, אָפֿטע בריוו זאָלסטו מיר שרײַבן,
אוי־וויי, אָפֿטע בריוועלעך זאָלסטו מיר שרײַבן,
אַז אַן אייגענע פּאָר זאָלן מיר פֿאַרבלײַבן.

אַתָּה נוֹסֵעַ, מְשׂוֹשׂ חַיַּי, עַל מִי תַּעַזְבֵנִי?
אֲבוֹי, לִפְנֵי מִי לִבִּי עַתָּה אָשִׂיחַ?
צְרִיכִים אָנוּ לְהִפָּרֵד כַּגּוּף מִן הַנְּשָׁמָה.
שׂוֹנְאֵינוּ, כִּי יֵדְעוּ זֹאת, הֵם יִשְׂמְחוּ לְאֵידֵנוּ.
אֲקַוֶּה לֹא לִזְמַן רָב.
הוֹ, אִם בַּכְּפָר תִּהְיֶה וְאִם בָּעֲיָרָה,
כְּתֹב לִי לְעִתִּים קְרוֹבוֹת, שֶׁנִּשָּׁאֵר קְרוֹבִים,
זוּג אֶחָד נִהְיֶה.

You are leaving me dearest -
Deep will be my solitude.
Our parting will be as agonising
As a soul torn from its body.
Remember, my dearest
How oft we would talk as lovers do!
One token of our love I ask of you -
No matter whither you wander
Write to me often
And thus shall I know
That our bond has not been torn asunder.

DU HOST MIR GESHENKT
YOUR GIFT

דו האָסט מיר געשענקט
נָתַתָּ לִי מַתָּנָה

Comodo ♩ = 80
C♯m
F♯7
Du host mir ge - shenkt a po - da - rek, dayn po - da - rek hengt oyf der
G♯7
C♯7
F♯m
G♯7
vant; dayn po - da - rek hengt oyf der vant; ven es kumt mir on do-
C♯m
A7
G
C♯m
sa - de oyf mayn har - tsn, nem ikh dayn kar - te in der hant.

Du host mir geshenkt a podarek,
Dayn podarek hengt oyf der vant;
Ven es kumt mir on dosade oyf mayn hartsn,
Nem ikh dayn karte in der hant .

Du host mir tsugezogt, vest mikh nemen,
Un nemen nemstu mikh nit.
Ikh on dir, un du on mir
Iz azoy vi a klyamke on a tir,

Ikh nem dokh dayn karte in der hant
Un ikh vil mit dir, dushenyu, reydn,
Azoy vi mir hobn zikh beyde gelibt,
Un itst darfn mir zikh tsesheydn . . .

דו האָסט מיר געשענקט אַ פּאָדאַרעק[1],
דייַן פּאָדאַרעק הענגט אויף דער וואַנט;
ווען עס קומט מיר אָן דאָסאַדע[2] אויף מייַן האַרצן,
נעם איך דייַן קאַרטע[3] אין דער האַנט.

דו האָסט מיר צוגעזאָגט, וועסט מיך נעמען,
און נעמען נעמסטו מיך ניט.
איך אָן דיר און דו אָן מיר
איז אַזוי ווי אַ קליאַמקע אָן אַ טיר.

איך נעם דאָך דייַן קאַרטע אין דער האַנט
און איך וויל מיט דיר, דושעניו[4], ריידן,
אַזוי ווי מיר האָבן זיך ביידע געליבט,
און איצט דאַרפֿן מיר זיך צעשיידן...

You made me a precious gift of your portrait which oft I hold before me. Did you not promise that I would be thine? Then why did you deceive me? Our love once was as deep as the sea. Now you are gone and we must live apart.

מַתָּנָה נָתַתָּ לִי, עַל קִיר חֶדְרִי תְּלוּיָה. כִּי יֶעֱגַם לִבִּי, אֶקַּח תְּמוּנָתְךָ לְיָדִי. הִבְטַחְתָּ לְקַחְתֵּנִי לְאִשָּׁה וְאֵינְךָ לוֹקֵחַ. אֲנִי בִּלְעָדֶיךָ, אַתָּה בִּלְעָדַי, כַּיָּדִית בְּלִי דֶלֶת. אֶקַּח תְּמוּנָתְךָ לְיָדִי וְאֶזְכֹּר, נִשְׁמַת אַפִּי, אֵיכָה אָהַבְנוּ וְעַתָּה עָלֵינוּ לְהִפָּרֵד.

1. מתּנה, געשאַנק 2. פֿאַרדראָס
3. דאָ: פֿאָטאָגראַפֿיע 4. נשמה מייַנע (צערטלוואָרט)

DI MAME KOKHT VARENIKES
THE ESCAPE

די מאַמע קאָכט וואַרעניקעס
אִמָּא כִּיסָנִים מְבַשֶּׁלֶת

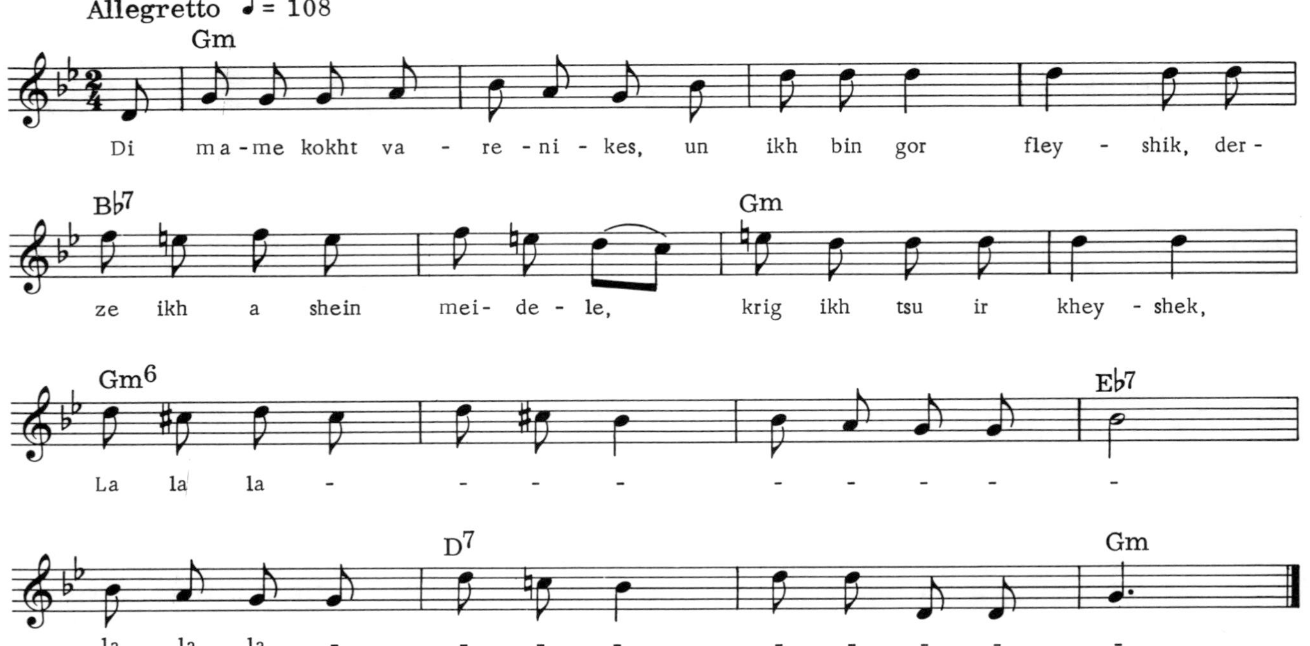

Allegretto ♩= 108
Gm
Di ma-me kokht va - re - ni - kes, un ikh bin gor fley - shik, der -
B♭7
ze ikh a shein mei- de - le,
Gm
krig ikh tsu ir khey - shek,
Gm6
La la la - - - - - - - - - -
E♭7
D7
la la la - - - - - - - - - -
Gm

Di mame kokht varenikes,
Un ikh bin gor fleyshik,
Derze ikh a sheyn meydele,
Krig ikh tsu ir kheyshek...

Mir gefelt dos meydele,
Mayn mame in der mit;
Ikh hob lib dos meydele
Mayn mame vil dokh nit . . .

די מאַמע קאָכט וואַרעניקעס,
און איך בין גאָר פֿליישיק;
דערזע איך אַ שיין מיידעלע,
קריג איך צו איר חֵשק...

מיר געפֿעלט דאָס מיידעלע,
מײַן מאַמע אין דער מיט;
איך האָב ליב דאָס מיידעלע
מײַן מאַמע וויל דאָך ניט...

Sheyn iz dos meydele,
Vi di gantse velt,
Nor a khisorn hot zi dokh:
Zi hot gor nit keyn gelt...

Gelt iz dokh kaylekhik,
Es kayklt zikh avek;
Nem ikh mir mayn meydele
Un for mit ir avek.

Ikh for mit ir avek
In der shtot Adess,
Ikh shtel mit ir a khupe
In eyn mesles.

שיין איז דאָס מיידעלע,
ווי די גאַנצע וועלט,
נאָר אַ חסרון האָט זי דאָך:
זי האָט גאָר ניט קיין געלט...

געלט איז דאָך קײַלעכיק,
עס קײַקלט זיך אַוועק;
נעם איך מיר מײַן מיידעלע
און פֿאָר מיט איר אַוועק.

איך פֿאָר מיט איר אַוועק
אין דער שטאָט אַדעס,
און שטעל מיט איר אַ חופּה
אין איין מעת־לעת.

אִמָּא כִּיסָנֵי־חָלָב מְבַשֶּׁלֶת
וַאֲנִי לֹא מִזְּמַן בָּשָׂר אָכַלְתִּי.
נַעֲרָה יָפָה רָאִיתִי וְנַפְשִׁי חָשְׁקָה בָּהּ,
אַךְ אִמִּי תִּתְנַגֵּד.
נָאָה גַּם נָאָה הַנַּעֲרָה, אֲבָל מִגְרַעַת בָּהּ:
כֶּסֶף אֵין לָהּ.
הַכֶּסֶף הֲלֹא עָגֹל הוּא, יִתְגַּלְגֵּל וְיִתְגַּלְגֵּל.
אֶקַּח לִי אֶת נַעֲרָתִי וְאִתָּהּ לְאוֹדֶיסָה אֶסַּע.
בְּתוֹךְ יְמָמָה אַחַת נָבוֹא בִּבְרִית הַנִּשּׂוּאִים.

I encountered a young lass
For whom my heart yearns.
She is as pretty as a picture
But sad to say - of no means.
My mother will not hear of it -
"What, a maiden with no dowry!"
But money can melt away!
So I shall take my beloved one
To Odessa for our wedding day.

DER TATE IZ GEFORN
FATHER IS TRAVELLING

דער טאַטע איז געפֿאָרן
אַבָּא נָסַע לְבַּלְטָה

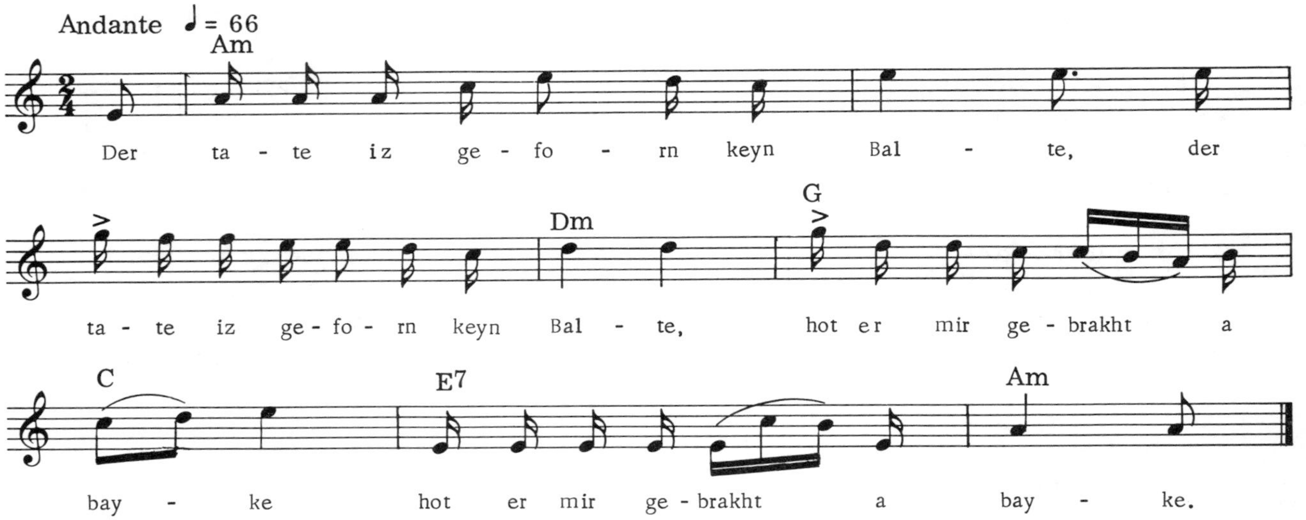

Andante ♩= 66
Am
Der ta - te iz ge - fo - rn keyn Bal - te, der
Dm
G
ta - te iz ge - fo - rn keyn Bal - te, hot er mir ge - brakht a
C
E7
Am
bay - ke hot er mir ge - brakht a bay - ke.

Der tate iz geforn keyn Balte,
Hot er mir gebrakht a bayke,
Hot er mir gebrakht a bayke.

– Ver vet dir neyen di bayke?
– Sore di modistke, mame, dayke –
Ot zi vet mir neyen di bayke.

–Un ven vestu onton di bayke?
–Shabes nokhn kugl, mame, dayke,
Vel ikh onton di bayke.

–Tsu vemen vestu geyn mit der bayke?
–Tsu dem feter Yosl, mame, dayke,
Tsu im vel ikh geyn mit der bayke.

–Mit vemen vestu zitsn in der bayke?
–Mit zayn sheynem bokher, mame, dayke,
Mit im vel ikh zitsn in der bayke.

–Vos vet zayn der sof fun der bayke?
–Az er vet mikh nemen, mame, dayke, –
Ot dos vet zayn der sof fun der bayke. . .

דער טאַטע איז געפֿאָרן קיין באַלטע,
האָט ער מיר געבראַכט אַ בייַקע[1],
האָט ער מיר געבראַכט אַ בייַקע.

— ווער וועט דיר נייען די בייַקע?
— שרה די מאָדיסטקע, מאַמע, דייַקע[2] —
אָט זי וועט מיר נייען די בייַקע.

— און ווען וועסטו אָנטאָן די בייַקע?
— שבת נאָכן קוגל, מאַמע, דייַקע,
וועל איך אָנטאָן די בייַקע.

— צו וועמען וועסטו גיין מיט דער בייַקע?
— צו דעם פֿעטער יאָסל, מאַמע, דייַקע,
צו אים וועל איך גיין מיט דער בייַקע.

— מיט וועמען וועסטו זיצן אין דער בייַקע?
— מיט זייַן שיינעם בחור, מאַמע, דייַקע,
מיט אים וועל איך זיצן אין דער בייַקע.

— וואָס וועט זייַן דער סוף פֿון דער בייַקע?
— אַז ער וועט מיך נעמען, מאַמע, דייַקע —
אָט דאָס וועט זייַן דער סוף פֿון דער בייַקע...

---

1. מין זשאַקעטל
2. דווקא (דיאַל.)

אַבָּא נָסַע לְבַּלְטָה, בַּד לְשִׂמְלָה הֵבִיא לִי.
— מִי יִתְפֹּר אֶת שִׂמְלָתִי?
— שָׂרָה הַתּוֹפֶרֶת תִּתְפֹּר אֶת שִׂמְלָתִי.
— מָתַי תִּלְבְּשִׁי הַשִּׂמְלָה?
— בְּשַׁבָּת, לְאַחַר הַפַּשְׁטִידָה.
— אֶל מִי תֵּלְכִי בְּזוֹ הַשִּׂמְלָה?
— אֶל הַדּוֹד, יוֹסְל, אִמָּא, אֵלֵךְ בְּזוֹ הַשִּׂמְלָה.
— עִם מִי תֵּשְׁבִי בְּזוֹ הַשִּׂמְלָה?
— עִם בְּנוֹ יְפֵה הַתּוֹאַר, אִמָּא. — וּמַה סוֹפָהּ שֶׁל הַשִּׂמְלָה?
— הוּא יִקָּחֵנִי לְאִשָּׁה, זֶה סוֹפָהּ שֶׁל הַשִּׂמְלָה.

My father brought me a gift from the city,
A gift of a beautiful dress.
When will you wear this beautiful dress?
At the Sabbath meal, dear mother.
And whom will you visit in your beautiful dress?
I'll visit my Uncle Yossel dear mother.
And with whom will you sit in your beautiful dress?
With his handsome son dear mother.
And how will it all end, my dearest daughter?
I will be his bride - that is how it will end.

HEY, TSIGELEKH
HI, LITTLE GOATS

העי, ציגעלעך
הוי, עִזָאוֹת

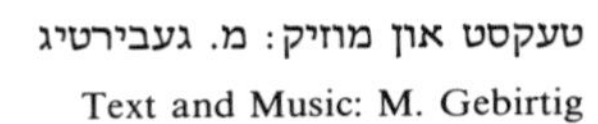
טעקסט און מוזיק: מ. געבירטיג
Text and Music: M. Gebirtig

Moderato ♩= 88

Dm
Hey, tsi - ge - lekh, kumt a - her tsu mir ge - shvind!

C
A sheyn li - de - le vel ikh oyf - zin - gen aykh a tsind:

Gm
Dm
fun a pas - te - khl heybt dos li - de - le zikh on,

B
Gm
Dm
un a mey - de - le, vos hot ki - shef im ge - ton ...

Hey, tsigelekh, kumt aher tsu mir geshvind!
A sheyn lidele vel ikh oyfzingen aykh atsind:
Fun a pastekhl heybt dos lidele zikh on,
Un a meydele, vos hot kishef im geton...

Hey, tsigelekh, hert vos vayter iz geshen:
Lustik, lebedik iz a mol dos pastekhl geven;
Haynt -- vi umetik, kukt di shefelekh nit on,
Benkt nokhn meydele, vos hot kishef im geton.

Hey, tsigelekh, hert fun lidele dem sof:
Vi yesoymimlekh blondzhen itst sayne bidne shof,
Tif in taykhele ligt dos pastekhl nokh haynt,
Un dos meydele zitst baym vaserl un veynt...

העי, ציגעלעך, קומט אַהער צו מיר געשווינד!
אַ שיין לידעלע וועל איך אויפֿזינגען אײַך אַצינד:
פון אַ פּאַסטעכל הייבט דאָס לידעלע זיך אָן,
און אַ מיידעלע, וואָס האָט כּישוף אים געטאָן.

העי, ציגעלעך, הערט, וואָס ווײַטער איז געשען:
לוסטיק, לעבעדיק איז אַ מאָל ס׳פּאַסטעכל געווען;
הײַנט ווי אומעטיק, קוקט די שעפֿעלעך ניט אָן,
בענקט נאָכן מיידעלע, וואָס האָט כּישוף אים געטאָן.

העי, ציגעלעך, הערט פֿון לידעלע דעם סוף:
ווי יתומימלעך בלאָנדזשען איצט זײַנע בידנע[1] שאָף,
טיף אין טײַכעלע ליגט דאָס פּאַסטעכל נאָך הײַנט,
און דאָס מיידעלע זיצט בײַם וואַסערל און וויינט...

1. אָרעמע,אומגליקלעכע

הוֹ, עִזָּאוֹת,
בֹּאוּ נָא מַהֵר לְכָאן,
וְאָשִׁיר לָכֶם
שִׁיר נִגּוּן, עַתִּיק נוֹשָׁן,
עַל רוֹעֶה קָטָן —
כַּךְ הַשִּׁיר הַזֶּה מַתְחִיל,
ועַל בַּת הַחֵן שֶׁכִּשְׁפָה
אוֹתוֹ כָּלִיל.

הוֹ, עִזָּאוֹת,
שִׁמְעוּ נָא מַעֲשִׂיָּה :
מָה עַלִּיז תָּמִיד
הָרוֹעֶה הַזֶּה הָיָה,
וְהִנֵּה עָצוּב
נִגּוּנוֹ שֶׁל הֶחָלִיל,
כִּי נִכְסַף לַבַּת
שֶׁכִּשְׁפָה אוֹתוֹ כָּלִיל...

הוֹ, עִזָּאוֹת,
שִׁמְעוּ נָא אֵיךְ זֶה נִגְמַר :
עֲזוּבִים אֵי שָׁם
כְּבָשָׂיו תּוֹעִים בַּכָּר,
בִּמְצוּלוֹת נָהָר
הָרוֹעֶה מִזְּמַן מוּטָל,
וְהַבַּת בּוֹכָה,
מְבַכָּה עַל הַגּוֹרָל...

עברית: מ. סחר

Hi little goats - come speedily to me.
I have a song for you
About a maiden who
Bewitched a shepherd lad
And then disappeared.

Carefree and happy
Was this shepherd lad.
But now so melancholy
And plunged in grief
No longer does he tend his flock
Who like orphans wander aimlessly about.

Listen little goats to the end of the tale.
The little shepherd lad ended
His life in travail
And the maiden sobs
For the loss of her mate
As she sits at a stream
And grieves at her fate.

HER NOR, DU SHEYN MEYDELE
HEARKEN, PRETTY MAID

הער נאָר דו, שיין מיידעלע
נָא, שִׁמְעִי, יָפָתִי!

Allegretto ♩= 100
Gm D Gm D Gm C7 D7 Gm F B♭ F7 E♭7 D7 Gm D Gm
Her nor, du sheyn mey-de-le, her nor, du sheyn mey-de-le, vos ves-tu ton in a-za vay-tn veg? Vos ves-tu ton in a-za vay-tn veg? Ikh vel geyn in a-le ga-sn, un vel shray-en: "Vesh tsum va-shn." A-bi mit dir tsu-za-men zayn! A-bi mit dir tsu-za-men zayn!

–Her nor, du sheyn meydele,
Her nor, du fayn meydele,
Vos vestu ton in aza vaytn veg ?
–Ikh vel geyn in ale gasn
Un vel shrayen: "Vesh tsum vashn!"
Abi mit dir tsuzamen zayn!

–Her nor, du sheyn meydele,
Her nor, du fayn meydele,
Vu vestu vashn in aza vaytn veg ?
–Du tust meynen, az ikh bin shvakh-
Ikh kon vashn vesh bay dem taykh,
Abi mit dir tsuzamen zayn!

–Her nor, du sheyn meydele,
Her nor, du fayn meydele,
Oyf vos vestu trikenen in aza vaytn veg ?
–Kh'vel farkoyfn mayn mundir,
Un vel mir koyfn a langn shnir
Abi mit dir tsuzamen zayn!

— הער נאָר, דו שיין מיידעלע,
הער נאָר, דו פֿײַן מיידעלע,
וואָס וועסטו טאָן אין אַזאַ ווײַטן וועג?
— איך וועל גיין אין אַלע גאַסן
און וועל שרײַען: "וועש צום וואַשן"!
אַבי מיט דיר צוזאַמען זײַן!

— הער נאָר, דו שיין מיידעלע,
הער נאָר, דו פֿײַן מיידעלע,
ווּ וועסטו וואַשן אין אַזאַ ווײַטן וועג?
— דו טוסט מיינען, אַז איך בּין שוואַך —
איך קאָן וואַשן וועש ביי דעם טאַך[1],
אַבי מיט דיר צוזאַמען זײַן!

— הער נאָר, דו שיין מיידעלע,
הער נאָר, דו פֿײַן מיידעלע,
אויף וואָס וועסטו טריקענען אין אַזאַ ווײַטן וועג?
— כ'וועל פֿאַרקויפֿן מײַן מונדיר
און וועל מיר קויפֿן אַ לאַנגן שניר
אַבי מיט דיר צוזאַמען זײַן!

---

1. טײַך (דיאַל.)

–Her nor, du sheyn meydele,
Her nor, du fayn meydele,
Vos vestu esn in aza vaytn veg?
–Broyt mit zalts vel ikh esn,
Tate-mame vel ikh fargesn,
Abi mit dir tsuzamen zayn!

–Her nor, du sheyn meydele,
Her nor, du fayn meydele,
Oyf vos vestu shlofn in aza vaytn veg?
–Ikh bin nokh a yunge froy,
Ikh kon shlofn oyf a bintl shtroy,
Abi mit dir tsuzamen zayn!

–Her nor, du sheyn meydele,
Her nor, du fayn meydele,
Mit vos vestu dikh tsudekn in aza vaytn veg?
–Der toy fun himl vet mikh tsudekn,
Di feygelekh veln mikh oyfvekn,
Abi mit dir tsuzamen zayn!

— הער נאָר, דו שיין מיידעלע,
הער נאָר, דו פֿײַן מיידעלע,
וואָס וועסטו עסן אין אַזאַ ווײַטן וועג?
— ברויט מיט זאַלץ וועל איך עסן,
טאַטע-מאַמע וועל איך פֿאַרגעסן,
אַבי מיט דיר צוזאַמען זײַן!

— הער נאָר, דו שיין מיידעלע,
הער נאָר, דו פֿײַן מיידעלע,
אויף וואָס וועסטו שלאָפֿן אין אַזאַ ווײַטן וועג?
— איך בין נאָך אַ יונגע פֿרוי,
איך קאָן שלאָפֿן אויף אַ בינטל שטרוי,
אַבי מיט דיר צוזאַמען זײַן!

— הער נאָר, דו שיין מיידעלע,
הער נאָר, דו פֿײַן מיידעלע,
מיט וואָס וועסטו דיך צודעקן אין אַזאַ ווײַטן וועג?
— דער טוי פֿון הימל וועט מיך צודעקן,
די פֿייגעלעך וועלן מיך אויפֿוועקן,
אַבי מיט דיר צוזאַמען זײַן!

נָא, שִׁמְעִי, יָפָתִי:
— מַה תַּעֲשִׂי בַּדֶּרֶךְ הָרְחוֹקָה?
— אֵצֵא לְרֹאשׁ חוּצוֹת, אֶקְרָא: "כְּבָסִים לְכַבֵּס" וּבִלְבַד
אִתְּךָ לִהְיוֹת!
— הֵיכָן תְּכַבְּסִי בַּדֶּרֶךְ הָרְחוֹקָה?
— שֶׁמָּא תַּחְשֹׁב: חָלָשׁ גּוּפִי? כַּבֵּס אוּכַל בַּנַּחַל וּבִלְבַד
אִתְּךָ לִהְיוֹת!
— עַל מַה תִּישְׁנִי בַּדֶּרֶךְ הָרְחוֹקָה?
— עֲדַיִן צְעִירָה אֲנִי, לִישׁוֹן אוּכַל עַל צְרוֹר שֶׁל קַשׁ וּבִלְבַד
אִתְּךָ לִהְיוֹת!
— מַה תֹּאכְלִי בַּדֶּרֶךְ הָרְחוֹקָה?
— לֶחֶם וּמֶלַח יְהֵא אָכְלִי, אַבָּא-אִמָּא אֲנִי אֶטֹּשׁ וּבִלְבַד
אִתְּךָ לִהְיוֹת!
— בַּמֶּה תִּתְכַּסִּי בַּדֶּרֶךְ הָרְחוֹקָה?
— טַל הַשָּׁמַיִם יְכַס גּוּפִי, הַצִּפֳּרִים מִשְּׁנָת יָעִירוּ, וּבִלְבַד
אִתְּךָ לִהְיוֹת!

Hearken to me my pretty maid.
What will you do if you wander far off?
I will go everywhere and wash clothes.
If only to be at your side.

Hearken to me my pretty maid.
Where will you wash for the journey is long?
Why, by the riverside will I wash
If only to be at your side.

Hearken to me my pretty maid.
How will you dry on so long a journey?
I shall sell my coat and buy a rope
If only to be at your side.

Hearken to me my pretty maid.
What will you eat on so long a journey?
Bread and salt I shall eat
If only to be at your side.

Hearken to me my pretty maid.
How will you sleep on so long a journey?
I can sleep on a bundle of straw
If only to be at your side.

Hearken to me my pretty maid.
How will you cover yourself?
- Heaven's dew will cover me,
Birds will wake me
If only to be at your side.

VU BISTU GEVEN
WHERE WERE YOU

ווּ ביסטו געווען
הֵיכָן הָיִיתָ

Moderato ♩ = 88
Am Dm6 E7 Am
Vu bis - tu ge - ven, az gelt iz ge - ven; un der na - dn iz ge-
Dm6 E7 Am
le - gn oy - fn tish? Haynt bis - tu do, az keyn
Dm6 E7 F7 Am
gelt iz ni - to, un dos le- bn iz ge - vo - rn a - zoy mies...
C
Tra - la - la la - la - la - la la - la - la - la la, tra- la- la
G G7
la - la - la - la ...
F7 E7 Am

Vu bistu geven, az gelt iz geven,
Un der nadn iz gelegn oyfn tish?
Haynt bistu do, az keyn gelt iz nito,
Un dos lebn iz gevorn azoy mies...

Tra-la-la . . .

ווּ ביסטו געווען, אַז געלט איז געווען,
און דער נדן איז געלעגן אויפֿן טיש?
הײַנט ביסטו דאָ, אַז קיין געלט איז ניטאָ,
און דאָס לעבן איז געוואָרן אַזוי מיאוס...

טראַ-לאַ-לאַ...

Vu bistu geven, az yugnt iz geven,
Un dos lebn iz geven tsuker-zis?
Haynt bistu do, az di hor zaynen gro,
Un dos lebn iz gevorn azoy mies...

Tra-la-la . . .

Vu bistu geven, az yugnt iz geven,
Un dos harts hot mit libe gebrent?
Haynt bistu do, az der kop iz shoyn gro,
Un es tsitern bay mir shoyn di hent...

ווּ ביסטו געווען, אַז יוגנט איז געווען,
און דאָס לעבן איז געווען צוקער־זיס?
הײַנט ביסטו דאָ, אַז די האָר זײַנען גראָ,
און דאָס לעבן איז געוואָרן אַזוי מיאוס...

טראַלאַ־לאַ...

ווּ ביסטו געווען, אַז יוגנט איז געווען,
און דאָס האַרץ האָט מיט ליבע געברענט?
הײַנט ביסטו דאָ, אַז דער קאָפּ איז שוין גראָ
און עס ציטערן ביי מיר שוין די הענט...

הֵיכָן הָיִיתָ כְּשֶׁמָּעוֹת הָיוּ, וְהַנְּדָן עַל הַשֻּׁלְחָן?
הַיּוֹם אַתָּה כָּאן וְהַכֶּסֶף אָזַל וְהַחַיִּים מְאוּסִים כָּל כָּךְ.
הֵיכָן הָיִיתָ כְּשֶׁמָּעוֹת הָיוּ וְהַחַיִּים נֹפֶת־צוּפִים?
הַיּוֹם אַתָּה כָּאן וְהָרֹאשׁ כֻּלּוֹ שֵׂיבָה וְהַחַיִּים מְאוּסִים כָּל כָּךְ.
הֵיכָן הָיִיתָ כְּשֶׁנְּעוּרִים הָיוּ וְהַלְּבָבוֹת לָהֲטוּ אַהֲבָה?
הַיּוֹם אַתָּה כָּאן וְהָרֹאשׁ כֻּלּוֹ שֵׂיבָה וְהַיָּד מִזֻּקְנָה רוֹעֶדֶת.

Where were you
When my dowry was readily at hand?
Now you are here
But all is lost
And my life has become an ordeal.

Where were you
When money was plenteous
And life was full of joy?
Now you are here
When my hair is grey
And my life has lost its appeal.

Where were you
In the years of my youth
When my heart for your love did yearn?

Now you are here
When my youth has long past
My hands now tremble,
My wounds will not heal.

VER KLAPT ES AZOY SHPET
WHO KNOCKS SO LATE

ווער קלאַפּט עס אַזוי שפּעט?
מִי הַדּוֹפֵק בְּאִישׁוֹן הַלֵּיל?

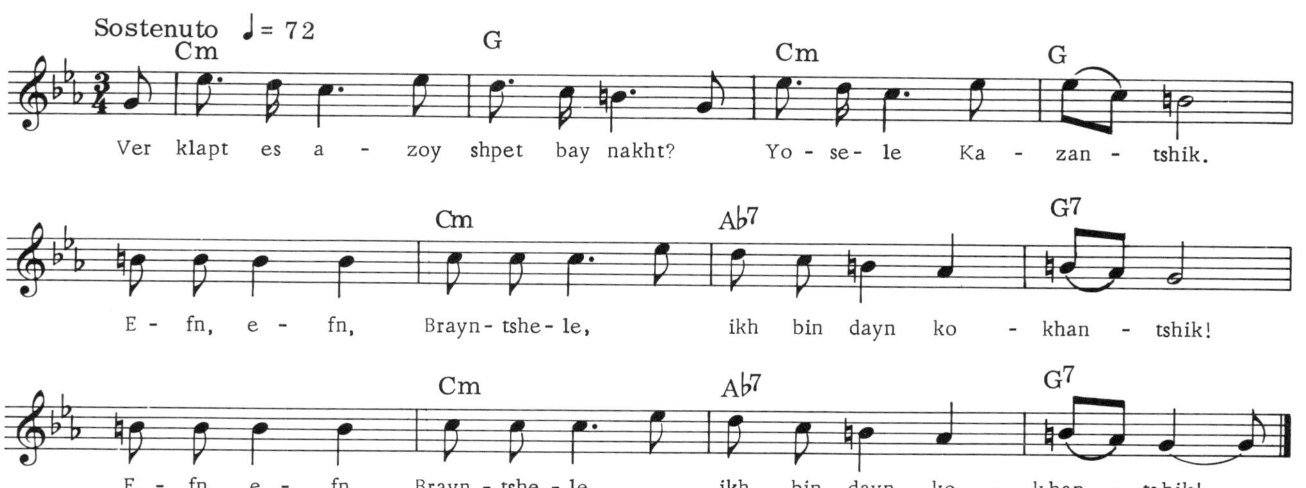
Sostenuto ♩= 72
Cm G Cm G
Ver klapt es a - zoy shpet bay nakht? Yo - se- le Ka - zan - tshik.
Cm Ab7 G7
E - fn, e - fn, Brayn- tshe - le, ikh bin dayn ko - khan - tshik!
Cm Ab7 G7
E - fn, e - fn, Brayn - tshe - le, ikh bin dayn ko - khan - tshik!

— Ver klapt es azoy shpet bay nakht?
— Yosele Kazantshik.
Efn, efn, Brayntshele,
Ikh bin dayn kokhantshik!

— Vi kon ikh dir efenen
Kh'hob moyre far mayn mamen...
— Efn, efn, Brayntshele,
Kh'vel zikh lang nit zamen.

— Vi kon ikh dir efenen,
Kh'hob moyre far mayn tatn...
— Efn, efn, Brayntshele,
S'vet dir gornit shatn!

— ווער קלאַפּט עס אַזוי שפּעט ביַי נאַכט?
— יאָסעלע קאַזאַנטשיק.
עפֿן, עפֿן, בריַינטשעלע,
איך בין דיַין קאָכאַנטשיק[1]!

— ווי קאָן איך דיר עפֿענען
כ'האָב מורא פֿאַר מיַין מאַמען...
— עפֿן, עפֿן, בריַינטשעלע,
כ'וועל זיך לאַנג ניט זאַמען.

— ווי קאָן איך דיר עפֿענען,
כ'האָב מורא פֿאַר מיַין טאַטן...
— עפֿן, עפֿן, בריַינטשעלע,
ס'וועט דיר גאָרניט שאַטן!

1. געליבטער

Vestu mir nit efenen,
Krikh ikh durkhn fentster -
Efn, efn, Brayntshele,
Kh'bin dokh bay dir der shenster!

ווּעסטוּ מיר נישט עפֿענען,
קריך איך דורכן פֿענצטער —
עפֿן, עפֿן, בריינטשעלע,
כ׳בין דאָך בײַ דיר דער שענסטער!

— מִי הַדּוֹפֵק בְּאִשׁוֹן הַלַּיִל? — יוֹסֶלֶה קָוָנְצִ׳יק.
— פִּתְחִי, פִּתְחִי לִי בְּרַיְנְצֶ׳לֶה, הֲרֵי אֲהוּבֵךְ אֲנִי!
— אֵיכָה אוּכַל לִפְתֹּחַ? מִפְּנֵי אִמִּי אִירָא.
— פִּתְחִי, פִּתְחִי לִי בְּרַינְצֶ׳לֶה, הַרְבֵּה לֹא אֶשְׁתַּהֶה.
— אֵיכָה אוּכַל לִפְתֹּחַ? מִפְּנֵי אָבִי אִירָא.
— פִּתְחִי, פִּתְחִי לִי בְּרַינְצֶ׳לֶה, לֹא יְאֻנֶּה לָךְ רַע.
וְאִם לֹא תִּפְתְּחִי לִי, דֶּרֶךְ הַחַלּוֹן אָבֹא.
פִּתְחִי, פִּתְחִי לִי בְּרַינְצֶ׳לֶה, הֵן בְּעֵינַיִךְ יָפֶה אֲנִי מִכֹּל.

"Who knocks so late at night?"
"This is Yossele your beloved."
"I dare not let you enter for I fear my mother."
"Open my darling Braintschele
I will not tarry long."
"But I cannot let you enter
For I fear my father."
"I assure you, dearest Braintschele
No harm will come to you.
If you do not open
I shall enter through the window.
Open I pray thee, Braintshele
For am I not your favoured suitor!"

ZOLST NIT GEYN MIT ZEY
DO NOT BEFRIEND THEM

זאָלסט ניט גיין מיט זיי
אַל נָא תֵּצֵא עִמָּן

Allegretto ♩= 100
Gm
Du zolst nit geyn mit keyn Po - tsha - ye - ver mey- de - lekh, du zolst nor
Cm D7 Gm
geyn lyu - be - nyu, mit mir! Du zolst nit geyn tsu dayn
Cm Gm Cm D7
ma - me - nyu in shtub a - rayn, o - ber ku - men zol - stu nor tsu
Gm FINE Gm
mir! Du zolst nit geyn mit zey, du zolst nit
Cm D7 Gm
geyn mit zey, geyn zol - stu nor mit mir!
B
Du zolst nit geyn mit zey, du zolst nit geyn mit zey,
Cm D7 D. C. alFine
geyn zol - stu nor mit mir!

Du zolst nit geyn mit keyn potchayever meydelekh,
Du zolst nor geyn, lyubenyu, mit mir!
Du zolst nit geyn tsu dayn mamenyu in shtub arayn,
Ober kumen zolstu nor tsu mir!

דו זאָלסט ניט גיין מיט קיין פּאָטשײַעווער מיידעלעך,
דו זאָלסט נאָר גיין, ליובעניו, מיט מיר!
דו זאָלסט ניט גיין צו דײַן מאַמעניו אין שטוב אַרײַן,
אָבער קומען זאָלסטו נאָר צו מיר!

Refren: Du zolst nit geyn mit zey,
Du zolst nit geyn mit zey,
Geyn zolstu nor mit mir!

רעפֿרען: דו זאָלסט ניט גיין מיט זיי,
דו זאָלסט ניט גיין מיט זיי,
גיין זאָלסטו נאָר מיט מיר!

Vu iz dos gesele, vu iz dos shtibele?
Vu iz dos yingele, vos ikh hob lib? —
Nito dos gesele, nito dos shtibele,
Nito dos yingele, vos ikh hob lib...

Refren: Du zolst...

ווּ איז דאָס געסעלע, ווּ איז דאָס שטיבעלע?
ווּ איז דאָס ייִנגעלע, וואָס איך האָב ליב? —
ניטאָ דאָס געסעלע, ניטאָ דאָס שטיבעלע,
ניטאָ דאָס ייִנגעלע, וואָס איך האָב ליב...

רעפֿרען: דו זאָלסט ניט גיין...

Oy, a libe heybt zikh on fun a shmeykhele,
Fun a shmeykhele biz tsu a kish;
Es nemt avek bay dem kligstn dem seykhl,
Dos kligste meydele makht es tsu nisht...

Refren: Du zolst ...

אוי, אַ ליבע הייבט זיך אָן פֿון אַ שמייכעלע,
פֿון אַ שמייכעלע ביז צו אַ קיש[1];
עס נעמט אַוועק בײַ דעם קליגסטן דעם שׂכל,
דאָס קליגסטע מיידעלע מאַכט עס צו נישט...

רעפֿרען: דו זאָלסט ניט גיין...

אַל־נָא תֵּצֵא עִם נַעֲרוֹת פּוֹצ׳יֶב, רַק עִמָּדִי תֵּלֵךְ, חֶמְדַּת לִבִּי.
אַל־נָא תֵּלֵךְ לְבֵית אִמֶּךָ, בּוֹא תָּבוֹא רַק אֵלַי. אַל תֵּצֵא עִמָּן,
אַל תֵּלֵךְ עִמָּן, רַק עִמִּי, עִמִּי. אַיֵּה הָרְחוֹב, אַיֵּה הַבַּיִת? אַיֵּה
הַנַּעַר שֶׁאָהֲבָה נַפְשִׁי? אֵין הָרְחוֹב וְאֵין הַבַּיִת וְאֵין הַנַּעַר
שֶׁאָהֲבָה נַפְשִׁי. הָאַהֲבָה — רֵאשִׁיתָהּ בְּחִיּוּךְ וְסוֹפָהּ
בִּנְשִׁיקָה. הִיא תִּטֹּל שִׂכְלוֹ שֶׁל הֶחָכָם בָּאָדָם, הַנְּבוֹנָה
בַּנְּעָרוֹת תְּשׂוּמֶנּוּ לְאַל.

Do not go out with village girls.
Come my sweet only to me.
Do not go to your mother's house
But come dearest only to me.

Where is that little lane and the cottage
Where dwells the lad that I so love?
Behold they have vanished.
The lane and the cottage
And the lad whom I so love.

Ah, love begins with a smile
And a smile leads on to a kiss.
Love confounds the thoughts of the wise.
The most prudent girl no escape can devise.

---

1. קוש (דיאַל.)

TIF IN VELDELE
DEEP IN THE WOODS

טיף אין וועלדעלע
שָׁם בְּחֹרֶשׁ עָב

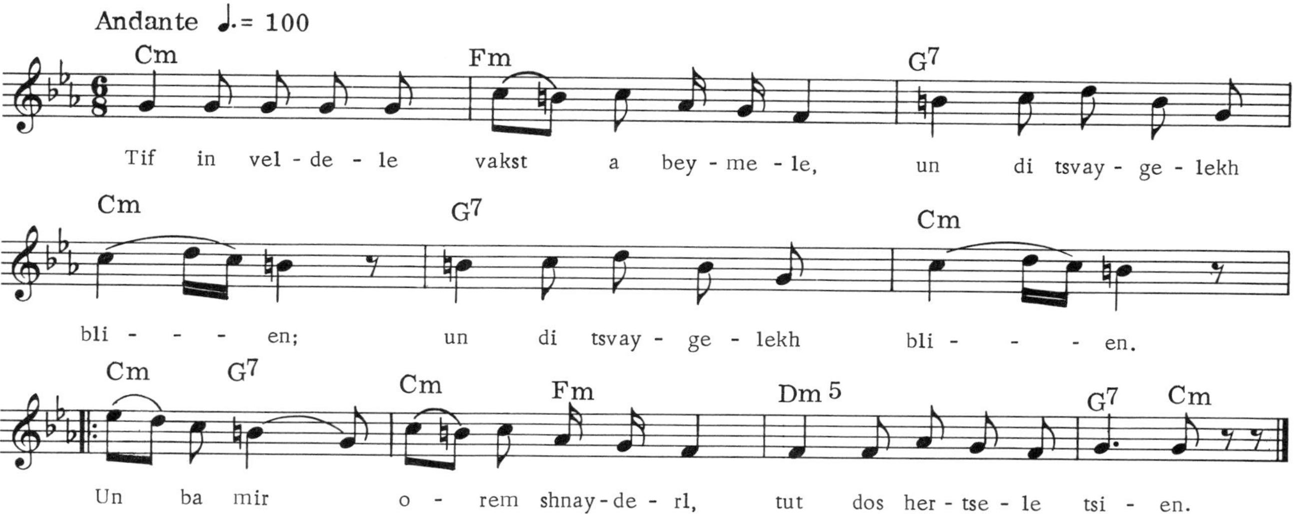
Andante ♩. = 100
Cm Fm G7
Tif in vel - de - le vakst a bey - me - le, un di tsvay - ge - lekh
Cm G7 Cm
bli - - - en; un di tsvay - ge - lekh bli - - - en.
Cm G7 Cm Fm Dm 5 G7 Cm
Un ba mir o - rem shnay - de - rl, tut dos her - tse - le tsi - en.

Tif in veldele
Vakst a beymele,
Un di tsvaygelekh blien;
Un bay mir, orem shnayderl,
Tut dos hertsele tsien.

טיף אין וועלדעלע
וואַקסט אַ ביימעלע,
און די צווײַגעלעך בליִען;
און בײַ מיר, אָרעם שנײַדערל,
טוט דאָס הערצעלע ציִען.

Oyfn beymele
Vakst a tsvaygele,
Un di bletelekh tsviten;
Un mayn orem shvakh hertsele
Tsit tsu mayn liber Iten.

אויפֿן ביימעלע
וואַקסט אַ צווײַגעלע,
און די בלעטעלעך צוויטען[1];
און מײַן אָרעם שוואַך הערצעלע
ציט צו מײַן ליבער איטען.

Oyfn tsvaygele
Shteyt a feygele,
Un dos feygele pishtshet;
Un bay mir, orem shnayderl,
Mayn shvakh hertsele trishtshet...

אויפֿן צווײַגעלע
שטייט אַ פֿייגעלע,
און דאָס פֿייגעלע פּישטשעט;
און בײַ מיר, אָרעם שניידערל,
מײַן שוואַך הערצעלע טרישטשעט[2]...

1. בליִען
2. פּלאַצט, ווערט צעבראָכן

שָׁם בְּחֹרֶשׁ עָב
שָׁם אִילָן נִצָּב;
כָּל עָנָף בּוֹ פּוֹרֵחַ.
וְאָנֹכִי, חַיָּט מִסְכֵּן
לְבָבִי בִּי קוֹדֵחַ.

שָׁם מִן הָאִילָן, שָׁם עָנָף יַרְכֵּן,
כָּל עַלְעָל מִתְנוֹעֵעַ,
וְאָנֹכִי, לִבִּי, מִסְכֵּן,
דָּם בִּי מִתְגַּעְגֵעַ.

עַל אוֹתוֹ עָנָף, שָׁם לוֹ עוֹף נִצָּב,
וְכַנְפוֹ מִתְנַפְנֶפֶת;
וְאָנֹכִי חַיָּט מִסְכֵּן
בִּי דַעְתִּי מְטֹרֶפֶת...

עברית: ד. סדן

Deep in the woodland
A small tree grows
With branches so pretty to see.
But for me little tailor
There is no repose
To my poor heart's yearning
Upon the branch a bird is perched.
He chirps a song so sweet.
But I cannot be happy
Without the lass that I love
And my heart is joyless and shattered.

LOMIR ZIKH IBERBETN
LETS PARDON ONE ANOTHER

לאָמיר זיך איבערבעטען
הָבָה וְנַשְׁלִימָה

Allegretto ♩= 108
G7
Lo - mir zikh i - ber - be - tn, i - ber - be - tn, shtel dem sa - mo -
Cm G7 Cm Fm
var! Shtel dem sa - mo - var! Lo - mir zikh
D7
i - ber - be - tn, zay zhe nit keyn nar! Lo - mir zikh
Fm6 G
i - ber - be - tn, zay zhe nit keyn nar!

Lomir zikh iberbetn, iberbetn,
Shtel dem samovar!
Lomir zikh iberbetn,
Zay zhe nit keyn nar!

Lomir zikh iberbetn, iberbetn,
Koyf a por marantsn!
Lomir zikh iberbetn,
Veln mir geyn tantsn!

Lomir zikh iberbetn, iberbetn,
Koyf a funt fistashkes!
Lomir zikh iberbetn,
Shenk mir dayne laskes!

Lomir zikh iberbetn, iberbetn,
In hartsn brent a fayer;
Lomir zikh iberbetn --
Libe iz dokh tayer.

לאָמיר זיך איבערבעטן, איבערבעטן,
שטעל דעם סאַמאָוואַר!
לאָמיר זיך איבערבעטן,
זײַ זשע ניט קיין נאַר!

לאָמיר זיך איבערבעטן, איבערבעטן,
קויף אַ פּאָר מאַראַנצן!
לאָמיר זיך איבערבעטן,
וועלן מיר גיין טאַנצן!

לאָמיר זיך איבערבעטן, איבערבעטן,
קויף אַ פֿונט פּיסטאַשקעס!
לאָמיר זיך איבערבעטן,
שענק מיר דײַנע לאַסקעס[1]!

לאָמיר זיך איבערבעטן, איבערבעטן,
אין האַרצן ברענט אַ פֿײַער —
לאָמיר זיך איבערבעטן,
ליבע איז דאָך טײַער.

1. צערטלעכקייטן

לאָמיר זיך איבערבעטן, איבערבעטן,
וואָס שטייסטו בײַ דער טיר?
לאָמיר זיך איבערבעטן —
קום אַרײַן צו מיר!

לאָמיר זיך איבערבעטן, איבערבעטן,
וואָס שטייסטו בײַ דעם פֿענצטער?
לאָמיר זיך איבערבעטן —
דו ביסט דאָך מײַן שענסטער!

Lomir zikh iberbetn, iberbetn,
Vos shteystu bay der tir?
Lomir zikh iberbetn,
Kum arayn tsu mir!

Lomir zikh iberbetn, iberbetn,
Vos shteystu bay dem fentster?
Lomir zikh iberbetn --
Du bist dokh mayn shenster!

הָבָה, הָב וְנַשְׁלִימָה,
שִׂימִי הַמֵּחָם;
הָבָה, הָב וְנַשְׁלִימָה,
אַל תִּהְיֶה אִישׁ תָּם.

הָבָה, הָב וְנַשְׁלִימָה,
לַעֲמֹד בַּפֶּתַח דַּי;
הָבָה, הָב וְנַשְׁלִימָה,
זְרֹק מַבָּט אֵלַי!

הָבָה, הָב וְנַשְׁלִימָה,
קְנֵה תַּפּוּזִים, קְנֵה;
הָבָה, הָב וְנַשְׁלִימָה,
בִּמְחוֹלוֹת נֵצֵא!

הָבָה, הָב וְנַשְׁלִימָה,
בָּטְנִים קְנֵה, בְּחַיֶּיךָ!
הָבָה, הָב וְנַשְׁלִימָה,
תֵּן לִי אֶת דּוֹדֶיךָ!

הָבָה, הָב וְנַשְׁלִימָה,
דַּי כְּמוֹ הַגּוֹיִם;
הָבָה, הָב וְנַשְׁלִימָה,
וְנִכְתֹּב תְּנָאִים.

הָבָה, הָב וְנַשְׁלִימָה,
חוּס עַל חֲבֶרְתֶּךָ;
הָבָה, הָב וְנַשְׁלִימָה,
מֵתָה אֲנִי אֵלֶיךָ.

הָבָה, הָב וְנַשְׁלִימָה,
אָנָא, סְלַח, מְחַל לִי,
הָבָה, הָב וְנַשְׁלִימָה,
תֵּן חִיּוּךְ, חֲבָל לִי!

הָבָה, הָב וְנַשְׁלִימָה,
וּנְצַחֵק שְׁנֵינוּ;
הָבָה, הָב וְנַשְׁלִימָה,
וִיהִי שָׁלוֹם בֵּינֵינוּ!

עברית: נ. מארק

Let us forgive each other
Prepare the urn for tea.
Let us forgive each other
And do not fretful be.
Let us forgive each other
For my heart with love is on fire.

Let us forgive eath other
For only you do I desire.
Let us forgive each other
Why do you stand outside the room?
Let us forgive each other
Come close and be my groom.

MAMENYU, LYUBENYU
DEAREST LOVING MOTHER

מאַמעניו, ליובעניו
אִמָּא — רְחִימָא

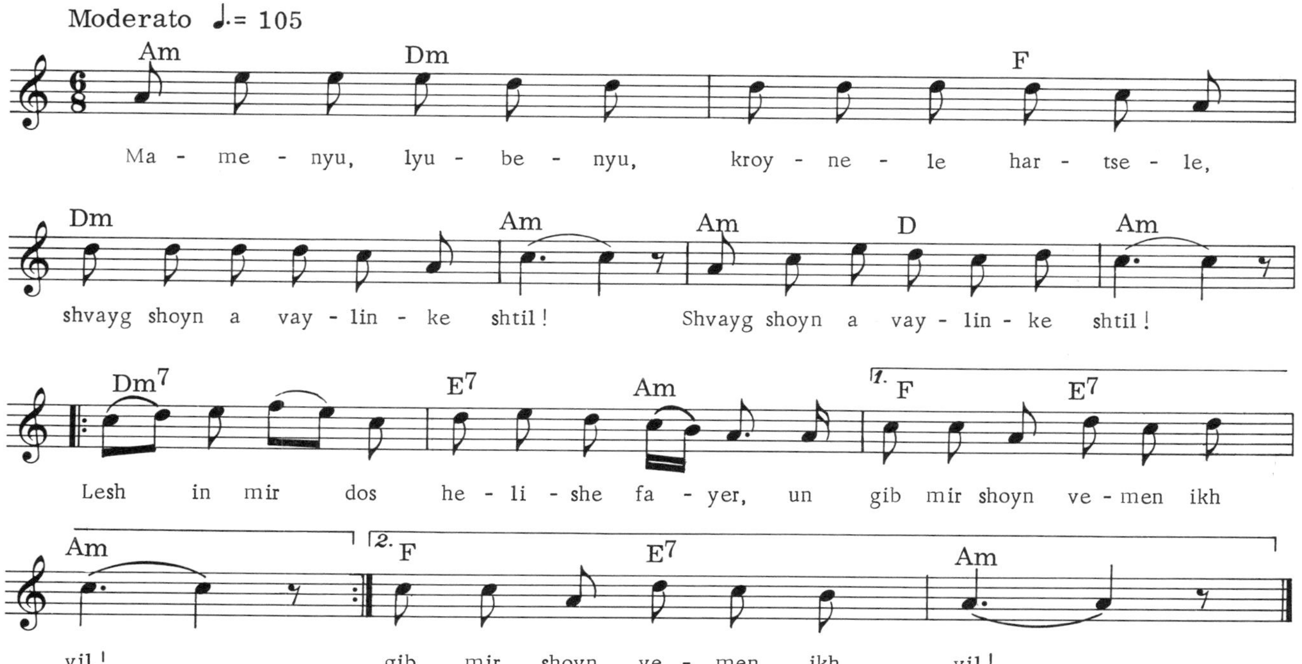
Moderato ♩. = 105
Am Dm F
Ma - me - nyu, lyu - be - nyu, kroy - ne - le har - tse - le,
Dm Am Am D Am
shvayg shoyn a vay - lin - ke shtil! Shvayg shoyn a vay - lin - ke shtil!
Dm7 E7 Am 1. F E7
Lesh in mir dos he - li - she fa - yer, un gib mir shoyn ve - men ikh
Am 2. F E7 Am
vil! gib mir shoyn ve - men ikh vil!

Mamenyu, lyubenyu, kroynele, hartsele,
Shvayg shoyn a vaylinke shtil!
Lesh in mir dos helishe fayer
Un gib mir shoyn vemen ikh vil.

Ikh hob zikh ayngelibt in a sheyn yingele,
Sheyn vi a rendl gold;
Im, mamenyu, hob ikh gelibt,
Un im hob ikh take gevolt...

Shpatsirn dushes-lebn zaynen mir gegangen
Arum un arum dem bulvar;
Ale meydelekh shpiln libes,
Un ikh bin geblibn tsum nar...

Shpatsirn dushes-lebn zaynen mir gegangen
Arum un arum dem groz;
Vos far an umkheyn hostu oyf mir gevorfn,
Gevald, ikh veys nit far vos!

מאַמעניו, ליובעניו, קרוינעלע, האַרצעלע,
שווײַג שוין אַ ווײַלינקע שטיל!
לעש אין מיר דאָס העלישע פֿײַער
און גיב מיר שוין וועמען איך וויל.

איך האָב זיך אײַנגעליבט אין אַ שיין ייִנגעלע,
שיין ווי אַ רענדל גאָלד;
אים, מאַמעניו האָב איך געליבט,
און אים האָב איך טאַקע געוואָלט...

שפּאַצירן, דושעס-לעבן,[1] זײַנען מיר געגאַנגען
אַרום און אַרום דעם בולוואַר;
אַלע מיידעלעך שפּילן ליבעס,
און איך בין געבליבן צום נאַר...

שפּאַצירן, דושעס-לעבן, זײַנען מיר געגאַנגען
אַרום און אַרום דעם גראָז;
וואָס פֿאַר אַן אומחן האָסטו אויף מיר געוואָרפֿן,[2]
געוואַלד, איך ווייס ניט פֿאַר וואָס!...

1. ווי איין נשמה 2. אויפֿגעהערט ליב האָבן

A kholem, mamenyu, a kholem, tatenyu,
A kholem hot zikh mir gedakht;
Zayne sheyne bekelekh, mit di shvartsinke eygelekh
Hobn mikh krank gemakht ...

Di beymelekh blien, di yorelekh flien,
Di tsayt geyt avek mitn roykh;
Oy, zint ikh hob zayn libe derkent,
Fun veynen hob ikh shoyn keyn koykh. . .

Mayne tsores hobn mikh arumgeringlt,
Azoy vi a bednazh a fas;
Hayntike yingelekh meg men gleybn,
Azoy vi a hunt oyf der gas. . .

אַ חלום, מאַמעניו, אַ חלום, טאַטעניו,
אַ חלום האָט זיך מיר געדאַכט;
זיינע שיינע בעקעלעך מיט די שוואַרצינקע אייגעלעך
האָבן מיך קראַנק געמאַכט...

די ביימעלעך בליִען, די יאָרעלעך פֿליִען,
די צייַט גייט אַוועק מיטן רויך...
אוי, זינט איך האָב זייַן ליבע דערקענט,
פֿון וויינען האָב איך שוין קיין כוח...

מייַנע צרות האָבן מיך אַרומגערינגלט,
אַזוי ווי אַ בעדנאַזש[3] אַ פֿאַס; —
הייַנטיקע יינגעלעך מעג מען גלייבן,
אַזוי ווי דעם הונט אויף דער גאַס...

אִמָּא־רְחִימָא, עֲטֶרֶת־תִּפְאֶרֶת,
הַקְשִׁיבִי לְקוֹל תַּחֲנוּנָי!
הַקְשִׁיבִי לְקוֹל תַּחֲנוּנָי!
כַּבִּי אֶת הָאֵשׁ בְּקִרְבִּי הַיּוֹקֶדֶת
וּתְנִי לִי אֶת בְּחִיר נְעוּרָי!

בְּעֶלֶם יָפֶה וְהָגוּן הִתְאַהַבְתִּי,
נֶחְמָד מִזָּהָב וּמִפָּז;
אוֹתוֹ רַק אָהַבְתִּי, אִמִּי יְקָרָה לִי,
וּבוֹ גַּם רָצִיתִי מֵאָז.

שְׁנֵינוּ טִיַּלְנוּ סָבִיב לַחֹרְשָׁה
וְלִבֵּנוּ יָשִׁיר אַף יָרֹן;
כָּל רֵעוֹתַי אָהֲבוּ, גַּם נִשְּׂאוּ,
וַאֲנִי רַק נָחַלְתִּי קָלוֹן.

שְׁנֵינוּ טִיַּלְנוּ סָבִיב לְכַר דֶּשֶׁא,
לִבֵּנוּ מָלֵא אַהֲבָה;
מַה דֹּפִי מָצָאתָ פִּתְאֹם וְלֹא יָדַעְתִּי,
הַגִּידָה לִּי מַה וְעַל מָה!

3. באַנדער, וואָס מאַכט פֿעסער

אוֹי אַבָּא, חֲלוֹם, אוֹי אִמָּא, חֲלוֹם,
חָלַמְתִּי חֲלוֹם בְּהָקִיץ;
פָּנָיו הַיָּפִים וְעֵינָיו הַשְּׁחוֹרוֹת,
מַרְאֵהוּ, לִבִּי הוּא הִמְחִיץ.

פּוֹרְחִים הָעֵצִים וְחוֹלְפוֹת הַשָּׁנִים,
וְהַזְּמָן כֶּעָשָׁן כָּלָה;
אֵין כֹּחַ לִבְכּוֹת עוֹד, נִלְאֵיתִי נְשֹׂא,
מִיּוֹם בִּי נוֹלְדָה אַהֲבָה.

כִּתְּרוּנִי צָרוֹת כֹּה רַבּוֹת מִסָּבִיב
כְּאֶת הֶחָבִית הַחִשּׁוּק;
הַבַּחוּרִים הַכּוֹזְבִים יֵאָמֵנוּ
מַמָּשׁ כַּכְּלָבִים בַּשּׁוּק.

עברית: ח. ב. אילון־ברניק

Dearest loving mother, listen to my plea.
Quench the fire that burns within me
And give me the mate that I seek.

I have fallen in love with a handsome lad.
It is he, mother, whom I admire.
It is he whom I truly desire.

But he rejected me, mother dear,
For reasons unbeknown to me.
Yet in my dreams he oft appears
And haunts me with his soulful eyes.

The flowers bloom, the years pass by·
My body grows weak from its endless cry.
One cannot have faith in the youth of today.
As smoke in the sky their vows fade away.

MEYERKE, MAYN ZUN
MEYERKE MY SON

מאירקע, מײַן זון
מֵאִיר, בֵּן יַקִּיר

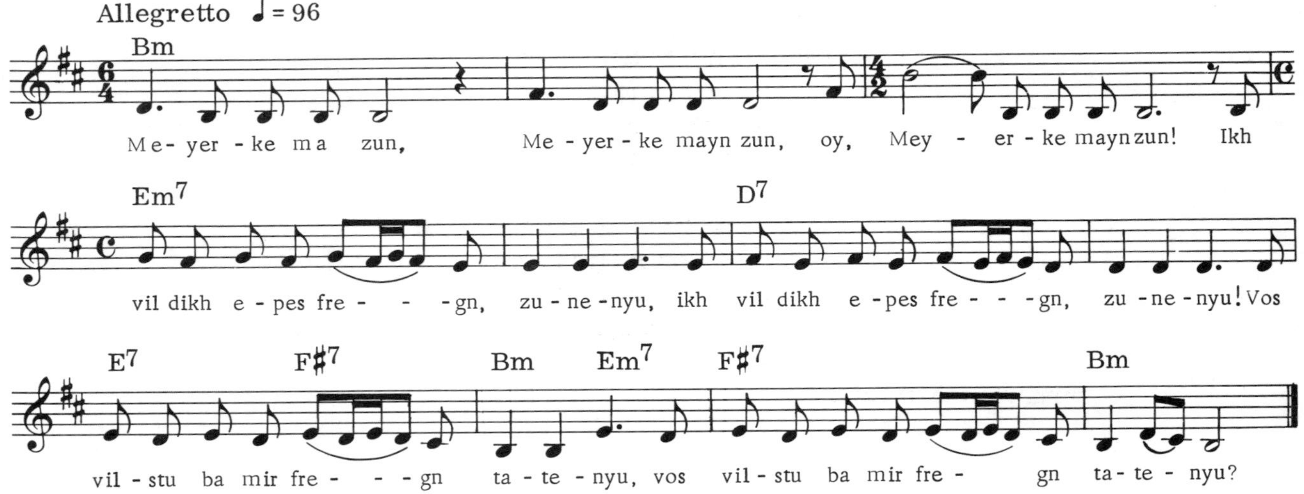

Allegretto ♩ = 96
Bm
Me- yer - ke ma zun, Me - yer - ke mayn zun, oy, Mey - er - ke mayn zun! Ikh
Em7 D7
vil dikh e - pes fre - - - gn, zu - ne - nyu, ikh vil dikh e - pes fre - - - gn, zu - ne - nyu! Vos
E7 F♯7 Bm Em7 F♯7 Bm
vil - stu ba mir fre - - - gn ta - te - nyu, vos vil - stu ba mir fre - gn ta - te - nyu?

—Meyerke, mayn zun, Meyerke, mayn zun,
Oy, Meyerke, mayn zun!
Ikh vil dikh epes fregn, zunenyu,
Ikh vil dikh epes fregn, zunenyu.
—Vos vilstu bay mir fregn, tatenyu,
Vos vilstu bay mir fregn, tatenyu?

—Meyerke, mayn zun, Meyerke, mayn zun,
Oy, Meyerke, mayn zun!
Vemen hostu lib, zunenyu?
Vemen hostu lib, zunenyu?
—Dem milners tokhter, tatenyu,
Dem milners tokhter, tatenyu.

—Meyerke, mayn zun, Meyerke, mayn zun,
Oy, Meyerke, mayn zun!
Tsi hot zi epes nadn, zunenyu,
Tsi hot zi epes nadn, zunenyu?
—Zi hot gornit keyn nadn, tatenyu,
Zi hot gornit keyn nadn, tatenyu.

—Meyerke, mayn zun, Meyerke, mayn zun,
Oy, Meyerke, mayn zun!
Ikh heys zi dir nit nemen, zunenyu!
Ikh heys zi dir nit nemen, zunenyu!
— Me fregt bay dir keyn deyes, tatenyu!..
Me fregt bay dir keyn deyes, tatenyu!...

— מאירקע, מײַן זון, מאירקע, מײַן זון,
אוי, מאירקע, מײַן זון!
איך וויל דיך עפּעס פֿרעגן, זונעניו,
איך וויל דיך עפּעס פֿרעגן, זונעניו.
— וואָס ווילסטו בײַ מיר פֿרעגן, טאַטעניו,
וואָס ווילסטו בײַ מיר פֿרעגן, טאַטעניו?

— מאירקע, מיין זון, מאירקע, מײַן זון,
אוי, מאירקע, מײַן זון!
וועמען האָסטו ליב, זונעניו,
וועמען האָסטו ליב, זונעניו?
— דעם מילנערס טאָכטער, טאַטעניו,
— דעם מילנערס טאָכטער, טאַטעניו.

— מאירקע, מײַן זון, מאירקע, מײַן זון,
אוי, מאירקע, מײַן זון!
צי האָט זי עפּעס נדן, זונעניו,
צי האָט זי עפּעס נדן, זונעניו?
— זי האָט גאָרניט קיין נדן, טאַטעניו,
זי האָט גאָרניט קיין נדן,טאַטעניו.

— מאירקע, מײַן זון, מאירקע, מײַן זון,
אוי, מאירקע, מײַן זון!
איך הייס זי דיר ניט נעמען, זונעניו,
איך הייס זי דיר ניט נעמען, זונעניו!
— מע פֿרעגט ביי דיר קיין דעות, טאַטעניו,
מע פֿרעגט בײַ דיר קיין דעות, טאַטעניו!

מֵאִיר בֵּן יַקִּיר, מֵאִיר בֵּן יַקִּיר!
אֶת מִי אַתָּה אוֹהֵב, בְּנִי הַנֶּחְמָד?
אֶת מִי אַתָּה אוֹהֵב, בְּנִי הַנֶּחְמָד?
— בַּת יִשְׂרָאֵל, אָבִי הַנִּכְבָּד!
בַּת יִשְׂרָאֵל, אָבִי הַנִּכְבָּד!

מֵאִיר בֵּן יַקִּיר, מֵאִיר בֵּן יַקִּיר!
וּמִי הַנַּעֲרָה, בְּנִי הַנֶּחְמָד?
— בַּת טוֹבִים הִיא, אָבִי הַנִּכְבָּד!

מֵאִיר בֵּן יַקִּיר, מֵאִיר בֵּן יַקִּיר!
וְכַמָּה יֵשׁ לָהּ כֶּסֶף, בְּנִי הַנֶּחְמָד?
— כֶּסֶף אֵין לָהּ כְּלוּם, אָבִי הַנִּכְבָּד!

מֵאִיר בֵּן יַקִּיר, מֵאִיר בֵּן יַקִּיר!
לָכֵן אֵינִי מַסְכִּים, בְּנִי הַנֶּחְמָד!
— לֹא אֶשְׁאַל אוֹתְךָ אָבִי הַנִּכְבָּד!

עברית: ח. ב. אילון-ברניק

"Meyer, my dearest son, there is something I wish to ask you." "What do you wish to ask dear father?"

"Meyer, my dearest son, whom do you love?" "The miller's daughter, dear father. It is she whom I love."

"Meyer, my dearest son, does she have a dowry?" "No dearest father she has no dowry."

"Meyer, my dearest son, do not take her for your bride." "I love her dearly, dearest father. By your advice I cannot abide."

MARGARITKELEKH
DAISIES

מאַרגאַריטקעלעך
מַרְגָּנִיּוֹת

Text: Z. Shneour טעקסט: ז. שניאור

Moderato ♩.= 105
Dm A7 Dm C7
In vel - dl, baym tay - khl, dort zay - nen ge - vak - sn mar - ga - rit - ke - lekh e - lnt un
F Dm Gm6 Dm B♭7
kleyn; Vi kley - nin - ke zu - nen mit vay - sin - ke shtra - ln, mit
1. Dm G7 Dm 2. A7 Dm
vay - sin - ke tra - la - la - la! Vi vay - sin - ke tra - la - la - la!

אין וועלדל, בײַם טײַכל, דאָרט זײַנען געוואַקסן
מאַרגאַריטקעלעך עלנט און קליין —
ווי קליינינקע זונען מיט ווײַסינקע שטראַלן,
מיט ווײַסינקע — טראַלאַ־לאַ־לאַ!

געגאַנגען איז חוהלע שטיל און פֿאַרחלומט,
צעלאָזן די גאָלד־בלאָנדע צעפּ,
דאָס העלדזל אַנטבלויזט און געמורמלט, געזונגען
אַ לידעלע: טראַלאַ־לאַ־לאַ!

דאָ קומט איר אָנטקעגן אַ בחור אַ שלאַנקער,
מיט לאָקן מיט שוואַרצע ווי פּעך;
ער פֿלאַמט מיט די אויגן און ענטפֿערט איר לוסטיק,
און ענטפֿערט איר: טראַלאַ־לאַ־לאַ...

—וואָס זוכסטו דאָ, מיידל, וואָס האָסטו פֿאַרלוירן,
וואָס ווילסטו געפֿינען אין גראָז?
— איך זוך מאַרגאַריטקעס, — פֿאַררייטלט זיך חוה,
פֿאַררייטלט זיך, טראַלאַ־לאַ־לאַ...

— דו זוכסט נאָך? און איך האָב שוין טאַקע געפֿונען
די שענסטע מאַרגאַריטקע אין וואַלד,
אַ מאַרגאַריטקע מיט צעפּ און מיט אויגן סאַפּפֿירן,
מיט אייגעלעך, טראַלאַ־לאַ־לאַ...

— ניין, כ'האָב שוין מאַרגאַריטקעס, איך האָב זיך פֿאַרגעסן...
איך זוך... דאָ ניט ווײַט איז אַ קוואַל...
— דער קוואַל איז געשלאָסן, אָן מיר בלײַבסטו דורשטיק
בײַם קוועלכעלע, טראַלאַ־לאַ־לאַ!

— איך וויל גאָר ניט טרינקען, איך זוך מיר אַ שאָטן —
די זון באַקט אַרײַן אַזוי הייס...
— מײַנע האָר זײַנען שוואַרצער און קילער ווי שאָטנס
אין וועלדעלע, טראַלאַ־לאַ־לאַ...

— דורשטיק מײַן מיידעלע? מיד איז מײַן קליינינקע?
צי מעג מען זי נעמען בײַם האַנט?
צי מעג מען זי גלעטן? צי מעג מען זי קושן?
צי מעג מען נאָר... טראַלאַ־לאַ־לאַ...

— אָ, לאָז מיך, מע טאָר ניט, די מאַמע זאָגט, מע טאָר ניט!
מײַן מאַמע איז אַלט און בייז...
— ווו מאַמע? ווער מאַמע? דאָ זײַנען נאָר ביימער,
נאָר ביימעלעך, טראַלאַ־לאַ־לאַ...

— מע זעט! — קיינער זעט ניט... — מע הערט! — קיינער הערט ניט...
דאָס וועלדל איז בלינד און געדיכט.
אומאָרעם מיך, זיסע!... דו זעסט, איך בין רויִק,
איך קוש דיך נאָר... טראַלאַ־לאַ־לאַ...

— דו ליבסט מיך? — איך ליב דיך! — דו שעמסט דיך? —איך שעם מיך...
— אָ, ליב מיך און שעם דיך און שווײַג,
און זע ווי עס מישן זיך פֿעך־שוואַרצע קרויזן
מיט גאָלדענע... טראַלאַ־לאַ־לאַ!...

די זון איז פֿאַרגאַנגען, דער בחור פֿאַרשוווּנדן,
און חוהלע זיצט נאָך אין וואַלד.
זי קוקט אין דער ווײַט און מורמלט פֿאַרחלומט
דאָס לידעלע: טראַלאַ־לאַ־לאַ...

In veldl, baym taykhl, dort zaynen gevaksn
Margaritkelekh elnt un kleyn —
Vi kleyninke zunen mit vaysinke shtraln,
Mit vaysinke - tra-la-la-la!

Gegangen iz Khavele shtil un farkholemt,
Tselozn di gold-blonde tsep;
Dos heldzl antbloyzt un gemurmlt, gezungen
A lidele — tra-la-la!

Do kumt ir antkegn a bokher a shlanker,
Mit lokn mit shvartse, vi pekh;
Er flamt mit di oygn un entfert ir lustik,
Un entfert ir: tra-la-la-la!

—Vos zukhstu do, meydl, vos hostu farloyrn,
Vos vilstu gefinen in groz?
—"Ikh zukh margaritkes", —farreytlt zikh Khave,
Farroytlt zikh, tra-la-la-la...

—Du zukhst nokh? Un ikh hob shoyn take gefunen
Di shenste margaritke in vald,
A margaritke mit tsep un mit oygn sapfirn,
Mit eygelekh — tra-la-la-la!

—Neyn, kh'hob shoyn margaritkes, ikh hob zikh fargesn...
Ikh zukh... do nit vayt iz a kval...
—Der kval iz geshlosn, on mir blaybstu durshtik,
Baym kvelkhele, tra-la-la-la!

—Ikh vil gornit trinken, ikh zukh nor a shotn -
Di zun bakt arayn azoy heys...
—Mayne hor zaynen shvartser un kiler fun shotns,
In veldele, tra-la-la-la...

—Durshtik mayn meydele? Mid iz mayn kleyninke?
Tsi meg men zi nemen baym hant?
Tsi meg men zi gletn? Tsi meg men zi kushn?
Tsi meg men nor... tra-la-la-la...

—O, loz mikh, me tor nit! Di mame zogt, me tor nit!
Mayn mame iz alt un beyz...
—Vu mame? Ver mame? Do zaynen nor beymer,
Nor beymelekh, tra-la-la ...:

—Me zet! —Keyner zet nit. —Me hert! — Keyner hert nit.
—Dos veldl iz blind un gedikht.
Umorem mikh, zise! ... Du zest, ikh bin ruik,
Ikh kush dikh nor, tra-la-la-la...

—Du libst mikh? —Ikh lib dikh! —Du shemst dikh? — Ikh shem zikh...
—O, lib mikh un shem dikh un shvayg...
Un ze vi es mishn zikh pekh-shvartse kroyzn
Mit goldene — tra-la-la-la...

Di zun iz fargangen, der bokher farshvundn,
Un Khavele zitst nokh in vald.
Zi kukt in der vayt un murmlt farkholemt
Dos lidele: tra-la-la-la...

בְּחֹרֶשׁ קָטָן לֹא הַרְחֵק מֵהַפֶּלֶג
פִּרְחֵי מַרְגָּנִית יִפְרָחוּ.
כְּשֶׁמֶשׁ קְטַנָּה הֵם עִם לֹבֶן קַרְנַיִם,
כְּשֶׁמֶשׁ הֵן — טְרַה־לַה־לַה־לַה.

טִיְּלָה לָהּ שָׁם חַוָּה, שְׁקֵטָה וְחוֹלֶמֶת,
וּזְהַב צַמּוֹתֶיהָ פְּרוּעוֹת,
זָקוּף צַוָּארָהּ, מְפַזֶּמֶת וְשָׁרָה,
וְשָׁרָה לָהּ — טְרַה־לַה־לַה־לַה.

בָּחוּר בָּא מִנֶּגֶד, תָּמִיר וְגָבוֹהַּ,
וּשְׁחוֹר תַּלְתַּלָּיו כְּפֶחָם.
עֵינָיו בּוֹעֲרוֹת, וּפָגַשׁ בָּהּ שָׂמֵחַ,
פָּגַשׁ בָּהּ הוּא — טְרַה־לַה־לַה־לַה.

הוֹ מַה תְּבַקְשִׁי פֹּה וּמַה זֶּה אָבַד לָךְ
בָּעֵשֶׂב לִמְצֹא מַה תִּרְצִי?
— "פִּרְחֵי מַרְגָּנִית", — הִיא אָמְרָה וְהִסְמִיקָה,
הִסְמִיקָה לָהּ — טְרַה־לַה־לַה־לַה.

— הַעוֹד תְּחַפְּשִׂי, וַאֲנִי כְּבָר מָצָאתִי
אֶת זוֹ הַיָּפָה בַּחֹרְשָׁה,
מַרְגָּנִית עִם צַמּוֹת, סַפִּירִים הֵם עֵינֶיהָ,
עֵינַיִם לָהּ — טְרַה־לַה־לַה־לַה.

— לֹא, יֵשׁ לִי פְּרָחִים כְּבָר, פָּשׁוּט הִתְבַּלְבַּלְתִּי,
אַרְצָה... יֵשׁ פֹּה פֶּלֶג קָרוֹב"...
— הַפֶּלֶג יָבֵשׁ, צִמְאוֹנֵךְ לֹא יַרְוֶה, כִּי...
הַפֶּלֶג הוּא — טְרַה־לַה־לַה־לַה.

— לִשְׁתּוֹת לֹא אַרְצֶה, אֲנִי צֵל מְחַפֶּשֶׂת,
הַשֶּׁמֶשׁ צוֹרֶבֶת מַכָּה.
— שְׁחוֹרִים תַּלְתַּלַּי וְקָרִים מִכָּל צֵל הֵם
בַּחֹרֶשׁ וּטְרַה־לַה־לַה־לַה.

— "צְמֵאָה יַלְדָּתִי, עֲיֵפָה הַקְּטַנְטֹנֶת
הַמֻתָּר לֶאֱחֹז בְּיָדָהּ?
הֲמֻתָּר לְלַטֵּף, הֲמֻתָּר לִי לִנְשׁוֹק לָהּ?
מֻתָּר לִי גַּם טְרַה־לַה־לַה־לַה..."

— עָזְבֵנִי־עֲזֹב, זוֹ אִמִּי הָאוֹסֶרֶת! —
אִמִּי רַגְזָנִית וּזְקֵנָה
— אֵי אִמָּא? מָה אִמָּא? עֵצִים, רַק עֵצִים פֹּה,
וּשְׁנֵינוּ וּטְרַה־לַה־לַה־לַה...

— "רוֹאִים". "לֹא רוֹאִים." "שׁוֹמְעִים". "מִי שׁוֹמֵעַ?"
הַחֹרֶשׁ עִוֵּר וְעָבֹת.
חַבְּקִי וּרְאִי, הֵן אֲנִי כֹּה רוֹגֵעַ,
נוֹשֵׁק לָךְ רַק, טְרַה־לַה־לַה־לַה.

—אֲהַבְתִּינִי — "אֹהֲבָה", אַתְּ בּוֹשָׁה?... "אֵבוֹשָׁה"...
אֶהָבִינִי וּבוֹשִׁי וָהָס!
תַּלְתַּלֵּי־הָעוֹרֵב מִתְעָרְבִים פֹּה, רְאִי־נָא,
בְּזָהָב זֶה לָךְ: טְרַה־לַה־לַה־לַה.

הַשֶּׁמֶשׁ שָׁקְעָה, הַבָּחוּר נֶעֱלַם לוֹ,
וְחַוָּה׳לָה עוֹד בַּחֹרְשָׁה.
צוֹפָה לַמֶּרְחָק, הֲזָיָה מְפַזֶּמֶת
אֶת זֶה הַמִּזְמוֹר: טְרַה־לַה־לַה־לַה...

עברית: י. שבתאי

בַּחֹרְשָׁה, עַל אַמַּת־הַמַּיִם שָׁם פָּרְחוּ
מַרְגָּנִיּוֹת צְנוּעוֹת לְבָד,
כְּשְׁמָשׁוֹת קְטַנְטַנּוֹת — קַרְנֵיהֶן צְחַרְחָרוֹת,
צְחַרְחָרוֹת הֵן: טְרַה־לַה, לָה־לָה.

אַט־אַט טִיְּלָה חַוָּה הַקְּטַנָּה חוֹלֶמֶת
וּפְזוּרוֹת לָהּ קְוֻצּוֹת־הַפָּז;
צַוָּארָהּ מְגֻלֶּה וּלְנַפְשָׁהּ תְּשׁוֹרֵר
שִׁיר־זִמְזוּם זֶה: טְרַה־לַה, לָה־לָה.

אָז יָבוֹא לִקְרָאתָהּ אִישׁ צָעִיר, גְּבַהּ־קוֹמָה
וּקְוֻצּוֹת לוֹ שְׁחוֹרוֹת מִשְּׁחוֹר;
מֶבָּטוֹ יַז רֶשֶׁף וְעַלִּיז לָהּ יַעַן
וְכֹה יַעַן לָהּ: טְרַה־ לַה, לָה־לָה.

— מַה תְּחַפְּשִׂי, הַיַּלְדָּה? מָה אָבַד לָךְ, נָאוָה
כִּי אַרְצָה עֵינַיִךְ הִשְׁפַּלְתְּ?
"מַרְגָּנִית אֲחַפֵּשׂ ..." מַאְדִּמִים פְּנֵי חַוָּה,
מַאְדִּימִים הֵם: טְרַה־לַה, לָה־לָה.

— עוֹד חַפֵּשׂ תְּחַפְּשִׂי וַאֲנִי כְּבָר מָצָאתִי
הַיָּפָה בְּמַרְגָּנִיּוֹת־בָּר;
מַרְגָּנִית — לָהּ צַמּוֹת וְעֵינַיִם־סַפִּירִים,
וְעֵינַיִם לָהּ: טְרַה־לַה, לָה־לָה.

"גַּם לִי מַרְגָּנִיּוֹת; אָנֹכִי שָׁכַחְתִּי...
אֲבַקֵּשׁ... פֹּה מַעְיָן יֵשׁ חָי..."
— הַמַּעְיָן הֵן חָתוּם, בִּלְעָדַי תִּצְמָאִי
עַל מַעְיָן זֶה: טְרַה־לַה, לָה־לָה.

"לֹא שָׁתֹה תָּפָצְתִּי, צֵל־אִילָן אָתוּרָה,
הַחַמָּה פֹּה תִּלְהַט כָּאֵשׁ..."
— תַּלְתַּלַּי מַה קְּרִירִים, מְצֻלָּלִים שָׁחָרוּ
בְּיַעֲרֵךְ: טְרַה־לַה, לָה־לָה.

מַה צְּמֵאָה יַלְדָּתִי, קְטַנָּתִי מֶה עָיְפָה,
הֲמֻתָּר כַּף־יָדָהּ אֶחֹז?
הֲמֻתָּר לְגַפְּפָהּ וְאִם מֻתָּר לְנַשֵּׁק?
הֲמֻתָּר לִי?... טְרַה־לַה, לָה־לָה.

"הַרְפֵּנִי־נָא, אָסוּר; הָאֵם אוֹמְרָה: אָסוּר...
וְהִיא זְקֵנָה, נוֹזֶפֶת יוֹם־יוֹם".
— אֵי אִמֵּךְ? מָה אִמֵּךְ? רַק שִׂיחִים פֹּה סָבִיב,
רַק שִׂיחִים פֹּה: טְרַה־לַה, לָה־לָה.

"מַבִּיטִים!" — אֵין מַבִּיט. "מַאֲזִינִים! — אֵין מַאֲזִין,
אַף עִוֵּר הַחֹרֶשׁ הֶעָב.
חַבְּקִינִי, חֲמוּדָה, הֵן תִּירְאִי — לֹא אַרְהִיב,
רַק אֶשַּׁק לָךְ:... טְרַה־לַה, לָה־לָה.

— הֲתֹאהֲבִי? "אֹהַב". — אַתְּ בּוֹשָׁה?... "אֵבוֹשָׁה".
— אֶהָבִינִי וָבוֹשִׁי וָהָס!
וּרְאִי אֵיךְ מִתְעָרְבִים תַּלְתַּלֵּי־הָעוֹרֵב
עִם זְהָבֵךְ זֶה: טְרַה־לַה, לָה־לָה.

הַשֶּׁמֶשׁ שָׁקְעָה. הָעֶלֶם אֵינֶנּוּ,
וְעוֹד חַוָּה יוֹשֶׁבֶת עַד בּוֹשׁ;
הִיא צוֹפָה לַמֶּרְחָק וּלְנַפְשָׁהּ תְּזַמְזֵם
שִׁיר־מִזְמוֹר רַךְ: טְרַה־לַה, לָה־לָה.

עברית: ז. שניאור

In the woods by the stream, there they grew. Daisies lonesome and small. Like little rays of sun with beams of white. All singing tra-la-la.

Along came Chavele dreamily walking. Her golden plaits fluttering in the wind. Her throat was bare as she was humming a little tune tra-la-la.

A handsome young lad is walking towards her. His hair as black as pitch. He catches her eye and answers her gaily with her own little tune tra-la-la.

"What do you seek, my maiden, what have you lost, what will you find in the woods?" "'Tis daisies I seek" with a blush said the maiden and blushingly sang tra-la-la.

"You are still seeking, but I have found the most beautiful daisy of all. A daisy with plaits and with beautiful eyes. Eyes like sapphires tra-la-la."

The sun has set, the boy has fled, yet Chavele still sits at the brook. Her eyes filled with tears and longing as she murmurs tra la la.

IN MAYN GORTN
IN MY GARDEN

אין מײַן גאָרטן
יֵשׁ לִי גַּן

Text: H.N. Bialik טעקסט: ח. נ. ביאַליק

Yiddish: I. Ma-Yafit ייִדיש: י. מה־יפֿית.

Andante
Dm
Dm
Gm
In mayn gor- tn hot a bru - nem mit an e - mer zikh ge - fu - nen.

F
Dm
Ye - dn sha - bes kumt a - ri - ber trin - ken va - ser dort mayn li - ber.

In mayn gortn hot a brunem
Mit an emer zikh gefunen;
Yedn shabes kumt ariber
Trinken vaser dort mayn liber.

Ale beymer shteyen shtile,
S'shloft dos vintele afilu;
Nokhn tsholnt ale shlofn,
Nor mayn harts iz vakh un ofn.

Vi mayn harts der emer vakht,
Trift zayn gold in brunem zakht,
Trift a perl, trift a tsveyter:
Ot-o geyt er, ot-o geyt er...

Sha, mir dukht es klingen trit!
Iz dos er? Un efsher nit?
Gikher, gikher, kum, mayn sheyner –
Kh'bin aleyn un vayter keyner!

Zetsn mir zikh bay der vant,
Kop tsu aksl, hant in hant...
—Kh'vel dikh fregn a por zakhn,
Zolst, ikh bet dikh, nor nit lakhn...

Zog, far vos der emer, zog,
Veynt un veynt a gantsn tog?
Trif-trif-trif - un modne reyd
Redt er epes shtilerheyt?

אין מײַן גאָרטן האָט אַ ברונעם
מיט אַן עמער זיך געפֿונען;
יעדן שבת קומט אַריבער
טרינקען וואַסער דאָרט מײַן ליבער.

אַלע ביימער שטייען שטילע,
ס'שלאָפֿט דאָס ווינטעלע אַפֿילו;
נאָכן טשאָלנט אַלע שלאָפֿן,
נאָר מײַן האַרץ איז וואַך און אָפֿן.

ווי מײַן האַרץ דער עמער וואַכט,
טריפֿט זײַן גאָלד אין ברונעם זאַכט,
טריפֿט אַ פּערל, טריפֿט אַ צווייטער:
אָט־אָ גייט ער, אָט־אָ גייט ער...

שאַ, מיר דוכט, עס קלינגען טריט!
איז דאָס ער? און אפֿשר ניט?
גיכער, גיכער, קום, מײַן שיינער —
כ'בין אַליין און ווײַטער קיינער!

זעצן מיר זיך בײַ דער וואַנט,
קאָפּ צו אַקסל, האַנט אין האַנט...
— כ'וועל דיך פֿרעגן אַ פּאָר זאַכן,
זאָלסט, איך בעט דיך, נאָר ניט לאַכן...

זאָג, פֿאַר וואָס דער עמער, זאָג,
וויינט און וויינט אַ גאַנצן טאָג?
טריף־טריף־טריף — און מאָדנע רייד
רעדט ער עפּעס שטילערהייט?

Un fun vanen kumt der shmarts,
Vi a vorem nogt dos harts;
M'hat gehert mayn mame reydn,
Az du vilst mit mir zikh sheydn. . .

Zogt mayn liber: —gey shoyn, gey!
Sonim zogn dos azoy.
Nokh eyn yor, az Got vet veln,
Veln mir a khupe shteln. . .

A goldener zumertog vet zayn,
Vet undz opgisn mit shayn,
Un bagrisn vet undz yeder,
Tsvayg mit peyres in di seder.

Feters, mumes, fraynd gedikht,
An oylom mentshn, hent mit likht;
Un se veln undz bagleytn
Fidlen, poykn un trumeytn!

Nebn ployt tsi nebn shteyn —
Klayb oys, vu du vilst aleyn —
Veln shteyn di khupe shtangen,
Du vest a fingerl derlangen.

Un ikh vel dir fayn un glat
Opzogn dem "Harey at". . .
Sonim veln shteyn un kukn,
Un fun kin'e zikh tsepukn!. . .

און פֿון וואַנען קומט דער שמאַרץ,
ווי אַ וואָרעם נאָגט דאָס האַרץ;
ס׳האָט געהערט מײַן מאַמע ריידן,
אַז דו ווילסט מיט מיר זיך שיידן...

זאָגט מײַן ליבער: — גיי שוין, גיי!
שׂונאים זאָגן דאָס אַזוי.
נאָך איין יאָר, אַז גאָט וועט וועלן,
וועלן מיר אַ חופּה שטעלן...

אַ גאָלדענער זומערטאָג וועט זײַן,
וועט אונדז אָפּגיסן מיט שײַן,
און באַגריסן וועט אונדז יעדער
צווײַג מיט פּירות אין די סעדער.

פֿעטערס, מומעס, פֿרײַנד געדיכט,
אַן עולם מענטשן, הענט מיט ליכט;
און סע וועלן אונדז באַגלייטן
פֿידלען, פּויקן און טרומייטן!

נעבן פּלויט צי נעבן שטיין —
קלײַב אויס, וווּ דו ווילסט אַליין —
וועלן שטיין די חופּה־שטאַנגען,
דו וועסט אַ פֿינגערל דערלאַנגען.

און איך וועל דיר פֿײַן און גלאַט
אָפּזאָגן דעם "הרי אַתּ",
שׂונאים וועלן שטיין און קוקן
און פֿון קינאה זיך צעפּוקן!...

יֵשׁ לִי גָּן וּבְאֵר יֵשׁ לִי,
וַעֲל בְּאֵרִי תָּלוּי דְּלִי;
מִדֵּי שַׁבָּת בָּא מַחֲמַדִּי,
מַיִם זַכִּים יֵשְׁתְּ מִכַּדִּי.

כָּל הָעוֹלָם יָשֵׁן — הָס!
נָם תַּפּוּחַ וַאֲגָס;
אִמִּי נָמָה, נִרְדָּם אָבִי,
עֵרִים רַק אֲנִי וּלְבָבִי.

וְהַדְּלִי כִּלְבָבִי עֵר,
נוֹטֵף פָּז אֶל פִּי הַבְּאֵר,
נוֹטֵף פָּז וְנוֹטֵף בְּדֹלַח:
דּוֹדִי הוֹלֵךְ, דּוֹדִי הוֹלֵךְ!

הַס, בַּגָּן נִזְדַּעְזַע נוֹף —
דּוֹדִי בָּא אִם־פִּרְכֵּס עוֹף?
דּוֹדִי, דּוֹדִי! — חוּשׁ, מַחֲמַדִּי,
אֵין בֶּחָצֵר אִישׁ מִלְּבַדִּי...

עַל הַשֹּׁקֶת נֵשֵׁב אָט,
רֹאשׁ אֶל כָּתֵף, יָד אֶל־יָד;
— אָחוּד חִידוֹת לָךְ: — מַדּוּעַ
רָץ הַכַּד אֶל הַמַּבּוּעַ?

וּמַדּוּעַ, הַגֶּד־לִי,
יֵבְךְּ, בִּדְמָמָה, יֵבְךְּ הַדְּלִי —
טִף,טִף,נִים — וְכֹה בְּלִי הֶרֶף
מִן הָעֶרֶב עַד הָעֶרֶב.

וּמֵאַיִן בָּא הַכְּאֵב
כְּתוֹלַעַת אֶל הַלֵּב? —
הוֹי, הָאֱמֶת שָׁמְעָה אִמִּי,
כִּי לְבָבְךָ סָר מֵעִמִּי?

עָנָה דוֹדִי וְאָמַר לִי:
— שׂוֹנְאַי שֶׁקֶר עָנוּ בִי!
וּבְעוֹד שָׁנָה, כָּעֵת חַיָּה
אֶל הַחֻפָּה נֵלֵךְ, פְּתַיָּה!

יוֹם שֶׁל קַיִץ יַבְהִיק אָז,
עַל רֹאשֵׁנוּ יִיצָק פָּז,
וִיבָרְכוּנוּ מִן הַגְּדֵרוֹת
כַּפּוֹת עֵצִים טְעוּנֵי פֵּרוֹת.

אָח וָרֵעַ, דוֹד וּשְׁאֵר,
קָהָל גָּדוֹל, אִישׁ וָגֵר,
וּכְלֵי זֶמֶר כָּל הַמִּינִים
יוֹלִיכוּנוּ עִם שׁוּשְׁבִינִים.

וְהַחֻפָּה תֵּעָמֵד כָּאן:
בֵּין הַבְּאֵר וּבֵין הַגָּן;
אַתְּ תּוֹשִׁיטִי לִי שָׁם דֹּרֶן,
אֶצְבַּע קְטַנָּה עִם צִפֹּרֶן.

וַאֲנִי לָךְ: "הֲרֵי אַתְּ
מְקֻדֶּשֶׁת לִי לָעַד" —
שׂוֹנְאַי יִהְיוּ שָׁם וְרָאוּ,
וּמִקִּנְאָה יִתְפַּקָּעוּ.

מקור בעברית: ח. נ. ביאליק

I have in my garden here
A well, with a bucket near.
My love, each Sabbath comes to sit
By the well, to drink from it.

The trees silent vigil keep.
Even the wind is asleep.
All my folk sleep quietly,
But my heart is awake in me.

And the bucket wakes with me,
Dripping its gold quietly,
Drips a pearl, drips another,
Here he comes, he comes my lover...

Hist! I thought his step was near!
Alas, there is nobody here!
Quickly, quickly come my lover!
I am here, with no other!

Here beside the wall we'll stand,
Head on shoulder, hand in hand,
And I'll ask you, do not be
Angry, nor please laugh at me.

Why does the bucket, tell me, pray,
Keep on weeping all the day?
Drip, drip, drip, and to me
It speaks strange words silently.

And whence comes the fear and smart
That is eating at my heart?
My mother tells me, people say
You will leave me, go away.

And my lover answered me,
This comes from an enemy.
One more year, if G-d gives life,
And you will be my wedded wife.

On a golden summer's day,
When the sun shines on our way,
And we shall be welcomed by
Fruit in orchards, hanging high,

Uncles, aunts and friends, a crown,
Dancing, singing all aloud,
While fiddles, drums and trumpets play,
And everything is bright and gay,

Where you wish, there shall we
Set our bridal canopy,
You will hold your ring finger out,
And while the people laugh and shout,
You and I will wedded be,
In spite of our enemy.

PAPIR IZ DOKH VAYS
PAPER IS WHITE

פּאַפּיר איז דאָך ווײַס
הַנְּיָר לָבָן, הַדְּיוֹ שְׁחוֹרָה

Allegretto ♩= 100
Gm
Dm
C7
F
G
C7
F
A7
Dm
Pa - pir iz vays, un ti - nt iz dokh shvarts... Tsu
dir, mayn ge - lib - te tsit zikh mayn harts. Ikh
volt nor ge - ze - sn dray teg nokh a - nand, tsu
ku - kn in day - ne ey - ge - lekh un gle - tn dir dayn hant...

פּאַפּיר איז דאָך ווײַס, און טינט איז דאָך שוואַרץ;
צו דיר, מײַן געליבטע, ציט זיך מײַן האַרץ.
איך וואָלט נאָר געזעסן דרײַ טעג נאָך אַנאַנד
צו קוקן אין דײַנע אייגעלעלך און גלעטן דײַן האַנט...

נעכטן בין איך אויף אַ חתונה געווען,
פֿיל שיינע מיידעלעך האָב איך דאָרט געזען;
פֿיל שיינע מיידעלעך — צו דיר קומט ניט גאָר,
צו דײַנע שוואַרצע אייגעלעך און צו דײַנע שוואַרצע האָר.

דײַן טאַליע, דײַן פּאָזע, דײַן איידעלער פֿאַסאָן;
אין האַרצן ברענט אַ פֿײַער — מע זעט אים ניט אָן...
ניטאָ דער מענטש, וואָס זאָל זען, ווי אַזוי אין מיר ברענט —
מײַן טויט און מײַן לעבן איז בײַ דיר אין די הענט...

דײַן מינע, דײַן שמייכל, דײַן איידעלע פֿיגור!
אוי, זאָג זשע מיר, דו אויג, וואָס איז מיט דיר דער מער? —
אַז ווען דו לאַכסט מיט אַ גרויס פֿרייד, דאַן רינט פֿון דיר אַ טרער...
אוי־אוי־אוי, אוי־אוי־אוי, אוי־אוי!...

Papir iz dokh vays, un tint iz dokh shvarts;
Tsu dir, mayn gelibte, tsit zikh mayn harts.
Ikh volt nor gezesn dray teg nokh anand
Tsu kukn in dayne eygelekh un gletn dayn hant...

Nekhtn bin ikh oyf a khasene geven,
Fil sheyne meydelekh hob ikh dort gezen;
Fil sheyne meydelekh — tsu dir kumt nit gor,
Tsu dayne shvartse eygelekh un tsu dayne shvartse hor.

Dayn talye, dayn poze, dayn eydeler fason;
In hartsn brent a fayer — me zet im nit on...
Nito der mentsh, vos zol zen, vi azoy in mir brent -
Mayn toyt un mayn lebn iz bay dir in di hent...

Dayn mine, dayn shmeykhl, dayn eydele figur!
Oy, zog zhe mir, du oyg, vos iz mit dir der mer?
Az ven du lakhst mit a groys freyd, dan rint fun dir a trer...
Oy-oy-oy, oy-oy-oy, oy-oy!...

הַנְּיָר לָבָן, הַדְּיוֹ שְׁחוֹרָה. אֵלַיִךְ, אֲהוּבָה, לִבִּי נִמְשָׁךְ. שְׁלֹשָׁה יָמִים תְּמִימִים הָיִיתִי יוֹשֵׁב נֶגְדֵּךְ, בְּעֵינַיִךְ לְהִסְתַּכֵּל, יָדַיִךְ לְלַטֵּף. אֶתְמוֹל בַּחֲתוּנָה הָיִיתִי, יָפוֹת לָרֹב רָאִיתִי, יָפוֹת לָרֹב, לֹא אַחַת כָּמוֹךְ, עִם עֵינַיִךְ, שַׂעֲרוֹתַיִךְ הַשְּׁחוֹרוֹת. גִּזְרָתֵךְ, עֲמִידָתֵךְ, הֲלִיכוֹתַיִךְ הַדַּקּוֹת. אֵשׁ בּוֹעֶרֶת בִּלְבָבִי, אֵין אִישׁ רוֹאֶה זֹאת. חַיַּי, מוֹתִי, הֵם בְּיָדַיִךְ. נִיד שְׂפָתַיִךְ חִיּוּכֵךְ, גִּזְרָתֵךְ הָעֲנֻגָּה! אִמְרוּ, עֵינַי, לִי, מַה לָּכֶן קָרָה? כִּי תִּצְחַקוּ צָחוֹק דִּמְעָה מִכֶּן תִּדְלֹף.

As paper is white and ink is black, so doth my heart yearn for you. Three whole days could I await just to look into your eyes and caress your hand.

Yesterday I was at a wedding. Many a lovely girl did I see. But there was none that to thee could compare with your lovely black eyes and your raven hair.

Your figure, your face and your gentle ways kindle a flame which no-one can see. There is none to feel the strength of the flame. My life and my death are in your hands.

So why does your eye shed a sorrowful tear when you should be laughing and gay?

REYZELE
REYZELE

רייזעלע
רֵיזֶלֶה

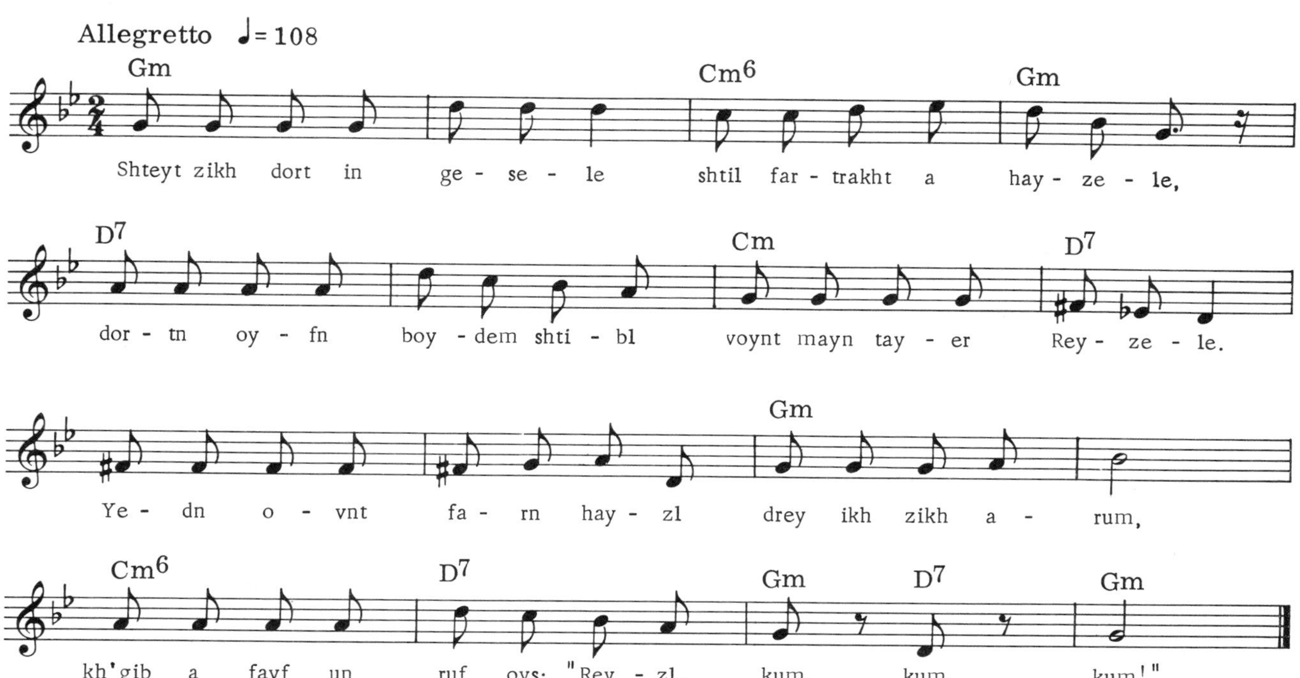

Allegretto ♩= 108
Gm
Cm6
Gm
Shteyt zikh dort in ge - se - le shtil far - trakht a hay - ze - le,
D7
Cm
D7
dor - tn oy - fn boy - dem shti - bl voynt mayn tay - er Rey - ze - le.
Gm
Ye - dn o - vnt fa - rn hay - zl drey ikh zikh a - rum,
Cm6
D7
Gm
D7
Gm
kh'gib a fayf un ruf oys: "Rey - zl, kum, kum, kum!"

Shteyt zikh dort in gesele
Shtil fartrakht a hayzele,
Dortn, oyfn boydem-shtibl
Voynt mayn tayer Reyzele.
Yedn ovnt farn hayzl
Drey ikh zikh arum,
Kh'gib a fayf un ruf oys: "Reyzl,
Kum, kum, kum!"

Efnt zikh a fentsterl,
Vakht oyf s'gantse hayzele,
Un bald klingt in shtiln gesl
A zis kol — s'redt Reyzele:
—"Nokh a vayle vart, mayn liber,
Bald vel ikh zayn fray,
Gey zikh nokh a por mol iber —
Eyns, tsvey, dray!"

שטייט זיך דאָרט אין געסעלע
שטיל פֿאַרטראַכט אַ הײַזעלע,
דאָרטן אויפֿן בוידעם־שטיבל
וווינט מײַן טײַער רייזעלע.
יעדן אָוונט פֿאַרן הײַזל
דריי איך זיך אַרום,
כ׳גיב אַ פֿײַף, און רוף אויס: „רייזל,
קום, קום, קום!"

עפֿנט זיך אַ פֿענצטערל,
וואַכט אויף ס׳גאַנצע הײַזעלע,
און באַלד קלינגט אין שטילן געסל
אַ זיס קול — ס׳רעדט רייזעלע:
„נאָך אַ ווײַלע וואַרט, מײַן ליבער,
באַלד וועל איך זײַן פֿרײַ,
גיי זיך נאָך אַ פּאָר מאָל איבער —
איינס, צוויי, דרײַ!"

Gey ikh mir a freylekher,
Zing un knak mir niselekh;
Her ikh oyf di treplekh loyfn
Ire drobne fiselekh;
Shoyn arop fun letztn trepl,
Kh'nem zi lib arum,
Kh'gib ir shtil a kush in kepl:
Kum, kum, kum!

"Kh'vil dikh betn, Dovidl,
Zolst aroyf nit fayfn mer.
"Herst, er fayft shoyn", - zogt di mame,
Zi iz frum, s'fardrist zi zeyer;
Fayfn, zogt zi, iz nit yidish,
S'past nor bloyz far "zey"...
Gib a tseykhn prost oyf yidish:
Eyns, tsvey, dray! "

—Kh'vel fun haynt nit fayfn mer,
Droyf gib ikh a shvuele
Dir tsulib vel ikh afile
Vern frum, mayn tsnuele...
Kh'vel zayn, Reyzl, ven du vilst nor,
Vi dayn mame frum,
Yedn shabes geyn in klayzl -
Kum, kum, kum!

—Kh'gleyb es dir, mayn libinker,
Un derfar dir, Dovidl,
Shtrik ikh a sheyn tfiln-zekl
Mit a mogn-dovidl;
Ven gefeln s'vet in klayzl,
Zogn zolstu zey:
S'hot geshtrikt mayn libe Reyzl,
Eyns, tsvey, dray!

—Kh'dank far dayn matonele!
Kh'lib azoy dikh, Reyzele,
Kh'lib dayn mamen, kh'lib dos gesl,
Kh'lib dos alte hayzele;
Kh'lib di shteyndlekh lebn hayzl —
Tretst oyf zey arum...
Her, dayn mame ruft shoyn: "Reyzl,
Kum, kum, kum!

גיי איך מיר אַ פֿריילעכער,
זינג און קנאַק מיר ניסעלעך;
הער איך אויף די טרעפּלעך לויפֿן
אירע דראָבנע פֿיסעלעך.
שוין אַראָפּ פֿון לעצטן טרעפּל,
כ׳נעם זי ליב אַרום,
כ׳גיב איר שטיל אַ קוש אין קעפּל:
קום, קום, קום!

„כ׳וויל דיך בעטן, דודל,
זאָלסט אַרויף ניט פֿײַפֿן מער.
„הערסט, ער פֿײַפֿט שוין״ — זאָגט די מאַמע,
זי איז פֿרום, ס׳פֿאַרדריסט זי זייער;
פֿײַפֿן, זאָגט זי, איז ניט ייִדיש,
ס׳פּאַסט נאָר בלויז פֿאַר „זיי״...
גיב אַ צייכן פּראָסט אויף ייִדיש:
איינס, צוויי, דרײַ!״...

כ׳וועל פֿון הײַנט ניט פֿײַפֿן מער,
דרויף גיב איך אַ שבֿועהלע
דיר צוליב וועל איך אַפֿילו
ווערן פֿרום, מײַן צנועהלע...
כ׳וועל זײַן, רייזל, ווען דו ווילסט נאָר,
ווי דײַן מאַמע, פֿרום,
יעדן שבת גיין אין קלײַזל —
קום, קום, קום!

„כ׳גלייב עס דיר, מײַן ליבינקער,
און דערפֿאַר דיר, דודל,
שטריק איך אַ שיין תּפֿילין־זעקל
מיט אַ מגן־דודל;
ווען געפֿעלן ס׳וועט אין קלײַזל,
זאָגן זאָלסטו זיי:
ס׳האָט געשטריקט מײַן ליבע רייזל —
איינס, צוויי, דרײַ!״

כ׳דאַנק פֿאַר דײַן מתּנהלע,
כ׳ליב אַזוי דיך, רייזעלע!
כ׳ליב דײַן מאַמען, כ׳ליב דאָס געסל,
כ׳ליב דאָס אַלטע הײַזעלע,
כ׳ליב די שטיינדלעך לעבן הײַזל —
טרעטסט אויף זיי אַרום...
הער, דײַן מאַמע רופֿט שוין: „רייזל,
קום, קום, קום!״

Gey ikh mir a freylekher,
Zing un knak mir niselekh,
Her ikh oyf di treplekh loyfn
Ire drobne fiselekh.
Vider shteyt fartrakht dos hayzl,
S'gesl – vider shtum . . .
Kum tsu mir in kholem, Reyzl,
Kum, kum, kum! . . .

גיי איך מיר אַ פֿריילעכער,
זינג און קנאַק מיר ניסעלעך,
הער איך אויף די טרעפּלעך לויפֿן
אירע דראָבנע פֿיסעלעך.
ווידער שטייט פֿאַרטראַכט דאָס הײַזל,
ס׳געסל — ווידער שטום...
קום צו מיר אין חלום, רייזל,
קום, קום, קום!...

בַּיִת קָט עוֹמֵד בָּרְחוֹב,
וְכֻלּוֹ שַׁלְוָה וּדְמִי,
בַּעֲלִיַּת־הַגַּג שָׁם גָּרָה
רֵיזְל, הַיְקָרָה שֶׁלִּי;
מִדֵּי עֶרֶב אֶחְפְּזָה
אֶל בֵּית חֶמְדָּתִי,
וּבְקוֹל אֶשְׁרֹק לָהּ: רֵיזְל,
רְדִי, רְדִי, רְדִי!

הָאֶשְׁנָב נִפְתָּח מִיָּד,
מִישֶׁהוּ רוֹמֵז אֵלַי,
וּבִדְמִי הָרְחוֹב בּוֹקֵעַ
צְלִיל קוֹלָהּ שֶׁל רֵיזְלִי:
חֲבִיבִי, חַכֵּה עוֹד רֶגַע,
אֶפָּנֶה מִיָּד!
עוֹד מְעַט אָבוֹא לְמַטָּה,
חַד, תְּרֵי, תְּלָת!

אֲטַיֵּל עַלִּיז, אָשִׁיר,
אֲפַצֵּחַ לִי גַּרְגָּרִים,
וּפִתְאֹם אֶשְׁמַע צְעָדִים
עַל מַדְרֵגוֹת מְדַרְדְּרִים;
אַךְ יָרְדָה מֵעָל, חִבַּקְתִּי
אֶת גוּפָהּ הָרַךְ,
בְּרֹאשָׁהּ דּוּמָם נָשַׁקְתִּי,
כַּךְ, כַּךְ, כָּךְ!

אֲבַקֶּשְׁךָ, דּוֹדֶל,
אַל תִּקְרָא לִי בִּשְׁרִיקָה:
— ״שׁוּב יִשְׁרֹק״ — אִמִּי אוֹמֶרֶת,
בְּרָגְזָה (הִיא אֲדוּקָה).
״אֵין שְׁרִיקָה מִמִּנְהָגֵנוּ
זוֹ מִדָּה שֶׁל גּוֹי!״
קְרָא פָּשׁוּט בִּלְשׁוֹן אִמֵּנוּ:
הוֹי, הוֹי, הוֹי!

אֲטַיֵּל עַלִּיז, אָשִׁיר,
אֲפַצֵּחַ לִי גַּרְגָּרִים,
עוֹד אֶשְׁמַע צַעֲדֵי רַגְלֶיהָ
עַל דְּרָגוֹת מְדַרְדְּרִים,
שׁוּב עָטוּף דְּמָמָה הַבַּיִת,
וּבָרְחוֹב מַחֲרִישׁ,
בַּחֲלוֹם בַּקְּרִינִי, רֵיזְל,
חִישׁ, חִישׁ, חִישׁ!

עברית: א. לוינסון

In a quiet street,
In the attic of a little house,
Lives my dear Reyzele.
Every evening I pass under her window,
Whistle and call her to come out.
A window opens,
The old house awakens,
And Reyzele's sweet voice is heard:
"Wait a little, my dear.
I shall soon be ready.
Walk around the street a while."

Cheerfully I walk,
Singing and cracking nuts,
Listening to the patter of her little feet
Skipping down the steps.
I embrace her,
Kiss her warmly and say, "Come."

"I beg you, Dovidl,
Not to whistle anymore.
Mother is upset,
For it is not polite for Jewish boys to whistle.
Just give me a signal in Yiddish when you call."

"I won't whistle anymore.
I give you my word.
I will even become pious because of you.
I will be as observant as your mother
And go to the synagogue every Sabbath."

"I believe you, my dearest
And for that I shall knit you
A bag for your tefillin with a Star of David.
And if people admire it,
Tell them your Reyzele
Made it for you."

"I thank you for your gift.
I love you dearly, Reyzele.
I love your mother,
Love the street,
Love the little old house.
I love the stones near your house

Since you walk on them.
But listen
Your mother is already calling you
To come home."

So cheerfully I go my way,
Singing and cracking nuts,
Listening to the patter of her feet
On the steps.
Again the house and street fall silent.
Come to me in my dreams,
Reyzl,
Come, come, come!

With the permission of the Education Department
of The Workmen's Circle

SHVARTSE KARSHELEKH
BLACK CHERRIES

שוואַרצע קאַרשעלעך
דֻּבְדְּבָנִים שְׁחוֹרִים

Andantino ♩= 69
D B7
Shvar - tse kar - she - lekh rayst men, un gri - ne lozt men
Em A7 D
shteyn, shey - ne mey - de - lekh nemt men un mie - se
A7 D G D
lozt men geyn. Oy, vey iz tzu mir, un
A7 D
vey tsu may - ne por yor, a li - be hob ikh ge-
G A7 D
firt fe - li - ke dray fer - tl yor!

Shvartse karshelekh rayst men,
Un grine lozt men shteyn,
Sheyne meydelekh nemt men
Un miese lozt men geyn...

Refren:

Oy, vey iz tsu mir,
Un vey tsu mayne por yor,
A libe hob ikh gefirt
Felike dray fertl yor!

שוואַרצע קאַרשעלעך רײַסט מען
און גרינע לאָזט מען שטיין,
שיינע מיידעלעך נעמט מען
און מיאוסע לאָזט מען גיין...

רעפֿרען:

אוי, וויי איז צו מיר
און וויי צו מײַנע פּאָר יאָר,
אַ ליבע האָב איך געפֿירט
פֿעליקע[1] דריי פֿערטל יאָר!

---

1. ניט קיין פֿולע

Vos toyg mir di polke-mazurke, Az tantsn tants ikh zi nit; Vos toyg mir dos meydl fun Vurke, Az libn libt zi mikh nit...	וואָס טויג מיר די פּאָלקע-מאַזורקע, אַז טאַנצן טאַנץ איך זי נישט; וואָס טויג מיר דאָס מיידל פון וורקע,[2] אַז ליבן ליבט זי מיך נישט...
Refren: Oy, vey iz tsu mir...	רעפֿרען: אוי, וויי איז...
Vos toyg mir der nayer valets, Az tantsn tants ikh im nit... Vos toyg mir dos meydl fun Shilets, Az libn libt zi mikh nit...	וואָס טויג מיר דער נײַער וואַלעץ,[3] אַז טאַנצן טאַנץ איך אים נישט; וואָס טויג מיר דאָס מיידל פון שילעץ,[4] אַז ליבן ליבט זי מיך נישט...
Refren: Oy, vey iz tsu mir...	רעפֿרען: אוי, וויי איז...
Vos toyg mir di naye kazatshke, Az tantsn tants ikh zi nit, Vos toyg mir az kh'bin a meydl a khvatke, Az nemen nemt men mikh nit!...	וואָס טויג מיר די נײַע קאַזאַטשקע,[5] אַז טאַנצן טאַנץ איך זי נישט, וואָס טויג מיר, אַז כ׳בין אַ מיידל אַ כוואַטקע,[6] אַז נעמען נעמט מען מיך נישט!...
Refren: Oy, vey iz tsu mir...	רעפערען: אוי, וויי איז...

דֻּבְדְּבָנִים שְׁחוֹרִים יִקָּטְפוּ, יְרֻקִּים יִשָּׁאֲרוּ עַל עֵץ; נְעָרוֹת
יָפוֹת יִקָּחוּ, רָעוֹת-מַרְאֶה — בַּצַּד. אוֹי לִי וַאֲבוֹי, אֲבוֹי
לְמְעַט שְׁנוֹתַי, אַהֲבָה הָיְתָה בֵּינֵינוּ כִּמְעַט שָׁלֹשׁ שָׁנִים. מַה
יּוֹעִילוּ פּוֹלְקָה מַזּוּרְקָה? הֲרֵי רָקֹד לֹא אֶרְקֹד; מַה לִּי נַעֲרָה
זוֹ מִוּוּרְקָה, הִיא לֹא תְּאֱהָבֵנִי אָהֹב...מַה יּוֹעִיל לִי וַלְס זֶה
חָדָשׁ? הֲרֵי רָקֹד לֹא אֶרְקֹד; מַה לִּי נַעֲרָה זוֹ מִסִּילֶץ, הִיא לֹא
תְּאֱהָבֵנִי אָהֹב. מַה תּוֹעִיל לִי זוֹ הַקָּזַצ׳קָה? הֲרֵי רָקֹד לֹא
אֶרְקֹד. וּמָה אִם אֲנִי נַעֲרָה בַּת-חַיִל? הֵן לֹא יִקָּחֵנִי אִישׁ!

Black cherries are plucked But green ones remain. So pretty girls are courted, But plain ones are left behind.	What use is the Polka or Mazurka, Since I am unable to dance. What use the damsel from Vurke, Between us there is no romance.

What use is the new dance, the Waltz
Since I am unable to dance.
What use the damsel from Shiletz.
Between us there is no romance.

2. אַ שטעטל אין פוילן 3. וואַלס 4. פֿאָרשטאָט פֿון וואַרשע
5. מין פֿאָלקסטאַנץ 6. בראַווע, דרייסטע

SHPATSIRN ZAYNEN MIR BEYDE GEGANGEN
WE BOTH WENT WALKING

שפּאַצירן זײַנען מיר געגאַנגען
לָשׁוּחַ יָצָאנוּ שְׁנֵינוּ

Allegretto ♩. = 105
F♯m
Shpa - tsi - rn zay - nen mir bey - de ge - gan - gen fil
Bm
du - ne - rn un bli - tsn zay - nen a-ri - ber ge - gan - gen.
F♯m
Bm
Oy, kh'hob ge - ton a - za zakh, kh'hob zikh gor - nit ba - trakht.
F m
Bm
C♯7
F♯m
Kh'hob ge - meynt, az s'iz tog, tsum sof iz gor nakht... Ma - me, oy, ma - me, du
Bm
F♯m
Bm
D7
C♯7
F♯
bist dokh ge - rekht: az me folgt nit keyn el - te - rn, kumt a - roys shlekht!

Shpatsirn zaynen mir
Beyde gegangen,
Fil dunern un blitsn
Zaynen aribergegangen.

Refren:
Oy, kh'hob geton aza zakh,
Kh'hob zikh gornit batrakht
Kh'hob gemeynt, az s'iz tog,
Tsum sof iz gor nakht...

שפּאַצירן זײַנען מיר
ביידע געגאַנגען,
פֿיל דונערן און בליצן
זײַנען אַריבערגעגאַנגען.

רעפֿרען:
אוי, כ'האָב געטאָן אַזאַ זאַך,
כ'האָב זיך גאָרניט באַטראַכט,
כ'האָב געמיינט, אַז ס'איז טאָג,
צום סוף איז גאָר נאַכט...

Mame, oy, mame, Du bist dokh gerekht: Az me folgt nit kayn eltern, Kumt aroys shlekht...	מאַמע, אוי מאַמע, דו ביסט דאָך גערעכט: אַז מע פאָלגט ניט קיין עלטערן, קומט אַרויס שלעכט...
Kh'hob geshpilt a libe, Kh'hob gemeynt, s'vet zayn gut, Un itst fargist men Vi vaser mayn blut...	כ'האָב געשפּילט אַ ליבע, כ'האָב געמיינט, ס'וועט זײַן גוט, און איצט פֿאַרגיסט מען ווי וואַסער מײַן בלוט...
Refren: Oy, kh'hob geton...	רעפֿרען: אוי, כ'האָב געטאָן...
Vi gut un vi voyl Volt undz geven, Ven mir voltn beyde A porfolk geven!...	ווי גוט און ווי ווויל וואָלט אונדז געווען, ווען מיר וואָלטן ביידע אַ פּאָרפֿאָלק געווען!...
Refren: Oy, kh'hob geton...	רעפֿרען: אוי, כ'האָב געטאָן...

לָשׂוּחַ יָצָאנוּ שְׁנֵינוּ, בְּרָקִים וּרְעָמִים עַל פָּנֵינוּ
חָלְפוּ. לֹא שַׂמְתִּי לֵב. אָמַרְתִּי יוֹם, וְהִנֵּה לַיְלָה...
אֲבוֹי, מַה זֶּה עָשִׂיתִי?! צָדַקְתְּ, אִמִּי, צָדַקְתְּ.
מַר לָאִישׁ לֹא שָׁמַע מוּסַר הוֹרָיו!
לִבִּי לָאַהֲבָה נָתַתִּי, קִוִּיתִי — טוֹב יִהְיֶה,
עַתָּה דָּמִי נִשְׁפָּךְ כַּמַּיִם.
מַה טּוֹב וּמַה נָּעִים לוּ הָיִינוּ זוּג לְתָמִיד!

O, mother, you were right in warning me against this courtship. This is what happens when one does not listen to one's parents! Yet, how wonderful it might have been if we had become man and wife.

SHPILT ZHE MIR DEM NAYEM SHER
PLAY THE NEW SONG FOR ME

שפּילט זשע מיר דעם נײַעם שער
הַשִּׁיר הֶחָדָשׁ

Allegretto ♩= 108
Gm
Shpilt zhe mir dem na - yem sher, vos iz a - roys - ge - ku - men! Ikh
hob mikh far - libt in a yin - ge - le a shey - nem, kh'ken tsu im nit ku - men.
B♭ F7 B♭
Kh'volt tsu im ge - gan - gen, voynt er ze - yer vayt, kh'volt dokh im a kush ge - ge - bn,
C7 F7 B♭7 C7
shem ikh zikh far layt. Nit a - zoy far layt, vi far Got a - leyn;
E♭7 Cm7 D7 Gm
kh'volt mit im far - brakht di tsayt, az key - ner zol nit zen ...

Shpilt zhe mir dem nayem sher,
Vos iz aroysgekumen;
Ikh hob mikh farlibt
In a yingele a sheynem,
Kh'ken tsu im nit kumen.
Kh'volt tsu im gegangen —
Voynt er zeyer vayt,
Kh'volt dokh im a kush gegebn —
Shem ikh zikh far layt...
Nit azoy far layt,
Vi far Got aleyn;
Kh'volt mit im farbrakht di tsayt,
Az keyner zol nit zen...

שפּילט זשע מיר דעם נײַעם שער[1],
וואָס איז אַרויסגעקומען!
איך האָב מיך פֿאַרליבט
אין אַ ייִנגעלע אַ שיינעם,
כ׳קען צו אים ניט קומען.
כ׳וואָלט צו אים געגאַנגען —
וווינט ער זייער ווײַט;
כ׳וואָלט דאָך אים אַ קוש געגעבן —
שעם איך זיך פֿאַר לײַט...
ניט אַזוי פֿאַר לײַט,
ווי פֿאַר גאָט אַליין;
כ׳וואָלט מיט אים פֿאַרבראַכט די צײַט,
אַז קיינער זאָל ניט זען...

1. אַמאָליקער ייִדישער טאַנץ

Shpilt zhe mir dem nayem sher,
Vos iz aroysgekumen!
Ikh hob mikh farlibt
In a Yingele a sheynem
Kh'ken tsu im nit kumen.
Kum zhe tsu mir gikher,
Kh'vart oyf dir shoyn lang;
Kum zhe gikh ariber,
Me zol nit hern dayn gang.
Fir ikh dikh in shtibele
Fun mayn mamelu aleyn,
Khosn-kale veln mir zayn
Un tsu der khupe geyn!

שפילט זשע מיר דעם נײַעם שער,
וואָס איז אַרויסגעקומען!
איך האָב מיך פֿאַרליבט
אין אַ יינגעלע אַ שיינעם
כ׳קען צו אים ניט קומען.
קום זשע צו מיר גיכער,
כ׳וואַרט אויף דיר שוין לאַנג;
קום זשע גיך אַריבער,
מע זאָל ניט הערן דײַן גאַנג.
פֿיר איך דיך אין שטיבעלע
פֿון מײַן מאַמעליו אַליין,
חתן־כלה וועלן מיר ווערן
און צו דער חופה גיין!

שִׁירוּ־נָא לִי שִׁיר חָדָשׁ,
זֶה מִקָּרוֹב הוֹפִיעַ;
חָשְׁקָה נַפְשִׁי בְּעֶלֶם נֶחְמָד,
אֵלָיו לֹא אוּכַל הַגִּיעַ.
הָיִיתִי אֵלָיו הוֹלֶכֶת,
וְהוּא רָחוֹק יָגוּר;
הָיִיתִי אוֹתוֹ נוֹשֶׁקֶת,
מִפְּנֵי הַבְּרִיּוֹת אָגוּר.
לֹא כָּךְ מִפְּנֵי הַבְּרִיּוֹת,
כְּמִפְּנֵי הָאֱלֹהִים,
הָיִיתִי מְבַלָּה אִתּוֹ
לְבַד וּבְאֵין רוֹאִים.

שִׁירוּ־נָא לִי שִׁיר חָדָשׁ,
זֶה מִקָּרוֹב הוֹפִיעַ;
חָשְׁקָה נַפְשִׁי בְּעֶלֶם נֶחְמָד,
אֵלָיו לֹא אוּכַל הַגִּיעַ.
בֹּא אֵלַי מַהֵר,
חִכִּיתִי כְּבָר לֹא מְעַט;
אַל־נָא תִתְמַהְמֵהַּ,
בֹּא אֵלַי בַּלָּאט.
אֶל אִמִּי נֵלֵךְ
וְהִיא בְּרָכָה תִּתֵּן;
נֵאָרֵשׂ בְּשָׁעָה טוֹבָה
וְתֵיכֶף נִתְחַתֵּן.

עברית: ח. ב. אילון־ברניק

Would you play me the new song
Which has but now appeared.
I have fallen in love with a handsome lad
But cannot seem to reach him.
I would make my way to him
But he lives too far away.
How dearly would I wish to kiss him
But modesty withholds me.
I await you dearest.
Do not tarry.
Hurry to my humble home.
You will lead me, we will marry.
Bride and groom will we become.

MAYN HARTS, MAYN HARTS
MY HEART, MY HEART

מײַן האַרץ
לִבִּי בְּקִרְבִּי יִבְכֶּה

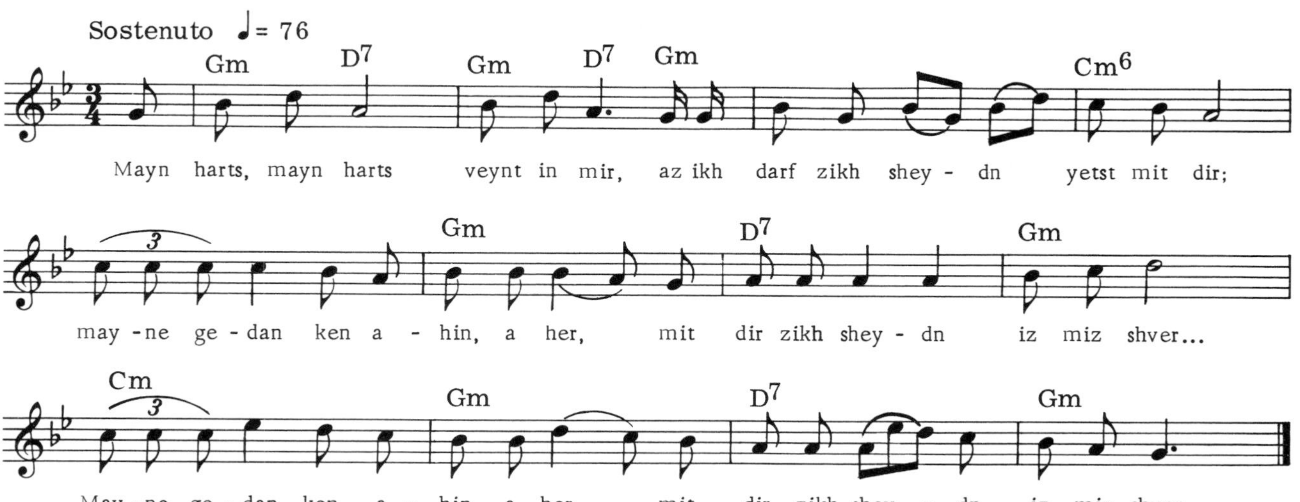

Sostenuto ♩= 76
Gm D7 Gm D7 Gm Cm6
Mayn harts, mayn harts veynt in mir, az ikh darf zikh shey - dn yetst mit dir;
Gm D7 Gm
may - ne ge - dan ken a - hin, a her, mit dir zikh shey - dn iz miz shver...
Cm Gm D7 Gm
May - ne ge - dan ken a - hin, a her, mit dir zikh shey - dn iz mir shver ...

Mayn harts, mayn harts veynt in mir,
Az ikh darf zikh sheydn yetst mit dir;
Mayne gedanken — ahin, aher,
Mit dir zikh sheydn iz mir shver...

Vu forstu, mayn zis lebn,
Vu forstu fun mir avek?
Vu vel ikh dikh darfn zukhn,
Zog zhe mir, oyf velkhn veg?

Fun ershtn shtetele, fun ershtn derfele,
Dos ershte brivele shrayb tsu mir!
Betn bet ikh dikh, mayn zis lebn,
Fargesn zolstu nit on mir!

Vestu kumen tsu a vaserl,
Zolstu zikh nit trenken,
Vestu kumen tsu an ander meydele,
Zolstu mikh gedenken!

מיין האַרץ, מײַן האַרץ וויינט אין מיר,
אַז איך דאַרף זיך שיידן יעצט מיט דיר;
מײַנע געדאַנקען — אַהין־אַהער,
מיט דיר זיך שיידן איז מיר שווער...

ווּ פֿאָרסטו, מײַן זיס לעבן,
ווּ פֿאָרסטו פֿון מיר אַוועק?
ווּ וועל איך דיך דאַרפֿן זוכן,
זאָג זשע מיר, אויף וועלכן וועג?

פֿון ערשטן שטעטעלע, פֿון ערשטן דערפֿעלע,
דאָס ערשטע בריוועלע שרײַב צו מיר;
בעטן בעט איך דיך, מײַן זיס לעבן,
פאַרגעסן זאָלסטו ניט אָן מיר!

וועסטו קומען צו אַ וואַסערל,
זאָלסטו זיך ניט טרענקען[1],
וועסטו קומען צו אַן אַנדער מיידעלע,
זאָלסטו מיך געדענקען!

1. טרינקען זיך (דיאַל.)

לִבִּי בְּקִרְבִּי יִבְכֶּה,
כִּי קָשְׁתָה פְּרֵדָתִי מִמְּךָ.
לְאָן תִּסַּע, מְשׂוֹשׂ חַיַּי,
הֵיכָן אֲחַפְּשֶׂךָ?
כִּי תָבוֹא לִכְפָר רִאשׁוֹן,
לַעֲיָרָה רִאשׁוֹנָה,
מִיָּד מִכְתָּב תִּכְתֹּב אֵלַי,
אַל נָא תִּשְׁכָּחֵנִי.
כִּי תָבוֹא אֶל נַחַל,
הִזָּהֵר לְבַל תִּטְבַּע בּוֹ.
וְאִם אֶל נַעֲרָה אַחֶרֶת תָּבוֹא — נָא אוֹתִי תִּזְכֹּר.

My heart weeps within me
As our hour of parting approaches.
My thoughts wander hither and thither
To say farewell is distressing.

Wither do you journey my beloved?
How far will your travels take you?
How long the road
And how shall I seek you?

From each town and from each village
Remember always to write to me.
My dearest I have but one only wish.
That our love be sealed forever.

Should you have to cross a river
Take care and do not drown.
Should you meet another girl
Remember, oh remember me.

וויגלידער
Cradle Songs
שירי ערש

שירי ערש

שירי הערש הם יצירות האם היהודיה מתוך דאגת יום־יום שלה לרווחת ילדה בלילות ללא־שינה ליד העריסה, בשמחה המתעוררת עם החיוך הראשון או עם מלמול ברור ראשון שעל שפתיו. הישיבה ליד העריסה משכיחה את צרותיה, והנחת שהיא רווה מילדה היקר לא תמיר בשום ״אוצר מאוצרות הצאר״.

הגדי הקטן והלבן משולב לעתים קרובות בסימבוליקה של שירת יידיש וגם של הציור היהודי (״חד גדיא״ של סדר פסח). בשירי הערש הרי הוא שומר על עריסת הילד ומספר על המוצאות אותו במסחרו ב״צימוקים ושקדים״. האם יש בכך רמז לחלום האם שהילד יגדל להיות סוחר? ואולם הדגש תדגיש שילמד תורה ויהיה בן־תורה, וכך תזומן לו בת־זוג נאוה וגם בת־עשירים. אף־על־פי־כן היא קובלת על כך שהילד גוזל את שנתה ותמיד מרטיב עצמו במיטה. בשירי־ערש אחרים היא מביעה את תקוותה לזכות ולראות את בתה תחת החופה.

החיים היו קשים ועל אף כל מאמצי האם לשיר על שמחה ואושר שהיא מאחלת לילד אין גם מנוס מן ההרהורים על טרדות המשפחה. היא מספרת על אבא המתרוצץ בכפרים כדי לעשות לפרנסת הבית או היוצא בדרך הארוכה לאמריקה, ל״ארץ הזהב״. שיר־הערש של שלום עליכם ״נומה, ילדי, זהב־פרויים״, המדבר על אותן אמהות שנעזבו אבל הן מלאות תקווה, היה לאחד משירי־העם הנפוצים ביותר.

Lullabies

The lullabies are the creation of Jewish mothers in their daily concern for the wellbeing of the child, in the sleepless nights at its cradle, in the appreciation and joy at the first smile or clear babble. Sitting at the cradle relieves her of her troubles, and the pleasure she derives from her own dear child she would not relinquish for all "the Czar's treasures"...

A little white kid is often involved in the symbolism of Yiddish poetry and painting (the "one kid" of the Seder). In the lullabies he stands guard at the child's cradle and tells of his exploits in trading with "raisins and almonds." Is it a hint of the mother's dream that the child will grow up to be a merchant? But what she stresses is that he study Torah and become a scholar so that he be offered the hand of a lovely well-to-do bride. In her brooding she nevertheless complains that he robs her of sleep and always wets himself. In other lullabies she expresses her hope to live to see her daughter under the wedding canopy.

Life was hard and despite all the mother's efforts to sing of joy and happiness to the child, some reflections on the family's worries are bound to emerge. She tells of the father who wanders over the villages to eke out a living, or who made the far-off journey to America in search of the "Golden Land." Shalom Aleichem's lullaby Sleep My Child, My Crown, which speaks for these abandoned but hopeful mothers, became one of the most popular folk songs.

Many poets contributed to this type of lullaby, often in high praise of the suffering but comforting mother as in David Einhorn's Only A Mother.

וויגלידער

די וויגלידער זיינען די שאַפֿונגען פֿון ייִדישע מאַמעס אין טאָג־טעגלעכער זאָרג פֿאַרן געזונט פֿון קינד, אין ניט־דערשלאָפֿענע נעכט ביַי זייַן וויגעלע, אין באַוווּנדערונג און פֿרייד פֿאַר דעם ערשטן שמייכל און פּלאַפּל פֿון קינד. זיצנדיק בייַם וויגל פֿאַרגעסט די מאַמע וועגן אַלץ, וועגן אַלע צרות — דאָס קינד איז פֿאַר איר אַלץ: "ווען איך וואָלט געהאַט דעם קייסר׳ס אוצרות, / מיט זיין גאַנצער מלוכה, / וואָלט דאָס ניט געווען ביַי מיר אַזוי ניחא, / ווי דו ביסט ביי מיר ניחא, מייַן טייער קינד, מיין שיין!"...

אין די וויגלידער שפּיגלט זיך אָפּ אויך דער לעבן־שטייגער פֿון פֿאָלק, די פֿאַרשיידענע שטרעבונגען און טראַדיציעס, וואָס זייַנען כאַראַקטעריסטיש פֿאַר באַזונדערע תּקופֿות: "אונטער יאַנקעלעס וויגעלע, / שטייט אַ קלאָר ווייַס ציגעלע, / דאָס ציגעלע איז געפֿאָרן האַנדלען / ראָזשינקעס מיט מאַנדלען". פֿאַרשטייט זיך, אַז אַ סוחר צו זייַן איז אַ גוטע זאַך, אָבער ניט נאָר וועגן דעם חלומט די ייִדישע מאַמע: "מייַן ייִנגעלע וועט לערנען תּורה, / תּורה איז די בעסטע סחורה". אין אַנדערע וויגלידער טרוימט די מוטער וועגן דערלעבען צו פֿירן איר מיידל צו דער חופּה. און דאָס קלאָר ווייַסע ציגעלע, וואָס איז אָפּט געווען דער וויכטיקסטער שפּייַזער פֿון אַן אָרעמע משפּחה, איז טאַקע אַרייַן אין דער סימבאָליק פֿון דער ייִדישער פּאָעזיע און מאָלעריי.

אין אַנדערע וויגלידער איז שוין דער מאָטיוו ניט חופּה און תּורה, נאָר די זאָרג וועגן מאַן, וואָס פֿאָרט ערגעץ אַרום איבער די דערפֿער צו מאַכן פּרנסה: "שלאָף, שלאָף, שלאָף, / דער טאַטע איז געפֿאָרן אין דאָרף..." און זי טרייסט זיך און דאָס קינד מיט דער האָפֿענונג אַז ער וועט פֿאַרדינען און ברענגען דעם קינד אַלדאָס גוטס...

אין אַ סך וויגלידער האָט באַקומען אַן אָפּשפּיגלונג די שווערע לאַגע פֿון די עלנט פֿאַרבליבענע מוטערס, וואָס זייערע מענער זייַנען אַוועק זוכן גליק מעבר לים: "אין אַמעריקע איז דייַן טאַטע / דייַנער, זונעניו, / שלאָף־זשע, שלאָף לעת־עתּה"... די מאַמע איז זיכער, אַז "ער וועט שיקן צוואַנציק דאָלער, / זייַן פּאָרטרעט דערצו, / און וועט נעמען, לעבן זאָל ער,/ אונדז אַהינצוצו" ...[שלום־עליכם, וויגליד].

אַ סך ייִדישע פּאָעטן האָבן געשאַפֿן ווונדער שיינע וויגלידער, אין וועלכע זיי זינגען וועגן קינד און אויך וועגן דער מאַמען, וואָס נאָר "זי איז איינע, / מער ניט איינע אויף דער וועלט". און "ווי דער צער זאָל זייַן נישט גרויס, / תּמיד קאָן מען אים פֿאַרוויגן / אין דער מאַמעס שטילן שויס"...[דוד אייַנהאָרן, נאָר אַ מאַמע].

UNTER DEM KINDS VIGELE
BENEATH BABY'S CRADLE

אונטער דעם קינדס וויגעלע
תַּחַת עֲרִיסַת בְּנִי הָרַךְ

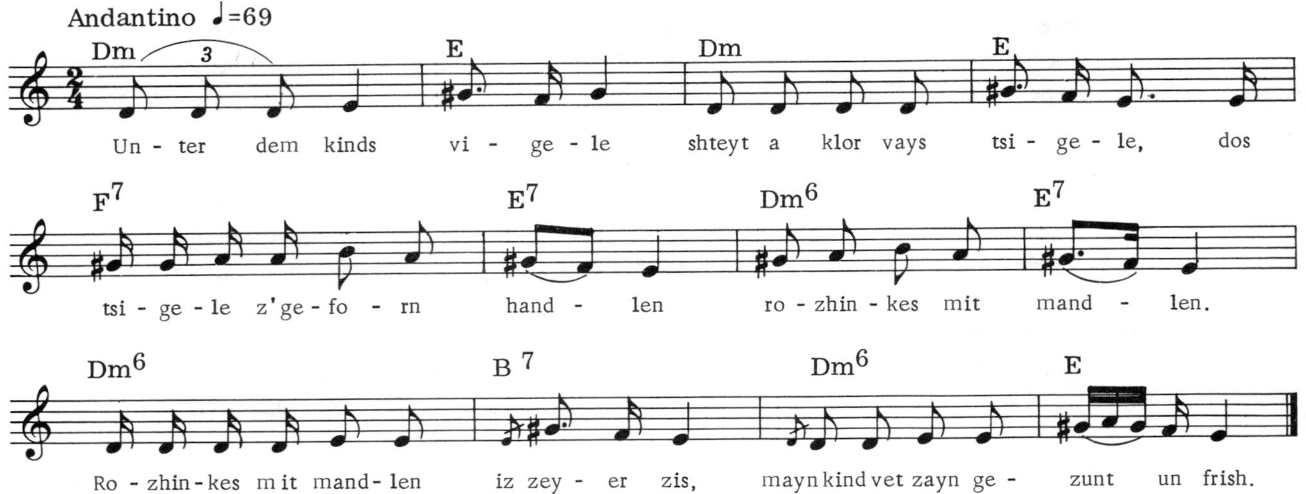

Andantino ♩=69
Dm E Dm E
Un - ter dem kinds vi - ge - le shteyt a klor vays tsi - ge - le, dos
F7 E7 Dm6 E7
tsi - ge - le z'ge - fo - rn hand - len ro - zhin - kes mit mand - len.
Dm6 B7 Dm6 E
Ro - zhin - kes mit mand - len iz zey - er zis, mayn kind vet zayn ge - zunt un frish.

Unter dem kinds vigele
Shteyt a klor vays tsigele,
Dos tsigele z'geforn handlen
Rozhinkes mit mandlen.
Rozhinkes mit mandlen
Iz zeyer zis,
Mayn kind vet zayn gezunt un frish.

Gezunt iz di beste skhoyre —
Mayn kind vet lernen toyre.
Toyre vet er lernen,
Sforim vet er shraybn,
A guter un frumer yid
Vet er im-yirtse-hashem farblaybn!

אונטער דעם קינדס וויגעלע
שטייט אַ קלאָר־ווײַס ציגעלע,
דאָס ציגעלע ז׳געפֿאָרן האַנדלען
ראָזשינקעס מיט מאַנדלען.
ראָזשינקעס מיט מאַנדלען
איז זייער זיס,
מײַן קינד וועט זײַן געזונט און פֿריש.

געזונט איז די בעסטע סחורה —
מײַן קינד וועט לערנען תּורה.
תּורה וועט ער לערנען,
ספֿרים וועט ער שרײַבן,
אַ גוטער און פֿרומער ייד
וועט ער אם - ירצה - השם פֿאַרבלײַבן!

תַּחַת עֲרִיסַת בְּנִי הָרַךְ
עוֹמֵד גְּדִי לָבָן וְצַח;
הַגְּדִי יֵלֵךְ לְמֶרְחַקִּים,
יֵלֵךְ יָבִיא כָּל מַמְתַּקִּים.
הַגְּדִי יֵלֵךְ לִסְחֹר סְחוֹרָה,
וּבְנִי יָרוּץ לִלְמֹד תּוֹרָה.

סְחוֹרָה טוֹבָה — תְּאֵנִים וְצִמּוּקִים,
דִּבְרֵי תּוֹרָה מֵהֶם מְתוּקִים.
סְחוֹרָה טוֹבָה — שְׁקֵדִים, תְּמָרִים,
וּבְנִי יִגְדַּל יִכְתֹּב סְפָרִים;
תּוֹרָה יִלְמַד כָּל הַיָּמִים,
יִגְדַּל יְהוּדִי כָּשֵׁר וְתָמִים.

עברית: א. סקולץ

Beneath baby's cradle stands a little white goat.
The little goat went off to trade in raisins and almonds.
As almonds and raisins are tasty and sweet
So my child will be healthy and strong.
My child will study Torah and write many learned books.
G-d willing he will grow up to be a good and pious Jew.

UNTERN KINDS VIGELE
UNDER BABY'S CRADLE

אונטערן קינדס וויגעלע
תַּחַת עֲרִיסַת יַלְדִּי

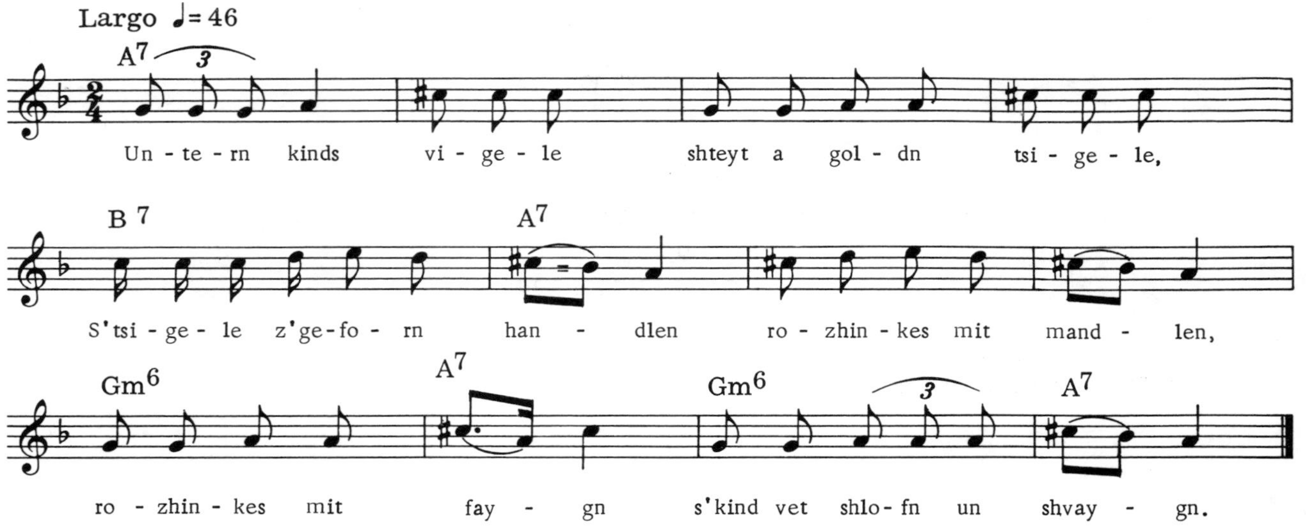
Largo ♩=46
A7
3
Un - te - rn kinds vi - ge - le shteyt a gol - dn tsi - ge - le,
B 7
A7
S'tsi - ge - le z'ge-fo - rn han - dlen ro - zhin - kes mit mand - len,
Gm6
A7
Gm6
3
A7
ro - zhin - kes mit fay - gn s'kind vet shlo-fn un shvay - gn.

Untern kinds vigele
Shteyt a goldn tsigele,
S'tsigele iz geforn handlen
Rozhinkes mit mandlen,
Rozhinkes mit faygn —
S'kind vet shlofn un shvaygn...

Shlof mir, shlof mir in dayn ru,
Makh di koshere eygelekh tsu!
Makh zey tsu un makh zey oyf,
Kumt der tate un vekt dikh oyf.
Tate, tate, nit oyfvek,
Dos kind vet shlofn vayter avek.

Shlof zhe, shlof, mayn tayer kind,
Es vet dir zayn tsu gezunt!

אונטערן קינדס וויגעלע
שטייט אַ גאָלדן ציגעלע.
ס׳ציגעלע איז געפֿאָרן האַנדלען
ראָזשינקעס מיט מאַנדלען.
ראָזשינקעס מיט פֿײַגן —
ס׳קינד וועט שלאָפֿן און שווײַגן...

שלאָף מיר, שלאָף מיר אין דײַן רו,
מאַך די כּשרע אייגעלעך צו!
מאַך זיי צו און מאַך זיי אויף —
קומט דער טאַטע און וועקט דיך אויף.
טאַטע, טאַטע, ניט אויפֿוועק!
דאָס קינד וועט שלאָפֿן ווײַטער אַוועק.

שלאָף זשע, שלאָף, מײַן טײַער קינד,
עס וועט דיר זײַן צו געזונט!

תַּחַת עֲרִיסַת יַלְדִּי
עוֹמֵד לוֹ גְּדִי זָהָב.
הַגְּדִי לִסְחֹר יָצָא
בְּצִמּוּקִים וּבִשְׁקֵדִים,
צִמּוּקִים וּתְאֵנִים.
יַלְדִּי דֹּם יִישַׁן.

נוּמָה, נוּחָה, עֵינֶיךָ הַטּוֹבוֹת עֲצֹם וּפְתַח,
יָבֹא אָבִיךָ וּמִשְׁנָת יָעִיר.
אַבָּא, אַבָּא, אַל תָּעִיר!
יַמְשִׁיךְ הַפָּעוּט לִישׁוֹן.
נוּמָה, נוּמָה, יַלְדִּי הַיָּקָר,
טוֹב הַדָּבָר לַבְּרִיאוּת!

Beneath baby's cradle
Stands a golden little goat,
The little goat went off to trade
In raisins and almonds and figs
But baby continues its tranquil sleep,
His lovely eyes quite closed.
Open your eyes my precious one,
To greet your father dear!

AY-LI, LYU-LI, FEYGELE
HUSHABY MY LITTLE BIRD

איַי—לי, ליו—לי, פֿייגעלע
אַי—לִי, לִיו—לִי, צִפּוֹרִי

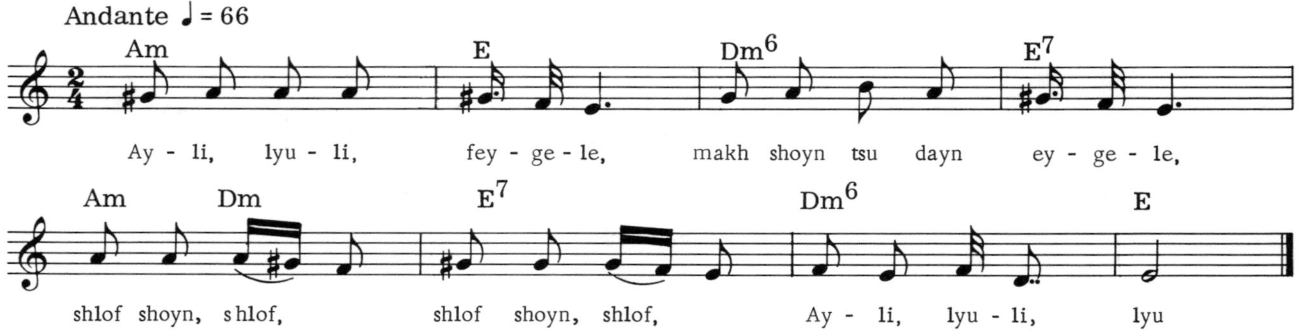
Andante ♩ = 66
Am
E
Dm6
E7
Ay - li, lyu - li, fey - ge - le, makh shoyn tsu dayn ey - ge - le,
Am
Dm
E7
Dm6
E
shlof shoyn, shlof, shlof shoyn, shlof, Ay - li, lyu - li, lyu

Ay-li, lyu-li, feygele,
Makh shoyh tsu dayn eygele!
Shlof shoyn, shlof, shlof shoyn, shlof
Ay-li, lyu-li, lyu!

Ay-li, lyu-li, zunenyu,
Dikh vigt dayn mame, zunenyu
Shlof shoyn, shlof, shlof shoyn, shlof
Ay-li, lyu-li, lyu!

איַי—לי, ליו—לי, פֿייגעלע,
מאַך שוין צו דייַן אייגעלע,
שלאָף שוין, שלאָף, שלאָף שוין, שלאָף
איַי—לי, ליו—לי, ליו!

איַי—לי, ליו—לי, זונעניו,
דיך וויגט דייַן מאַמע, זונעניו
שלאָף שוין, שלאָף, שלאָף שוין, שלאָף
איַי—לי, ליו—לי, ליו!

אַי־לִי־לִיוּ־לִי, צִפּוֹרִי,
עֲצֹם עֵינֶךָ, נוּמָה,
נוּם כְּבָר!
אַי־לִי־לִיוּ־לִי, בְּנִי,
אִמְּךָ עֲרִיסָתְךָ תָּנִיעַ
וְשִׁיר לְךָ תָּשִׁיר.
נוּמָה, בְּנִי, נוּם;
אַי־לִי־לִיוּ־לִי!

Hushaby my little bird
Close those lovely eyes
Sleep my baby sleep
Husha Husha bye.

AY-LI, LYU-LI, SHLOF
SLEEP, MY CHILD

איַי — לי, ליו — לי, שלאָף
נוּמָה בְּנִי מַחְמַדִּי

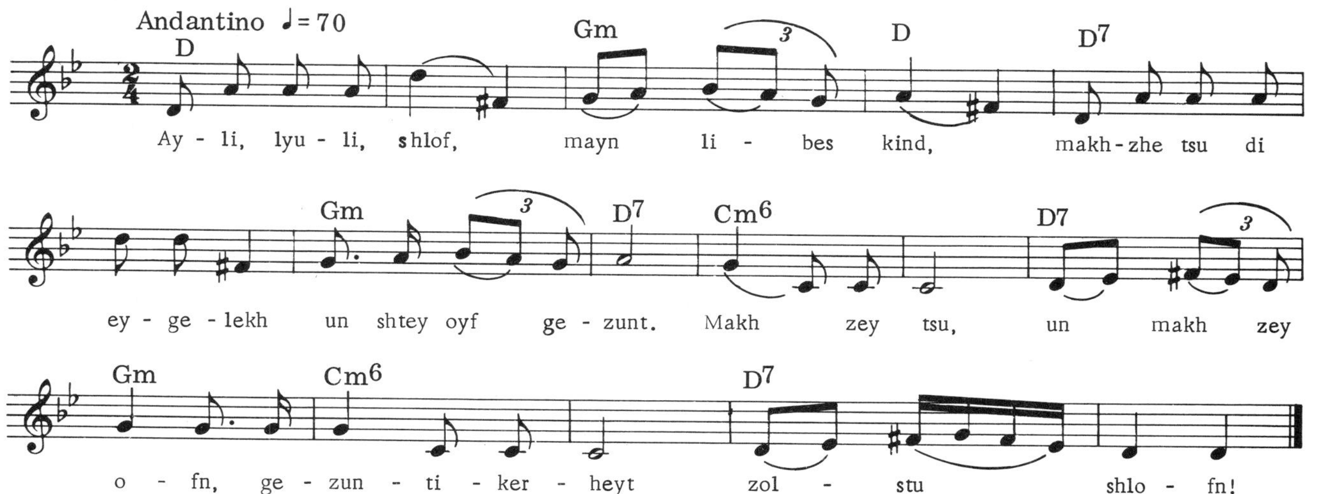

Andantino ♩=70
D
Gm
D
D7
Ay - li, lyu - li, shlof, mayn li - bes kind, makh-zhe tsu di
Gm
D7
Cm6
D7
ey - ge - lekh un shtey oyf ge - zunt. Makh zey tsu, un makh zey
Gm
Cm6
D7
o - fn, ge - zun - ti - ker - heyt zol - stu shlo - fn!

Ay-li, lyu-li, shlof,
Mayn libes kind,
Makh zhe tsu di eygelekh
Un shtey oyf gezunt!
Makh zey tsu un makh zey ofn –
Gezuntikerheyt
Zolstu shlofn!

Pestest zikh un veynst
Un shlofn vilstu nit . . .
Makhst dokh dayn muter
Shmertsn mit dermit.
Zingen un vign
Iz dayn gantser grunt –
Shlof zhe, mayn kind,
Shlof zhe gezunt!

איַי — לי, ליו — לי, שלאָף,
מיַין ליבעס קינד,
מאַך זשע צו די אייגעלעך
און שטיי אויף געזונט!
מאַך זיי צו און מאַך זיי אָפֿן —
געזונטיקערהייט
זאָלסטו שלאָפֿן!

פעסטעסט זיך און וויינסט
און שלאָפֿן ווילסטו ניט...
מאַכסט דאָך דיַין מוטער
שמערצן מיט דערמיט.
זינגען און וויגן
איז דיַין גאַנצער גרונט, —
שלאָף זשע, מיַין קינד,
שלאָף זשע געזונט!

Dayne yunge yorelekh
Bin ikh dikh mekane;
Vest dokh zayn a groysinker
Vestu zayn a tane;
Vest dayne eltern
Batsirn un basheynen,
Past dokh nit far dir
Zolst pishtshenen un veynen.

דיַינע יונגע יאָרעלעך
בין איך דיך מקנא;
ועסט דאָך זיַין אַ גרויסינקער
ועסטו זיַין אַ תּנא;
ועסט דיַינע עלטערן
באַצירן און באַשיינען,
פּאַסט דאָך ניט פֿאַר דיר
זאָלסט פּישטשענען און ויינען.

נוּמָה, בְּנִי מַחְמַדִּי
עֲצֹם עֵינֶיךָ וּבָרִיא תָקוּם.
אַתָּה בּוֹכֶה וּמִתְפַּנֵּק
וְלִישׁוֹן לֹא תִרְצֶה.
רַק לָשִׁיר לְךָ,
עֲרִיסָתְךָ נַעְנֵעַ.

My dearest child close your eyes
Sleep in peace
You whimper and you cry
You will not fall asleep
And cause your mother pain.
Singing and rocking is all you want
Sleep my child, sleep in good health.

LYULINKE, LYU-LI
HUSH-A-BYE

ליולינקע, ליו — לי
אַבָּא אֵינֶנּוּ כָּאן

Lento ♩ = 52
Em
Am
Em
Lyu - lin - ke, lyu - li, der ta - te z'ni - to - hi. Vu - hin iz er ge-
Am
Em
Em
Am
fo - rn? Keyn Bu - ki. Vos vet ta - te koy - fn? A
D7
G
A7
C7
Em
kel - be - le mit a ku. Ver vet zi mel - kn? Ikh un du!

Lyulinke, lyu-li
Der tate z'nito hi.
-Vuhin iz er geforn? -
-Keyn Buki.
-Vos vet tate koyfn?
-A kelbele mit a ku.
-Ver vet zi melkn?
-Ikh un du!

ליולינקע, ליו — לי,
דער טאַטא ז'ניטאָ הי.
— ווהין איז ער געפֿאָרן? —
— קיין בוקי.
— וואָס וועט טאַטע קויפֿן?
— אַ קעלבעלע מיט אַ קו.
— ווער וועט זי מעלקן?
— איך און דו!

נוּמָה, בְּנִי, אַבָּא אֵינֶנּוּ כָּאן.
— לְאָן נָסַע?
— לְבוּקִי.
— וּמַה יִקְנֶה?
— עֵגֶל וּפָרָה.
— וּמִי יַחֲלֹב אוֹתָהּ?
— אֲנִי וְאַתָּה.

Husha-bye my child
Father has gone to the village
To buy a cow and a calf.
Who will milk them? - you and I.

SHTEYT IN FELD A BEYMELE
A SAPLING IN THE MEADOW

שטייט אין פֿעלד אַ ביימעלע
עֵץ בַּשָּׂדֶה עוֹמֵד

Text: I. L. Peretz טעקסט: י. ל. פּרץ

Music: M. Gelbart מוזיק: מ. געלבאַרט

Andantino ♩ = 72
C G
Shteyt in feld a bey - me - le, hot es gri - ne
C G7 C
tsvay - ge - lekh, zitst de - royf a fey - ge - le, makht es
G7 C G7
tsu di ey - ge - lekh. Oyf di gri - ne tsvay - ge - lekh
C
vakst a gol - dn e - pe - le, makh - tsu, mayn kind, di
G7 C G7 C
ey - ge - lekh, a bro - khe oyf dayn ke - pe - le!
Em Am Em G7
Oyf di gri - ne tsvay - ge - lekh shlo - fn shoyn di
C G7
fey - ge - lekh, di ma - me zingt zey a - a, a ...
C G7 C
S'iz a shti - le nakht, a - za, a - za ...

Shteyt in feld a beymele, Hot es grine tsvaygelekh; Zitst deroyf a feygele, Makht es tsu di eygelekh.	שטייט אין פֿעלד אַ ביימעלע, האָט עס גרינע צווייַגעלעך; זיצט דערויף אַ פֿייגעלע, מאַכט עס צו די אייגעלעך.
Oyf di grine tsvaygelekh Vakst a goldn epele; Makh tsu, mayn kind, di eygelekh - A brokhe oyf dayn kepele!	אויף די גרינע צווייַגעלעך וואַקסט אַ גאָלדן עפּעלע; מאַך צו, מייַן קינד, די אייגעלעך — אַ ברכה אויף דייַן קעפּעלע!
Oyf di grine tsvaygelekh Shlofn shoyn di feygelekh, Di mame zingt zey: a - a - a! - S'iz a shtile nakht aza . . .	אויף די גרינע צווייַגעלעך שלאָפֿן שוין די פֿייגעלעך, די מאַמע זינגט זיי: אַ—אַ—אַ! — ס׳איז אַ שטילע נאַכט אַזאַ...

עֵץ בַּשָּׂדֶה עוֹמֵד, עֲנָפִים לוֹ יְרֻקִּים. שָׁם תֵּשֵׁב צִפּוֹר קְטַנָּה, עֵינֶיהָ הַקְּטַנּוֹת תַּעֲצֹם. עַל הָעֲנָפִים הַיְּרֻקִּים יִצְמַח תַּפּוּחַ פָּז. עֲצֹם עֵינֶיךָ, בְּנִי, בְּרָכָה עַל רֹאשְׁךָ תָּחוּל. עַל הָעֲנָפִים הַיְּרֻקִּים הַצִּפֳּרִים כְּבָר יְשֵׁנוּ. אִמָּא תָּשִׁיר לָהֶם: אַ־אַ־אַ. לֵיל מְנוּחָה כָּזֶה...

There is a sapling in the meadow
Its branches green and small.
A tiny bird is perched upon it
Its eyes in sleep nocturnal.

Upon those spreading boughs of green
Little golden apples grow.
Shut tight your eyes my little one
A blessing on you bestow.

Upon those spreading boughs of green
Slumber little birds at night,
Their mother croons a lullaby
What a pretty, tranquil sight.

VER HOT AZA YINGELE?
WHO HAS SUCH A CHILD?

ווער האָט אַזאַ ייִנגעלע?
לְיַלְדִּי מִי יִשְׁוֶה?

Allegretto ♩ = 108
Fun dem hi - ml tsu - ge - shikt a yin - ge - le far mir,
mit an oy - tser mikh ba - glikt, ikh lib im on a shir.
Likh - tik iz far mir mayn velt, ful mit zu - nen - shayn, er
iz mir tay - rer fun oyts - res gelt, tay - rer yin - ge - le du mayns!
Ver hot a - za yin - ge - le a ma - le - khl a sheyns,
Oy - gn vi tsvey shte - rn - dlekh, a ne - sho - me - le a reyns.
Li - ber Got, ikh bet bay dir, hit im op far mir, far mir!
Ver hot a - za yin - ge - le, a - ma - le - khl a sheyns!

D7
Lyu - li, lyu - li, lyu - lin - ke, lyu - lin - ke, lyu - lyu,
Gm
D
lyu - li, lyu - li, lyu - lin - ke, lyu - lin - ke, lyu - lyu.

Fun dem himl tsugeshikt
A yingele far mir,
Mit an oytser mikh baglikt
Ikh lib im on a shier.

Likhtik iz far mir mayn velt,
Ful mit zunenshayn,
Er iz mir tayerer fun oytsres gelt,
Tayer yingele du mayns!

Ver hot aza yingele,
A malekhl a sheyns?
Oygn vi tsvey shterndlekh,
A neshomele a reyns.

Liber got, ikh bet bay dir:
Hit im op far mir, far mir!
Ver hot aza yingele
A malekhl a sheyns?...

Lyu-li, lyu-li, lyulinke,
Lyulinke, lyu-lyu!
Lyu-li, lyu-li, lyulinke,
Lyulinke, lyu-lyu!

פֿון דעם הימל צוגעשיקט
אַ ייִנגעלע פֿאַר מיר,
מיט אַן אוצר מיך באַגליקט
איך ליב אים אָן אַ שיעור.

ליכטיק איז פֿאַר מיר מײַן וועלט,
פֿול מיט זונענשײַן,
ער איז מיר טײַערער פֿון אוצרות געלט,
טײַער ייִנגעלע דו מײַנס!

ווער האָט אַזאַ ייִנגעלע,
אַ מלאכל אַ שיינס?
אויגן ווי צוויי שטערנדלעך,
אַ נשמהלע אַ ריינס.

ליבער גאָט, איך בעט בײַ דיר:
היט אים אָפּ פֿאַר מיר, פֿאַר מיר!
ווער האָט אַזאַ ייִנגעלע
אַ מלאכל אַ שיינס?...

ליו—לי, ליו—לי, ליולינקע,
ליולינקע, ליו—ליו!
ליו—לי, ליו—לי, ליולינקע,
ליולינקע, ליו—ליו!

מִן הַשָּׁמַיִם שָׁלְחוּ אוֹצָר לִי;
יַלְדִּי, אֲהַבְנוּ לְאֵין שִׁעוּר.
עוֹלָמִי שְׁטוּף־שֶׁמֶשׁ, מָלֵא אוֹרָה.
יַלְדִּי שֶׁלִּי יָקָר מִכָּל אוֹצְרוֹת הַכֶּסֶף.
כְּרוּב חָמוּד, מִי לוֹ יִשְׁוֶה?
שְׁתֵּי עֵינַיִם כּוֹכָבִים, נְשָׁמָה שֶׁל זֹךְ.
שָׁמְרֵהוּ, אֵלִי, לְמַעֲנִי!

Heaven has sent me a little boy
No greater treasure could I wish,
He has made my whole world bright
And is more precious than untold wealth.

Who has such a child, an angel from heaven
Eyes like twinkly stars, a soul so pure.
Bless him and guard him
Dearest G-d, this is my prayer to you.

VEN IKH VOLT GEHAT...
IF ONLY I HAD...

ווען איך וואָלט געהאַט
כָּל אוֹצְרוֹת הַקֵּיסָר

Text: M. Gordon טעקסט: מ. גאָרדאָן

Andante
Am
Ven ikh volt ge - hat dem key - sers oyts - res, mit zayn gan - tser me -
li - khe, volt dos bay mir nit ge - ven a - zoy ni - khe, vi du bist bay mir
ni - khe, mayn kind, mayn shayn! Az ikh der - ze dikh
dakht zikh mir di gan - tse velt iz mayn! Shlof, mayn kind,
Shlof, mayn kind. Zolst mir le - bn un zayn ge - zunt.

Ven ikh volt gehat dem keysers oytsres,
Mit zayn gantser melikhe,
Volt dos bay mir nit geven azoy nikhe,
Vi du bist bay mir nikhe, mayn kind, mayn shayn!
Az ikh derze dikh, dakht zikh mir,
Di gantse velt iz mayn!

Shlof, mayn kind, shlof, mayn kind,
Zolst mir lebn un zayn gezunt!

ווען איך וואָלט געהאַט דעם קיסר׳ס אוצרות,
מיט זײַן גאַנצער מלוכה,
וואָלט דאָס בײַ מיר ניט געווען אַזוי ניחא,
ווי דו ביסט בײַ מיר ניחא, מײַן קינד, מײַן שײַן!
אַז איך דערזע דיך, דאַכט זיך מיר,
די גאַנצע וועלט איז מײַן!

שלאָף מײַן קינד, שלאָף מײַן קינד,
זאָלסט מיר לעבן און זײַן געזונט!

Ale briliantn un ale antikn
Kenen dokh mayn harts
Azoy fil nit derkvikn,
Vifl du tust mikh derkvikn,
Mayn likht, mayn shayn!
Mit dir vel ikh meynen
Di gantse velt iz mayn!

Shlof, mayn kind, shlof, mayn kind,
Zolst mir lebn un zayn gezunt!

Az du ligst un shlofst in dayn vigl,
Shteyen gute malokhim
Un badekn dikh mit zeyere fligl.
Du, mayn kind,
Bist mayn likht, mayn shayn,
Mit dir vel ikh meynen,
Di gantse velt iz mayn!

Shlof, mayn kind, shlof, mayn kind,
Zolst lang lebn un zayn gezunt!

אַלע בריליאַנטן און אַלע אַנטיקן
קאָנען דאָך מײַן האַרץ
אַזוי פּיל ניט דערקוויקן,
וויפּל דו טוסט מיך דערקוויקן,
מײַן ליכט, מײַן שײַן!
מיט דיר וועל איך מיינען
די גאַנצע וועלט איז מײַן!

שלאָף מײַן קינד, שלאָף, מײַן קינד,
זאָלסט מיר לעבן און זײַן געזונט!

אַז דו ליגסט און שלאָפֿסט אין דײַן וויגל,
שטייען גוטע מלאכים
און באַדעקן דיך מיט זייערע פֿליגל.
דו, מײַן קינד,
ביסט מײַן ליכט, מײַן שײַן,
מיט דיר וועל איך מיינען;
די גאַנצע וועלט איז מײַן!

שלאָף, מײַן קינד, שלאָף מײַן קינד,
זאָלסט לאַנג לעבן און זײַן געזונט!

כָּל אוֹצְרוֹת הַקֵּיסָר, כָּל הַמַּמְלָכָה, לוּ בְּיָדִי הָיוּ לֹא יָקְרוּ לִי
כַּאֲשֶׁר תֵּיקַר לִי, בְּנִי מַחְמַדֵּי שֶׁלִּי. כִּי אֶרְאֶךָ — נִדְמֶה כָּל
הָעוֹלָם שֶׁלִּי. כָּל דִּבְרֵי הָעֵרֶךְ, כָּל אַבְנֵי הַחֵן, לֹא יְחַיּוּ נַפְשִׁי.
רַק אַתָּה, אוֹרִי, חֶמְדַּת עֵינַי. כִּי תִּישַׁן, סְבִיב הָעֲרִיסָה
מַלְאָכִים טוֹבִים עוֹמְדִים, בְּכַנְפֵיהֶם יְכַסּוּךָ, אַתָּה אוֹרִי,
חֶמְדַּת עֵינַי.

All the treasures of a kingdom
Would not be as precious as you
My dearest child.
When I behold you, it seems to me
The entire world is mine.

Sleep my child and as you slumber
Angels guard over you
And protect you with their wings.

SHLOF, MAYN FEYGELE
SLEEP, MY PET

שלאָף, מייַן פֿייגעלע
נומָה, אֶפְרוֹחִי

Andante ♩ = 66
Am Dm Am
Shlof mayn fey - ge - le, makh tsu dayn ey - ge - le, ay - lyu, lyu - lyu .
D7 E7
Shlof ge - shmak mayn kind, shlof un zay ge - zunt, ay - lyu, lyu - lyu .
Dm6
Shlof un kho - lem zis, fun der velt ge - nis, ay - lyu, lyu - lyu .
E7 F7 B7 E7 Am
Biz va - nen du bist yung kon - stu shlo - fn gring, la - khn fun alts ding, ay - lyu lyu.

Shlof, mayn feygele,
Makh tsu dayn eygele,
Ay-lyu, lyu-lyu!

Shlof geshmak, mayn kind,
Shlof ayn gezunt,
Ay-lyu, lyu-lyu!

Shlof un kholem zis,
Fun der velt genis,
Ay-lyu, lyu-lyu!

Biz vanen du bist yung,
Konstu shlofn gring,
Lakhn fun altsding, -
Ay-lyu, lyu-lyu!

שלאָף, מייַן פֿייגעלע,
מאַך צו דייַן אייגעלע,
איַי — ליו, ליו — ליו!

שלאָף געשמאַק, מייַן קינד,
שלאָף איַין געזונט,
איַי — ליו, ליו — ליו!

שלאָף און חלום זיס,
פֿון דער וועלט געניס,
איַי — ליו, ליו — ליו!

ביז וואַנען דו ביסט יונג,
קאָנסטו שלאָפֿן גרינג,
לאַכן פֿון אַלצדינג —
איַי — ליו — ליו!

נוּמָה אֶפְרוֹחִי, עֲצֹם עֵינֶיךָ, אַי־ליו־ליו־ליו. שֵׁנָה עֲרֵבָה,
שֵׁנָה מְתוּקָה וַחֲלוֹמוֹת פָּז. שְׂמַח בְּיַלְדוּתֶךָ, כָּל עוֹד קָטָן
אַתָּה קַלָּה שְׁנָתְךָ, תִּשְׂחַק לְכָל דָּבָר.

Sleep my little pet
Shut your eyes.
Whilst you are still young

You may sleep in peace
And dream of lovely things
And enjoy the world about you.

SHLOF, MAYN TOKHTER
SLEEP MY LITTLE GIRL

שלאָף, מײַן טאָכטער
נומִי, בַּת, יָפָה — נָאָה

Andante ♩ = 66
E7 Am
Shlof, mayn tokh - ter, shey - ne, fay - ne, in dayn vi - ge - le;
E7 Am Dm7 E7
kh'vel zikh ze - tsn le - bn dir un zin - gen a li - de - le.
Am E7 Dm6 E
Kh'vel dikh vi - gn, li - der zin - gen, lyu - lin - ke, mayn kind.

Shlof mayn tokhter, sheyne, fayne,
In dayn vigele;
Kh'vel zikh zetsn lebn dir
Un zingen dir a lidele.
Kh'vel dikh vign, lider zingen,
Lyulinke, mayn kind!

Pestest zikh un veynst un veynst,
Un shlofn vilstu nit;
Makhst dokh dayn farmaterter
Muter shmertsn nor dermit...
Kh'vel dikh vign, lider zingen,
Lyulinke, mayn kind!

שלאָף, מײַן טאָכטער, שיינע, פֿײַנע,
אין דײַן וויגעלע;
כ׳וועל זיך זעצן לעבן דיר
און זינגען דיר אַ לידעלע.
כ׳וועל דיך וויגן, לידער זינגען,
ליולינקע, מײַן קינד!

פּעסטעסט זיך און וויינסט און וויינסט,
און שלאָפֿן ווילסטו ניט;
מאַכסט דאָך דײַן פֿאַרמאַטערטער
מוטער שמערצן נאָר דערמיט...
כ׳וועל דיך וויגן, לידער זינגען,
ליולינקע, מײַן קינד!

נוּמִי, בַּת, יָפָה־נָאָה, בַּעֲרִיסָתֵךְ. לְיָדֵךְ אֵשֵׁב וְשִׁיר לָךְ אָשִׁיר,
אַתְּ מִתְפַּנֶּקֶת וּבוֹכָה וְלִישׁוֹן לֹא תִּרְצִי. כָּךְ תַּכְאִיבִי לְאִמֵּךְ
אֲשֶׁר עֲיֵפָה.

Sleep my little girl in your cot.
I will sit beside you and
Sing to you as I rock
You to sleep.

You cry without end
And will not sleep
And cause your mother much fatigue.
So sleep I beg you my little girl.

You cry without end
And will not sleep
And cause your mother much fatigue.
So sleep I beg you my little girl
Hush-a Hush-a bye.

SHLOF, MAYN KIND
SLEEP, MY BABY

שלאָף, מײַן קינד, כ'וועל דיך וויגן
עִצְמִי עֵינַיִךְ

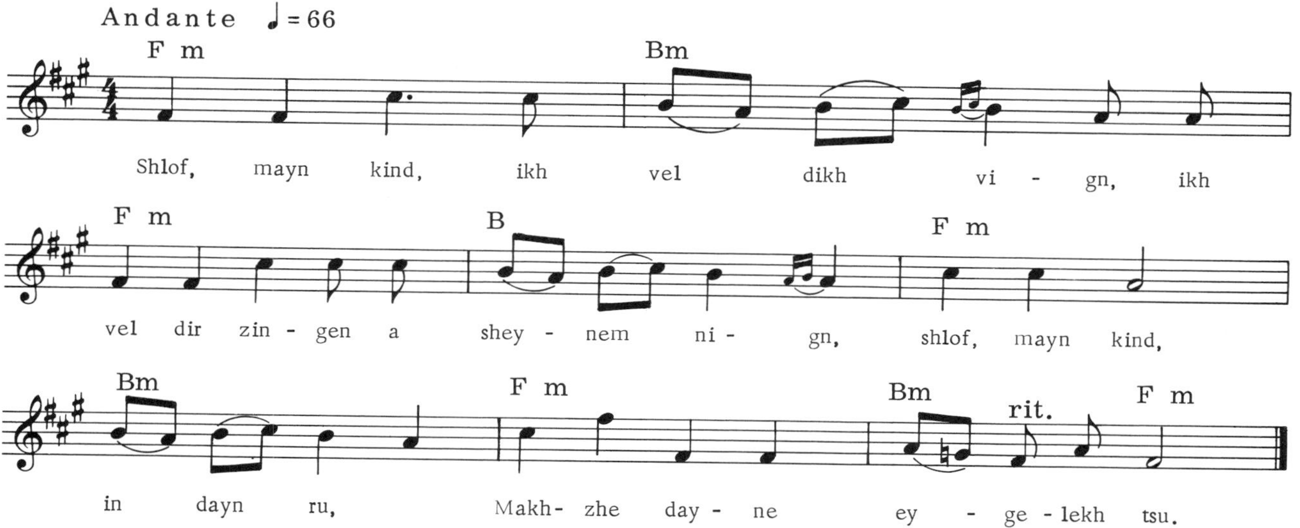

Andante ♩=66
F m
Bm
Shlof, mayn kind, ikh vel dikh vi - gn, ikh
F m
B
F m
vel dir zin - gen a shey - nem ni - gn, shlof, mayn kind,
Bm
F m
Bm
rit.
F m
in dayn ru, Makh- zhe day - ne ey - ge - lekh tsu.

Shlof, mayn kind, ikh vel dikh vign,
Ikh vel dir zingen a sheynem nign –
Shlof, mayn kind, in dayn ru,
Makh zhe dayne eygelekh tsu!

Makh zey tsu un efn zey oyf,
A gezunt dir in dayn kop!
Shlof, mayn kind, in dayn ru,
Makh zhe dayne eygelekh tsu!

Ven du vest alt vern tsvelf yor,
Vestu gefinen dayn basherte por,
Vel ikh dikh khasene makhn,
Neyen kleyder un ale gute zakhn . . .

Dayn tate, vey tsu zayne yorn,
An apikoyres iz er gevorn —
Khasene makhn vil er dikh gor,
Ven du vest alt vern akhtsn yor!. . .

שלאָף, מײַן קינד, איך וועל דיך וויגן,
איך וועל דיר זינגען אַ שיינעם ניגון —
שלאָף, מײַן קינד, אין דײַן רו,
מאַך זשע דיינע אייגעלעך צו!

מאַך זיי צו און עפֿן זיי אויף,
אַ געזונט דיר אין דײַן קאָפּ!
שלאָף, מײַן קינד, אין דײַן רו,
מאַך זשע דײַנע אייגעלעך צו!

ווען דו וועסט אַלט ווערן צוועלף יאָר,
וועסטו געפינען דײַן באַשערטע פּאָר,
וועל איך דיך חתונה מאַכן,
נייען קליידער און אַלע גוטע זאַכן...

דײַן טאַטע, וויי צו זיינע יאָרן,
אַן אפיקורס איז ער געוואָרן —
חתונה מאַכן וויל ער דיך גאָר,
ווען דו וועסט אַלט ווערן אַכצן יאָר!...

Shlof, mayn kind, ikh vel dikh vign,
Kh'vel dir zingen a sheynem nign—
Shlof, mayn kind, in dayn ru,
Mȧkh zhe dayne eygelekh tsu!

שלאָף, מײַן קינד, איך וועל דיך וויגן,
כ׳וועל דיר זינגען אַ שיינעם ניגון —
שלאָף, מײַן קינד, אין דײַן רו,
מאַך זשע דײַנע אייגעלעך צו!

עִצְמִי אֶת עֵינַיִךְ, בִּתִּי, אֲנִי עֲרִיסָתֵךְ אָנִיעַ, נִגּוּן יָפֶה אַשְׁמִיעַ.
כְּשֶׁתִּהְיִי בַּת שְׁתֵּים עֶשְׂרֵה תִּמְצְאִי אֶת בֶּן זוּגֵךְ וְאָז אַשִּׂיאֵךְ,
שְׂמָלוֹת יָפוֹת יִהְיוּ לָךְ וְכָל הַשְּׁאָר, אָבִיךְ, אֲבוֹי לִשְׁנוֹתָיו,
הוּא הָיָה לְאֶפִּיקוֹרֶס. הוּא רוֹצֶה לְהַשִּׂיאֵךְ רַק כְּשֶׁאַתְּ בַּת
שְׁמוֹנֶה־עֶשְׂרֵה. עִצְמִי אֶת עֵינַיִךְ, בִּתִּי, אֲנִי עֲרִיסָתֵךְ אָנִיעַ,
נִגּוּן יָפֶה אַשְׁמִיעַ.

Sleep my child as I sing you
A pretty melody. Sleep my little one
Rest, and close your little eyes.

When you reach the age ot twelve,
Your destined groom will come
And joyously I will sew
Your wedding clothes.

Your father, to our great woe,
Has turned "modern"
And wants you to marry at eighteen.
But rest now and sleep.

SHLOF SHOYN AYN, MAYN YANKELE
SLEEP, MY YANKELE

שלאָף שוין אײַן, מײַן יאַנקעלע
נוּמָה — נוּם, יַעֲנְקֶלֶה שֶׁלִּי

טעקסט און מוזיק: מ. געבירטיג
Text and Music: M. Gebirtig

Allegretto ♩= 106
Gm Cm Gm E7 Gm C7 E7 C7 D7 C7 F7 Gm C7 D7 Gm
Shlof-zhe mir shoyn Yan-ke-le mayn shey-ner, di ey-ge-lekh, di shvar-tsin-ke makh tsu. A yin-ge-le vos hot shoyn a-le tseyn-dlekh, muz nokh di ma-me zin-gen, ay-li-lyu? A yin-ge-le, vos hot shoyn a-le tseyn-dlekh, muz nokh di ma-me zin-gen ay-li-lyu?

Shlof zhe mir shoyn, Yankele mayn sheyner,
Di eygelekh, di shvartsinke, makh tsu!
A yingele, vos hot shoyn ale tseyndlekh,
Muz nokh di mame zingen ay-li-lyu ? ...

שלאָף זשע מיר שוין, יאַנקעלע, מײַן שיינער,
די אייגעלעך די שוואַרצינקע מאַך צו!
אַ ייִנגעלע, וואָס האָט שוין אַלע צײנדלעך,
מוז נאָך די מאַמע זינגען איַי—לי—ליו?...

A yingele, vos hot shoyn ale tseyndlekh
Un vet mit mazl bald in kheyder geyn,
Un lernen vet er khumesh un gemore,
Zol veynen, ven di mame vigt im ayn?...

אַ ייִנגעלע, וואָס האָט שוין אַלע צײנדלעך
און וועט מיט מזל באַלד אין חדר גיין,
און לערנען וועט ער חומש און גמרא,
זאָל וויינען, ווען די מאַמע וויגט אים אײַן?...

A yingele, vos lernen vet gemore, —
Ot shteyt der tate, kvelt un hert zikh tsu
A yingele, vos vakst a talmid-khokhem,
Lozt gantse nekht di mame nit tsu ru ...

אַ ייִנגעלע, וואָס לערנען וועט גמרא —
אָט שטייט דער טאַטע, קוועלט און הערט זיך צו —
אַ ייִנגעלע, וואָס וואַקסט אַ תּלמיד־חכם,
לאָזט גאַנצע נעכט די מאַמע ניט צו רו...

A yingele, vos vakst a talmid-khokhem
Un a geniter soykher oykh tsu glaykh,
A yingele, a kluger khosn-bokher,
Zol lign azoy nas, vi in a taykh ...

אַ ייִנגעלע, וואָס וואַקסט אַ תּלמיד־חכם
און אַ געניטער סוחר אויך צו גלײַך,
אַ ייִנגעלע, אַ קלוגער חתן־בחור,
זאָל ליגן אַזוי נאַס, ווי אין אַ טײַך...

נו, שלאָף זשע מיר, מײַן קלוגער חתן־בחור,
דערווײַל ליגסטו אין וויגעלע בײַ מיר —
ס׳וועט קאָסטן נאָך פֿיל מי און מאַמעס טרערן,
ביז וואַנען ס׳וועט אַ מענטש אַרויס פֿון דיר...

Nu, shlof zhe mir, mayn kluger khosn-bokher,
Dervayl ligstu in vigele bay mir –
S'vet kostn nokh fil mi un mames trern,
Biz vanen s'vet a mentsh aroys fun dir...

נוּמָה בְּנִי, עֲצֹם אֶת הָעֵינַיִם,
אוֹ, נוּמָה, נוּמָה, יַעֲנְקֶלֶה שֶׁלִּי,
הַיֶּלֶד שֶׁצָּמְחוּ לוֹ כְּבָר שִׁנַּיִם
אֵינוֹ נִרְדָּם בְּלִי אַי־לִי,לוּ־לִי,לִי?

הַיֶּלֶד שֶׁצָּמְחוּ לוֹ כְּבָר שִׁנַּיִם,
וְעוֹד מְעַט לַ״חֶדֶר״ יִתְקַבֵּל,
הַיֶּלֶד שֶׁיִּלְמַד חֻמָּשׁ עִם רַשִׁ״י,
עֲדַיִן כֹּה בּוֹכֶה וּמְיַלֵּל.

הַיֶּלֶד שֶׁיִּלְמַד חֻמָּשׁ עִם רַשִׁ״י,
הָאַבָּא מִתְלַהֵב: ״יִהְיֶה גָּאוֹן!״
הַיֶּלֶד שֶׁיִּגְדַּל בָּחוּר בֶּן־חַיִל,
אֵינוֹ מַנִּיחַ רֶגַע קָט לִישֹׁן.

הַיֶּלֶד שֶׁיִּגְדַּל בָּחוּר בֶּן־חַיִל,
וְחַיִל יַעֲשֶׂה בַּעֲסָקָיו,
הַיֶּלֶד שֶׁיִּהְיֶה חָתָן עִם תֹּאַר,
עֲדַיִן כֹּה מַרְטִיב אֶת מִכְנָסָיו...

אוֹ, נוּמָה חֲתָנִי שֶׁלִּי בֵּינְתַּיִם,
אַתָּה עוֹשֶׂה צָרוֹת וְלֹא נִרְדָּם;
אִמְּךָ תַּזִּיל דְּמָעוֹת רַבּוֹת כַּמַּיִם,
עַד שֶׁתִּגְדַּל, תִּהְיֶה לְבֶן־אָדָם...

עברית: מ. סחר

Sleep now Yankele my pretty one
Close your little dark eyes.
A little boy who has all his teeth
Still needs his mother to sing him to sleep?

A little boy who has all his teeth
And will soon attend cheder
There he will study Torah and Talmud
But still he cries when mother rocks him
to sleep.

A little boy who soon will study Talmud
How his father rejoices as he listens!
A little boy who will become a great scholar
Gives his mother many sleepless nights.

A little boy who will become a great scholar
And a successful business man as well,
A little boy who'll grow to be a bridegroom
Has soaked his bed as if he's in a pool.

So hush-a-bye my clever little bridegroom
Meanwhile you lie wet in your cradle.
Your mother will shed many a tear
Before you grow up to be a man.

SHLOF, MAYN KIND, MAYN KROYN
SLEEP YOU ARE MY LIFE

שלאָף מײַן קינד, מײַן קרוין
נוּם, יַלְדִּי, זְהַב — פַּרְוָיִם

Text: Shalom Aleikhèm טעקסט: שלום עליכם
Music: D. Kovanovski מוזיק: ד. קאָוואַנאָווסקי

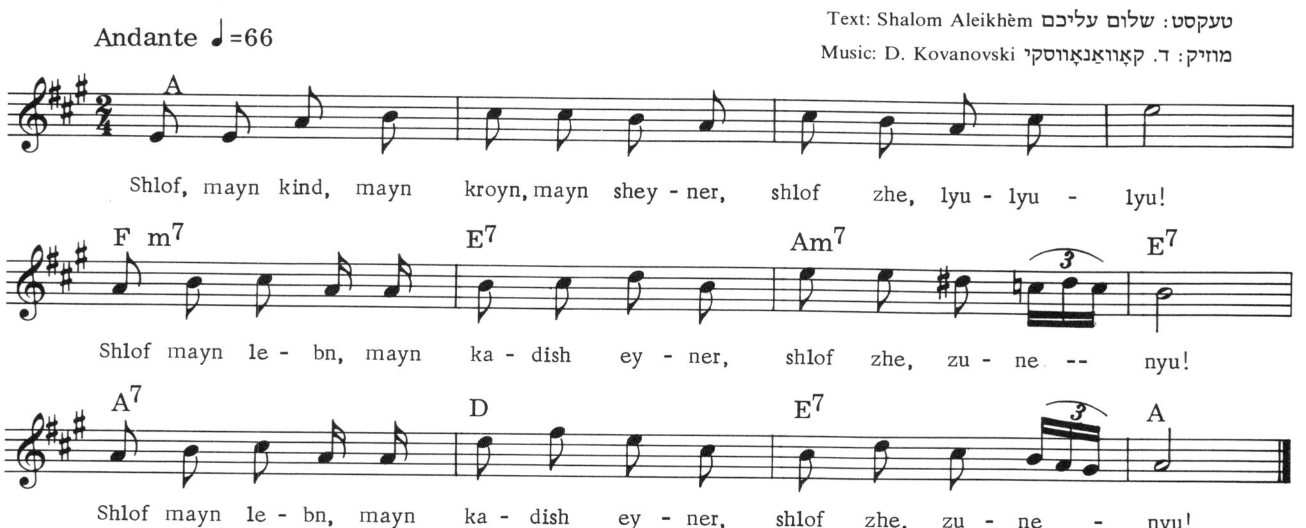
Andante ♩=66
A
Shlof, mayn kind, mayn kroyn, mayn shey - ner, shlof zhe, lyu - lyu - lyu!
F m7
E7
Am7
3
E7
Shlof mayn le - bn, mayn ka - dish ey - ner, shlof zhe, zu - ne -- nyu!
A7
D
E7
3
A
Shlof mayn le - bn, mayn ka - dish ey - ner, shlof zhe, zu - ne - nyu!

Shlof, mayn kind, mayn kroyn, mayn sheyner,
Shlof-zhe, lyu-lyu-lyu!
Shlof mayn lebn, mayn kadish eyner,
Shlof zhe, zunenyu!

Bay dayn vigl zitst dayn mame,
Zingt a lid un veynt, --
Vest a mol farshteyn mistame,
Vos zi hot gemeynt...

In Amerike dayn tate
Dayner, zunenyu...
Bist a kind nokh - shlof lesate,
Shlof zhe, shlof, lyu-lyu!

Dos Amerike iz far yedn,
Zogt men, gor a glik,
Un far yidn a gan-eyden,
Epes an antik...

Dortn est men in der vokhn
Khale, zunenyu,
Yaykhelekh vel ikh dir kokhn,
Shlof zhe, lyu-lyu-lyu!

שלאָף, מײַן קינד, מײַן קרוין, מײַן שײנער,
שלאָף זשע, ליו — ליו — ליו!
שלאָף מײַן לעבן, מײַן קדיש אײנער,
שלאָף זשע, זונעניו!

בײַ דײַן װיגל זיצט דײַן מאַמע,
זינגט אַ ליד און װײנט, —
װעסט אַ מאָל פֿאַרשטײן מסתּמא,
װאָס זי האָט געמײנט...

אין אַמעריקע דײַן טאַטע
דײַנער, זונעניו...
ביסט אַ קינד נאָך — שלאָף לעת־עתּה,
שלאָף זשע, שלאָף, ליו — ליו!

דאָס אמעריקע איז פֿאַר יעדן,
זאָגט מען, גאָר אַ גליק,
און פֿאַר ייִדן אַ גן־עדן,
עפּעס אַן אַנטיק...

דאָרטן עסט מען אין דער װאָכן
חלה, זונעניו,
יאַיכעלעך װעל איך דיר קאָכן —
שלאָף זשע, ליו — ליו — ליו!

ער וועט שיקן צוואַנציק דאָלער,
זײַן פּאָרטרעט דערצו,
און וועט נעמען, לעבן זאָל ער,
אונדז אַהינצו־צו.

ער וועט כאַפּן אונדז און קושן,
וויינען אַזש פֿאַר פֿרייד,
איך וועל קוועלן, טרערן גיסן,
וויינען שטילערהייט...

גאָט וועט הייסן, וועט ער שיקן
בריוועלעך,זונעניו,
גאָר אין גיכן אונדז באַגליקן
שלאָף זשע, שלאָף, ליו — ליו!

ביז עס קומט דאָס גוטע קוויטל,
שלאָף זשע, זונעניו —
שלאָפֿן איז אַ טײַער מיטל,
שלאָף זשע, איַי — ליו — ליו!...

Er vet shikn tsvantsik doler,
Zayn portret dertsu,
Un vet nemen, lebn zol er,
Undz ahintsu-tsu.

Er vet khapn undz un kushn,
Veynen azh far freyd,
Ikh vel kveln, trern gisn,
Veynen shtilerheyt...

Got vet heysn, vet er shikn
Brivlekh, zunenyu,
Gor in gikhn undz baglikn
Shlof zhe, shlof, lyu-lyu!

Biz es kumt dos gute kvitl,
Shlof zhe, zunenyu -
Shlofn iz a tayer mitl,
Shlof zhe, ay-lyu-lyu! . . .

נוּם, יַלְדִּי, זְהַב פַּרְוָיִם
נוּם, מַלְאָךְ שֶׁלִּי;
אוֹצָרִי, יְפֵה עֵינַיִם,
נוּמָה, עוֹלָלִי.

עַל יָדְךָ אִמְּךָ יוֹשֶׁבֶת
שָׁרָה וּבוֹכָה;
אֶת אֲשֶׁר אֲנִי חוֹשֶׁבֶת
פַּעַם עוֹד תֵּדַע.

בְּאַמֶרִיקָה אָבִיךָ
מָה רָחוֹק הוּא, בֵּן;
וַאֲנִי כֹּה אֲהַבְתִּיךָ
נוּמָה, יֶלֶד חֵן.

שָׁם גַּן־עֵדֶן, חֵי שָׁמַיִם,
דְּבַשׁ וְתוּפִינִים;
כֶּסֶף שָׁם מְלֹא חָפְנַיִם
גַּם לְדַלְפוֹנִים.

שָׁם תֹּאכַל חַלָּה שֶׁל סֹלֶת
כָּל יְמֵי הַחוֹל,
וּמָרָק שֶׁל תַּרְנְגֹלֶת
אוֹ שֶׁל תַּרְנְגֹל.

וּבִרְצוֹת הָאֵל יַגִּיעַ
בִּמְהֵרָה מִכְתָּב
כְּמוֹ פִּתְקָה מֵהָרָקִיעַ,
וְנִשְׂמַח יַחְדָּיו.

כֶּסֶף הוּא יִשְׁלַח אֵלֵינוּ
וְתַצְלוּם פָּנָיו;
וּבְבוֹא הַיּוֹם אֶת שְׁנֵינוּ
הוּא יִקַּח אֵלָיו.

הוּא יוֹשִׁיט לָנוּ יָדַיִם,
עַל צַוָּאר יִפֹּל;
וַאֲנִי אַשְׁפִּיל עֵינַיִם
וְאֶבְכֶּה בְּלִי קוֹל.

עַד אֲשֶׁר מִכְתָּב יַגִּיעַ
נוּם, מַלְאָךְ שֶׁלִּי;
עַד אֲשֶׁר יָבוֹא מוֹשִׁיעַ
נוּמָה, גּוֹזָלִי!

נוּם, יַלְדִּי, זְהַב פַּרְוָיִם,
נוּם, מַלְאָךְ שֶׁלִּי;
אוֹצָרִי, יְפֵה־עֵינַיִם,
נוּמָה, גּוֹזָלִי!

עברית: י. שבתאי

Sleep my child, you are all my life to me
My heart is sad as I sing you to sleep
Some day you will sense my grief
Your father is in distance.

Sleep my child, you are all my life to me
My heart is sad as I sing you to sleep
Some day you will sense my grief.
Your father is in distant America
Where Sabbath bread and chicken broth
Are eaten each day of the week.

One day your father will send for us
We will join him and together
We will enjoy all that America offers.
But until that moment comes, my child
Slumber sweetly for in sleep
You will find repose.

SHLOF, SHLOF, SHLOF...
SLUMBER, MY CHILD

שלאָף, שלאָף, שלאָף...
נוּמָה, כְּבָר...

Andantino
p Bm
Shlof, shlof, shlof! Der ta - te vet fo - rn in dorf,
mf G E7 Bm p D Bm
vet er bren - gen an e - pe - le, vet zayn ge - zunt dos ke - pe - le.

Shlof, shlof, shlof!
Der tate vet forn in dorf,
Vet er brengen an epele,
Vet zayn gezunt dos kepele!

Shlof, shlof, shlof!
Der tate vet forn in dorf,
Vet er brengen a nisele,
Vet zayn gezunt dos fisele!

Shlof, shlof, shlof!
Der tate vet forn in dorf,
Vet er brengen an entele,
Vet zayn gezunt dos hentele!

Shlof, shlof, shlof!
Der tate vet forn in dorf,
Vet er brengen a yaykhele,
Vet zayn gezunt dos baykhele!

Shlof, shlof, shlof!
Der tate vet forn in dorf,
Vet er brengen a hezele,
Vet zayn gezunt dos nezele!

שלאָף, שלאָף, שלאָף!
דער טאַטע וועט פֿאָרן אין דאָרף,
וועט ער ברענגען אַן עפעלע,
וועט זײַן געזונט דאָס קעפעלע!

שלאָף, שלאָף, שלאָף!
דער טאַטע וועט פֿאָרן אין דאָרף,
וועט ער ברענגען אַ ניסעלע,
וועט זײַן געזונט דאָס פֿיסעלע!

שלאָף, שלאָף, שלאָף!
דער טאַטע וועט פֿאָרן אין דאָרף,
וועט ער ברענגען אַן ענטעלע,
וועט זײַן געזונט דאָס הענטעלע!

שלאָף, שלאָף, שלאָף!
דער טאַטע וועט פֿאָרן אין דאָרף,
וועט ער ברענגען אַ יאַיכעלע,
וועט זײַן געזונט דאָס בײַכעלע!

שלאָף, שלאָף, שלאָף!
דער טאַטע וועט פֿאָרן אין דאָרף,
וועט ער ברענגען אַ העזעלע,
וועט זײַן געזונט דאָס נעזעלע!

Shlof, shlof, shlof!
Der tate vet forn in dorf,
Vet er brengen a feygele,
Vet zayn gezunt dos eygele!

שלאָף, שלאָף, שלאָף!
דער טאַטע וועט פֿאָרן אין דאָרף,
וועט ער ברענגען אַ פֿייגעלע,
וועט זייַן געזונט דאָס אייגעלע!

נוּמָה כְּבָר,
אַבָּא יִסַּע אֶל הַכְּפָר,
הוּא יָבִיא לְךָ אֱגוֹז,
אֲזַי יְהֵא בָּרִיא הָרֹאשׁ.

נוּמָה כְּבָר,
אַבָּא יִסַּע אֶל הַכְּפָר,
הוּא יָבִיא לְךָ עֵנָב,
אֲזַי יְהֵא בָּרִיא הָאַף.

נוּמָה כְּבָר,
אַבָּא יִסַּע אֶל הַכְּפָר,
הוּא יָבִיא לְךָ בָּטְנָה,
אֲזַי יְהֵא בָּרִיא הַפֶּה.

נוּמָה כְּבָר,
אַבָּא יִסַּע אֶל הַכְּפָר,
הוּא יָבִיא לְךָ צְנוֹנִית,
אֲזַי יְהֵא בָּרִיא כָּל גִּיד.

נוּמָה כְּבָר,
אַבָּא יִסַּע אֶל הַכְּפָר,
הוּא יָבִיא גַּם תַּרְנְגֹל,
אֲזַי תְּהֵא בָּרִיא בַּכֹּל.

עברית: א. דרור

Slumber my child your father went to town.
He will bring back apples, and nuts
and many lovely things for you to enjoy.

ZOLST AZOY LEBN
YOU SHOULD LIVE SO LONG

זאָלסט אַזוי לעבן
שֶׁכֹּה תִּחְיִי

Andante ♩ = 66
Dm F G
Zolst a-zoy le-bn un zayn ge-zunt, vi ikh vel dir zi-tsn un vi-gn dos kind,
Gm7 Dm F G
Ay-lyu-lyu, sha-sha-sha. Dayn ma-me iz ge-gan-gen in gas a-rayn,
Gm Dm C7 A7 Dm
Ay-lyu-lyu, shlof, mayn kind, di ma-me vet ku-men gikh un ge-shvind.

Zolst azoy lebn
Un zayn gezunt,
Vi ikh vel dir zitsn
Un vign dos kind.

Refren:
Ay-lyu-lyu, sha-sha-sha -
Dayn mame iz gegangen
In gas arayn;
Ay-lyu lyu, shlof, mayn kind,
Di mame vet kumen
Gikh un geshvind . . .

Zolst azoy lebn,
S'ligt mir drinen;
Dayn mameshi iz gegangen
In gas fardinen.

Refren: Ay-lyu-lyu . . .

זאָלסט אַזוי לעבן
און זיַין געזונט,
ווי איך וועל דיר זיצן
און וויגן דאָס קינד.

רעפֿרען:
איַי—ליו—ליו, שאַ—שאַ—שאַ —
דיַין מאַמע איז געגאַנגען
אין גאַס אַריַין;
איַי—ליו—ליו, שלאָף, מיַין קינד,
די מאַמע וועט קומען
גיך און געשווינד...

זאָלסט אַזוי לעבן,
ס׳ליגט מיר דרינען;
דיַין מאַמעשי איז געגאַנגען
אין גאַס פֿאַרדינען.

רעפֿרען: איַי—ליו—ליו...

Andere meydelekh
Tantsn un shpringen,
Un ikh muz dos kind
Vign un zingen . . .

אַנדערע מיידעלעך
טאַנצן און שפּרינגען,
און איך מוז דאָס קינד
וויגן און זינגען...

Refren: Ay-lyu-lyu . . .

רעפרען: איַ — ליו — ליו...

Andere meydelekh
Tsukerkelekh nashn,
Un ikh muz dem kinds
Vindelekh vashn . . .

אַנדערע מיידעלעך
צוקערקעלעך נאַשן,
און איך מוז דעם קינדס
ווינדעלעך וואַשן...

Refren: Ay-lyu-lyu . . .

רעפרען: איַ — ליו — ליו...

שֶׁכֹּה תִּחְיִי, בְּרִיאָה תִּהְיִי, כְּשֵׁם שֶׁאֵשֵׁב פֹּה, יַלְדֵּךְ בָּעֲרִיסָה
אָנִיעַ. אַי־לְיוּ־לְיוּ, הַס, הַס, הָס. הָאֵם הָלְכָה לַשּׁוּק. נוּם,
יַלְדִּי, הָאֵם תָּשׁוּב מַהֵר. נְעָרוֹת אֲחֵרוֹת יִרְקְדוּ, יְקַפְּצוּ, וַאֲנִי
רְתוּקָה כָּאן לָעֶרֶשׂ, לַיֶּלֶד, שִׁירִים לוֹ אָשִׁיר. נְעָרוֹת אֲחֵרוֹת
מַמְתַּקִּים יְלַקְּקוּ, וַאֲנִי — גּוֹרָלִי חִתּוּלָיו לְכַבֵּס.

You should live so long and be healthy as I like sitting here and rocking you. Your mother went out on errands and your father to earn money but they'll come soon. Other girls dance and play but I must sing to you. Others get candies to eat but I must wash all your things. So hush-a-bye and sleep till mother comes.

SHLOF, MAYN KIND, SHLOF KESEYDER
SLEEP, MY CHILD

שלאָף, מײַן קינד, שלאָף כסדר
נוּמָה, בְּנִי, יֶלֶד, נוּמָה

Andante ♩ = 70
Gm Cm
Shlof, mayn kind shlof ke - sey - der, zin - gen vel ikh dir a lid: az
Gm D7 Gm
du, mayn kind, vest el - ter ve - rn, ves - tu vi - sn dem un - ter - shid. Az
Cm Gm D7 E D7 Gm
du, mayn kind, vest el - ter ve - rn, ves - tu vi - sn dem un - ter - shid.

Shlof, mayn kind, shlof keseyder,
Zingen vel ikh dir a lid:
Az du, mayn kind, vest elter vern,
Vestu visn dem untershid.

Az du, mayn kind, vest elter vern,
Vestu vern mit laytn glaykh;
Demolt vestu gevoyre vern,
Vos heyst orem un vos heyst raykh.

Di tayerste palatsn, di tayerste hayzer,
Dos alts makht der oreman;
Nor veystu, ver es tut in zey voynen?
Gor nit er, nor der raykher man . . .

Der oreman, er ligt in keler,
Der vilgotsh rint im fun di vent;
Derfun bakumt er a rematn-feler
In di fis un in di hent . . .

שלאָף, מיין קינד, שלאָף כסדר,
זינגען וועל איך דיר אַ ליד:
אַז דו, מײַן קינד, וועסט עלטער ווערן,
וועסטו וויסן דעם אונטערשיד.

אַז דו, מײַן קינד, וועסט עלטער ווערן,
וועסטו ווערן מיט לײַטן גלײַך;
דעמאָלט וועסטו געוווירע ווערן,
וואָס הייסט אָרעם און וואָס הייסט רײַך.

די טײַערסטע פּאַלאַצן, די טײַערסטע הייזער,
דאָס אַלץ מאַכט דער אָרעמאַן;
נאָר ווייסטו, ווער עס טוט אין זיי וווינען?
גאָר נישט ער, נאָר דער רײַכער מאַן...

דער אָרעמאַן, ער ליגט אין קעלער,
דער ווילגאָטש[1] רינט אים פֿון די ווענט;
דערפֿון באַקומט ער אַ רעמאַטן-פעלער[2]
אין די פּיס און אין די הענט...

1. נאַסקייט, פֿייכטקייט.
2. רעאומאַטיזם.

נוּמָה בְּנִי, יֶלֶד נוּמָה,
שִׁיר נוּגֶה אָשִׁירָה לְּךָ;
כִּי תִּגְדַּל, בְּנִי, וְתִתְבַּגֵּרָה —
תֵּדַע, תַּכִּיר גּוֹרַל הַמָּךְ.

כִּי תִּגְדַּל וְעִם בְּנֵי־אָדָם
תִּתְעָרֵב, בְּנִי הַיַּקִּיר —
אָז תָּבִין, הַפְּדוּת תֵּדְעָה
בֵּין עָנִי וּבֵין עָשִׁיר.

בָּתֵּי גָזִית וְהֵיכְלֵי חֶמֶד —
יְדֵי פּוֹעֵל עָמְלוּ בָּהֶם;
אַךְ לֹא לוֹ הֵם, הָעֲשִׁירִים
אוֹתָם אִיווּ לְמוֹשָׁב לָהֶם.

פּוֹעֵל בְּמַרְתֵּף חָשׁוּךְ יִשְׁכּוֹנָה,
דּוֹלְפִים מִטַּחַב קִירוֹתָיו;
מַחֲלַת שִׁגָּרוֹן שָׁם תִּתְקְפֶנּוּ
בְּרַגְלָיו, גַּם בְּיָדָיו.

עברית: מ. גפן

Sleep my child, I will sing you a song;
when you grow up, you will know
the difference between rich and poor.

It is the poor worker who builds the mansions, but it is the rich man who dwells in them.

The poor man lives in a cellar, where excessive dampness causes him to suffer from rheumatism in his hands and feet.

AMOL IZ GEVEN A MAYSE
ONCE UPON A TIME

אַמאָל איז געווען אַ מעשׂה
הָיֹה הָיָה מַעֲשֶׂה

Andante ♩= 62
Am
C
G7
A - mol iz ge - ven a may - se, di may - se iz gor - nit frey - lekh, di
Am
may - se heybt zikh o - net mit a yi - di - shn mey - lekh.
D7
Am
Lyu - lin - ke, mayn fey - ge - le, lyu - lin - ke, mayn kind,
Dm6
Am
E7
Am
on - ge - vo - rn a - za li - be, vey iz mir un vind . . .

A mol iz geven a mayse,
Di mayse iz gornit freylekh,
Di mayse heybt zikh onet
Mit a yidishn meylekh.

Refren:
Lyulinke, mayn feygele,
Lyulinke, mayn kind;
Ongevorn aza libe -
Vey iz mir un vind!

A mol iz geven a meylekh,
Der meylekh hot gehat a malke,
Di malke hot gehat a vayngortn -
Lyulinke, mayn kind!

Refren: Lyulinke . . .

אַ מאָל איז געווען אַ מעשׂה,
די מעשׂה איז גאָר ניט פֿריילעך:
די מעשׂה הייבט זיך אָנעט
מיט אַ ייִדישן מלך.

רעפֿרען:
ליולינקע, מײַן פֿייגעלע,
ליולינקע, מײַן קינד;
אָנגעוואָרן אַזאַ ליבע —
ווי איז מיר און ווינד!

אַ מאָל איז געווען אַ מלך,
דער מלך האָט געהאַט אַ מלכּה,
די מלכּה האָט געהאַט אַ ווײַנגאָרטן —
ליולינקע, מײַן קינד!

רעפֿרען: ליולינקע...

In vayngortn iz geven a beymele, Dos beymele hot gehat a tsvaygele, Oyfn tsvaygele iz geven a nestele, In nestele hot gelebt a feygele.	אין ווײַנגאָרטן איז געווען אַ ביימעלע, דאָס ביימעלע האָט געהאַט אַ צווײַגעלע, אויפֿן צווײַגעלע איז געווען אַ נעסטעלע, אין נעסטעלע האָט געלעבט אַ פֿייגעלע.
Refren: Lyulinke . . .	רעפֿרען: ליולינקע...
Der meylekh iz opgeshtorbn, Di malke iz gevorn fardorbn, Dos tsvaygele iz opgebrokhn, Dos feygele fun nest antlofn.	דער מלך איז אָפּגעשטאָרבן, די מלכּה איז געוואָרן פֿאַרדאָרבן, דאָס צווײַגעלע איז אָפּגעבראָכן, דאָס פֿייגעלע פֿון נעסט אַנטלאָפֿן. .
Refren: Lyulinke . . .	רעפֿרען: ליולינקע...
Vu nemt men aza leyter Di leng fun toyznt eyln? Vu nemt men aza khokhem, Er zol kenen di shtern tseyln?	ווּ נעמט מען אַזאַ לייטער די לענג פֿון טויזנט איילן? ווּ נעמט מען אַזאַ חכם, ער זאָל קענען די שטערן ציילן?
Refren: Lyulinke . . .	רעפֿרען: ליולינקע...
Vu nemt men aza khokhem, Er zol kenen mayne vundn tseyln? Vu nemt men aza dokter, Er zol kenen mayn harts heyln?. . .	ווּ נעמט מען אַזאַ חכם, ער זאָל קענען מײַנע ווונדן ציילן? ווּ נעמט מען אַזאַ דאָקטער, ער זאָל קענען מײַן האַרץ היילן?...
Refren: Lyulinke . . .	רעפֿרען: ליולינקע...

הָיֹה הָיָה מַעֲשֶׂה,
מַעֲשֶׂה עָצוּב מְאֹד,
בְּמֶלֶךְ יְהוּדִי,
לִפְנֵי שָׁנִים רַבּוֹת.

נוּמָה, נוּמָה, יֶלֶד־חֵן,
נוּמָה, בֵּן יָקָר!
אָהוּב נָטַשׁ, עָזוּב הַקֵּן,
מַה כְּאֵבִי נֶעְכָּר!

הָיֹה הָיָה מֶלֶךְ,
וְלוֹ מַלְכָּה בַּת־צֶמֶד;
כֶּרֶם הָיָה לַמַּלְכָּה,
נוּמָה, יֶלֶד־חֶמֶד!

נוּמָה, נוּמָה, יֶלֶד־חֵן...

וּבַכֶּרֶם עֲצֵי גֶּפֶן,
הַגְּפָנִים רֵיחָן תִּתֵּנָּה;
וּבֵין עֲצֵי הַגֶּפֶן
צִפֳּרֵי־דְרוֹר תְּקַנֵּנָּה.

נוּמָה, נוּמָה, יֶלֶד־חֵן...

מֵאַיִן יִקַּח סֻלָּם,
רֹאשׁוֹ מֻצָּב אֶל־עָל;
מֵאַיִן יָבוֹא חָכָם,
הַכּוֹכָבִים לִסְפֹּר יוּכָל?!...

נוּמָה, נוּמָה, יֶלֶד־חֵן...

מֵאַיִן יָבוֹא חָכָם,
פְּצָעַי יוּכַל לִסְפֹּר?
מֵאַיִן יָבוֹא רוֹפֵא,
לְלִבִּי יִמְצָא מָזוֹר?!...

נוּמָה, נוּמָה, יֶלֶד־חֵן...

הַמֶּלֶךְ מֵת בְּלֹא עֵת,
הַמַּלְכָּה בֵּיתָהּ עָזָבָה;
הַגֶּפֶן, הוֹי, נָבְלָה,
הַצִּפּוֹר יָצְאָה, לֹא שָׁבָה.

נוּמָה, נוּמָה, יֶלֶד־חֵן...

עברית: ח. ב. אילון־ברניק

A melancholy tale I have to relate -
A tale about a Jewish king and queen

Refrain:
Hushaby my little bird
Hushaby my child
My true love have I lost
Night-long have I cried.

The queen had a vineyard
Wherein grew a tree.
And in the nest of the tree
There lived a small bird.

But when the king died
His queen was broken-hearted.
The nest tumbled from the tree-top
The bird from its home departed.

Is there a wise man who can measure my wounds ?
Lives there a physician who can heal my pain ?

A VIGLID
A CRADLE SONG

אַ וויגליד
עָבִים שְׁחוֹרִים

טעקסט: ה. ד. נאָמבערג
Text: H. D. Nomberg

Andante ♩= 60
F♯m Bm F♯m
S' - loy - fn s' - yo - gn shvar - tse vol - kns, s' - fayft un brumt der
Bm F♯m Bm F♯m
vint, fun Si - bi - ry - en shikt dayn ta - te
Bm C♯7 F♯m Bm
dir a grus, mayn kind. Fun Si - bi - ry - en
D7 C♯7 F♯m
shikt dayn ta - - te dir a grus, mayn kind.

S'loyfn, s'yogn shvartse volkns,
S'fayft un brumt der vint;
Fun Sibiryen shikt dayn tate
Dir a grus, mayn kind!

Nor der vint er brengt undz grusn
Fun dem kaltn land -
Dortn shteyt er, a lopate
Halt er in der hant.

Un er grobt alts tifer, tifer,
Varft di erd aroys.
Zorg nit, kind mayns, farn sheker
Grobt er kvorim oys . . .

Nit der ershter, nit der letster
Falt er oyfn feld -
Zorg nit, kind mayns, dikh geboyrn
Hot a groyser held.

ס'לויפֿן, ס'יאָגן שוואַרצע וואָלקנס,
ס'פֿײַפֿט און ברומט דער ווינט;
פֿון סיביריען שיקט דײַן טאַטע
דיר אַ גרוס, מײַן קינד!

נאָר דער ווינט ער ברענגט אונדז גרוסן
פֿון דעם קאַלטן לאַנד —
דאָרטן שטייט ער, אַ לאָפּאַטע[1]
האַלט ער אין דער האַנט.

און ער גראָבט אַלץ טיפֿער, טיפֿער,
וואַרפֿט די ערד אַרויס.
זאָרג ניט, קינד מײַנס — פֿאַרן שקר
גראָבט ער קבֿרים אויס...

ניט דער ערשטער, ניט דער לעצטער
פֿאַלט ער אויפֿן פֿעלד —
זאָרג ניט, קינד מײַנס, דיך געבוירן
האָט אַ גרויסער העלד.

1. גראָבאײַזן, רידל.

און אַ העלד ועסטו אויסוואַקסן,
שלאָף זשע, שלאָף אַצינד;
זאַמל כוחות פֿאַר דער צוקונפֿט,
זאַמל, איינציק קינד!

Un a held vestu oysvaksn,
Shlof zhe, shlof atsind;
Zaml koykhes far der tsukunft,
Zaml, eyntsik kind!

עָבִים שְׁחוֹרִים יִתְחַשְּׁרוּ יָאוּצוּ, הָרוּחַ תְּיַלֵּיל וְתִשְׁרֹק,
אָבִיךָ, בְּנִי, מִסִּיבִּיר בְּרָכָה יִשְׁלַח. וְהָרוּחַ, הוּא בְּשׂוֹרוֹת יִשָּׂא
מֵאֶרֶץ הַקָּרָה. שָׁם עוֹמֵד הוּא — אַל דְּאָגָה, בְּנִי שֶׁלִּי —
וּקְבָרִים יַחְפֹּר לַשֶּׁקֶר...לֹא רִאשׁוֹן הוּא, לֹא אַחֲרוֹן,
בַּנּוֹפְלִים. אַל דְּאָגָה, בְּנִי שֶׁלִּי, אָבִיךָ מוֹלִידְךָ גִּבּוֹר גָּדוֹל
הִנֵּהוּ. גַּם אַתָּה גִּבּוֹר תִּהְיֶה, תִּגְדַּל. נוּמָה, נוּמָה נָא, אֶאֱסֹף
כֹּחוֹת לִימֵי עָתִיד, אֱסֹף בְּנִי יְחִידִי.

Black clouds pursue each other in the skies
As the wild wind whistles and hums in the air.
From far-off Siberia a message awaits you
From your father, dear child.

The wind brings it from a cold and distant land.
There slaves your father with a spade in his hand
Digging, deep down in the frozen earth,
Graves for all lies and oppressions.

Neither the first nor the last
Will he be to fall in the field.
Do not grieve my child
For you are born the son of a hero.

You too will grow a hero to be
But sleep now, sleep my child.
For strength you must gather for the future
Sleep will grant you strength.

OYF TSU SHTIFN HOSTU DOKH
A LULLABY

אויף צו שטיפֿן האָסטו דאָך
עוֹד הַיּוֹם גָּדוֹל

Andantino ♩ = 68
G
Oyf tsu shti - fn hos - tu dokh a gan - tsn tog a
Cm G
groy - sn, its - ter, kind mayns, darf men shlo - fn,
Fm6 1. G 2. G
s'iz shoyn nakht in droy - sn. droy - sn.
Cm Fm
Shloft shoyn lang di zun, di le - vo - ne
G7 Fm
iz oyf - ge - gan - gen, oyf dayn shti - ln
Cm Fm6 G
vi - ge le zay - nen di shte - rn tse - han - gen.

Oyf tsu shtifn hostu dokh
A gantsn tog a groysn,
Itster, kind mayns, darf men shlofn,
S'iz shoyn nakht in droysn.

Shloft shoyn lang di zun,
Di levone iz oyfgegangen,
Oyf dayn shtiln vigele
Zaynen shtern tsehangen

אויף צו שטיפֿן האָסטו דאָך
אַ גאַנצן טאָג אַ גרויסן,
איצטער, קינד מײַנס, דאַרף מען שלאָפֿן,
ס'איז שוין נאַכט אין דרויסן.

שלאָפֿט שוין לאַנג די זון,
די לבֿנה איז אויפֿגעגאַנגען,
אויף דײַן שטילן וויגעלע
זײַנען שטערן צעהאַנגען.

אײַ—ליו, מײַן טײַערער,
ווער זשע שוין אַנטשלאָפֿן,
וועט די מאַמע דיר דערציילן,
וואָס האָט מיט איר געטראָפֿן.

וױ פֿון פֿופֿצן בין איך איינס,
בין איך איינס געבליבן —
געקוילעט זיבן האָט פּעטליורע[1],
אָרעל[2] — די צווייטע זיבן...

ווי ס'האָבן זיך באַהאַלטן
דײַן באָבע מיטן זיידן,
ווי אין קעלער דאָרט בײַ אונדז
געשאָסן האָט מען ביידן...

און ווען די רויטע אַרמיי
זאָל ניט געווען קומען,
וואָלט פֿון מיר אויך, ווי פֿון זיי,
ניט בלײַבן שוין קיין סימן...

Ay - lyu, mayn tayerer,
Ver zhe shoyn antshlofn,
Vet di mame dir dertseyln,
Vos hot mit ir getrofn.

Vi fun fuftsn bin ikh eyns,
Bin ikh eyns geblibn -
Gekoylet zibn hot Petlyure,
Orel - di tsveyte zibn . . .

Vi s'hobn zikh bahaltn
Dayn bobe mitn zeydn,
Vi in keler dort bay undz
Geshosn hot men beydn . . .

Un ven di royte armey
Zol nit gevezn kumen,
Volt fun mir oykh, vi fun zey,
Nit blaybn shoyn keyn simen . . .

יוֹם שָׁלֵם, גָּדוֹל, לְהִשְׁתּוֹבֵב תּוּכַל מָחָר. עַתָּה, יַלְדִּי, צָרִיךְ לִישׁוֹן, לַיְלָה כְּבָר בַּחוּץ. נוּם, הַשֶּׁמֶשׁ כְּבָר שָׁקְעָה, יָצָא יָרֵחַ, עַל עֲרִיסָתְךָ נִתְלוּ הַכּוֹכָבִים. נוּם, אִמְּךָ כָּאן תְּסַפֵּר מַה עָבַר עָלֶיהָ: אֵיךְ אַחַת נִשְׁאַרְתִּי מֵחֲמֵשׁ־עֶשְׂרֵה נְפָשׁוֹת. שֶׁבַע קָטַל פֶּטְלְיוּרָה, אוֹרֶל אֶת הַשְּׁאָר. אֵיךְ סָבָא שֶׁלְּךָ וְסָבָתְךָ הִסְתַּתְּרוּ אֶצְלֵנוּ בַּמַּרְתֵּף, שָׁם נוֹרוּ הַשְּׁנַיִם. הַצָּבָא הָאָדֹם אִלּוּלֵא הִגִּיעַ גַּם מִמֶּנִּי, כְּמוֹ מֵהֶם, לֹא שָׂרַד סִימָן.

You have all day in which to play
Now 'tis night and time for bed.
The sun has faded, the moon has appeared
And stars descend upon your cradle.

Of fifteen children only I remained -
Fourteen were slain by Petlyura* and his gang -
Your grandparents were hidden in the cellar
But they too were found and shot.

Were it not for the Red Army
There would be left no trace of me.

---

* Petlyura was responsible for murder of Jews and pogroms in the Ukraine during 1919-1920. He was later assassinated in Paris.

1. פּעטליורע איז געווען דער פֿירער פֿון די אוקראַינישע נאַציאָנאַליסטן/1918—1920/, אונטער זיין הערשאַפֿט זיינען פֿאָרגעקומען אַ סאַך פּאָגראָמען אויף ייִדן.
2. אָרעל — אָנפֿירער פֿון אַ פּאָגראָם־באַנדע אין יענער צײַט.

NOR A MAME
ONLY A MOTHER

נאָר אַ מאַמע
רַק אִמָּא

Text: D. Einhorn טעקסט: ד. איינהאָרן

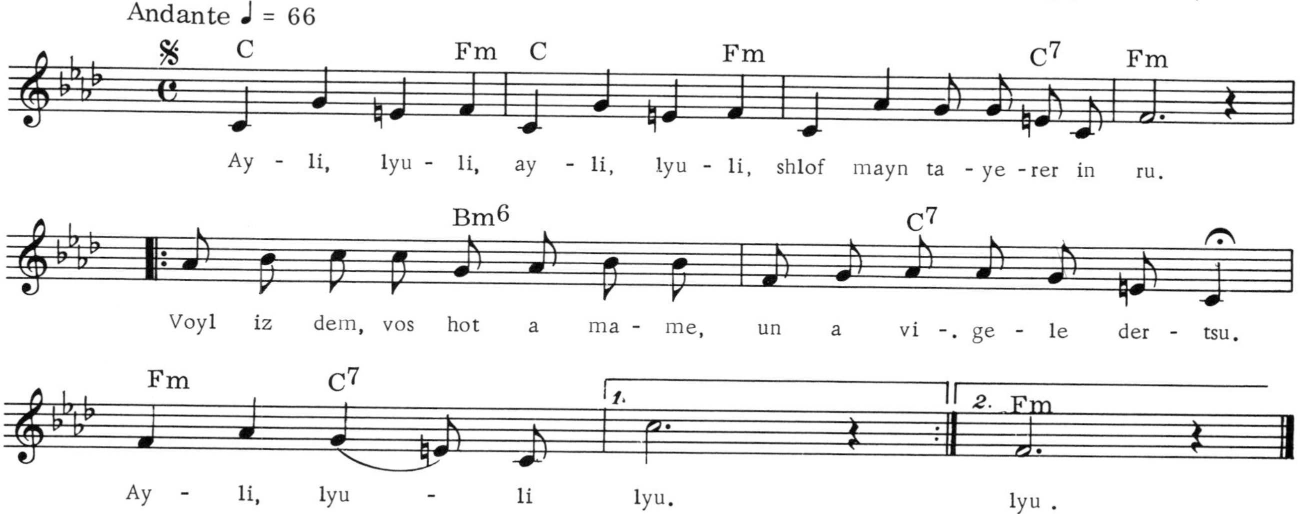

Andante ♩ = 66
C Fm C Fm C7 Fm
Ay - li, lyu - li, ay - li, lyu - li, shlof mayn ta - ye - rer in ru.
Bm6 C7
Voyl iz dem, vos hot a ma - me, un a vi - ge - le der - tsu.
Fm C7 1. 2. Fm
Ay - li, lyu - li lyu. lyu.

Ay-li, lyu-li, ay-li, lyu-li,
Shlof, mayn tayerer in ru!
Voyl iz dem, vos hot a mame
Un a vigele dertsu –
Ay-li, lyu-li-lyu!

Altsding kon men dokh bakumen,
Altsding krigt men dokh far gelt,
Nor a mame, zi iz eyne,
Zi iz eyne oyf der velt –
Ay-li, lyu-li-lyu!

Shlof, mayn tayerer, mayn liber,
Makh di oygn tsu in ru –
Gut iz dem, vos hot a mame
Un a vigele dertsu!
Ay-li, lyu-li-lyu!

אײַ—לי, ליו—לי, אײַ—לי, ליו—לי,
שלאָף, מײַן טײַערער אין רו!
וווּל איז דעם, וואָס האָט אַ מאַמע
און אַ וויגעלע דערצו —
אײַ—לי, ליו—לי—ליו!

אַלצדינג קאָן מען דאָך באַקומען,
אַלצדינג קריגט מען דאָך פֿאַר געלט,
נאָר אַ מאַמע זי איז איינע,
זי איז איינע אויף דער וועלט —
אײַ—לי, ליו—לי—ליו!

שלאָף, מײַן טײַערער, מײַן ליבער,
מאַך די אויגן צו און רו —
גוט איז דעם, וואָס האָט אַ מאַמע
און אַ וויגעלע דערצו!
אײַ—לי, ליו—לי—ליו!

Dos iz dokh a Gots matone,
Vemen es iz nor bashert;
Vey iz dem, vos hot keyn mame
Oyf der groyser vister erd!...
Ay-li, lyu-li-lyu!

Ay-li, lyu-li, ay-li, lyu-li,
Vi der tsar zol zayn nit groys,
Tomid kon men im farvign
In der mames shtiln shoys.
Ay-li, lyu-li-lyu!

Ay-li, lyu-li, ay-li, lyu-li,
Vi di zind zol zayn nit shver,
Opvashn vet tomid kenen
Zi - der mames reyne trer.
Ay-li, lyu-li-lyu!

דאָס איז דאָך אַ גאָטס מתּנה,
וועמען עס איז נאָר באַשערט;
וויי איז דעם, וואָס האָט קיין מאַמע
אויף דער גרויסער, וויסטער ערד!...
איַי—לי, ליו—לי—ליו!

איַי—לי, ליו—לי, איַי—לי, ליו—לי,
ווי דער צער זאָל זיַין ניט גרויס,
תּמיד קאָן מען אים פֿאַרוויגן
אין דער מאַמעס שטילן שויס.
איַי—לי, ליו—לי—ליו!

איַי—לי, ליו—לי, איַי—לי, ליו—לי,
ווי די זינד זאָל זיַין ניט שווער,
אָפּוואַשן וועט תּמיד קענען
זי — דער מאַמעס ריינע טרער.
איַי—לי, ליו—לי—ליו!

אַי־לִי, לְיוּ־לִי, אַי־לִי, לְיוּ־לִי, שְׁנַת־מְנוּחָה, יַקִּירִי! טוֹב לְמִי
שֶׁאִמָּא לוֹ, וַעֲרִיסָה. הֵן כָּל דָּבָר אֶפְשָׁר לִרְכֹּשׁ, בְּכֶסֶף כָּל
דָּבָר, רַק הָאֵם — יְחִידָה הִיא, אַחַת הִיא בָּעוֹלָם. יְשַׁן יַלְדִּי,
אֲהוּב נַפְשִׁי, עֲצֹם עֵינֶיךָ, נוּם. טוֹב לְמִי שֶׁאִמָּא לוֹ, וַעֲרִיסָה.
אַי־לִי, לִיוּ־לִיוּ־לִיוּ.

Ay lu lu, Ay lu lu
Sleep my dearest in peace
How happy is the child that has a mother
And a cradle too.

Ay lu lu, Ay lu lu
Sleep peacefully my dearest child.
How happy the child who has a mother
And a cradle beside.

One can acquire most anything
Money can purchase all things you behold.
But a mother - she is one,
There is no second in the world.

Sleep my dearest my beloved
Close your eyes and rest
Happy is the child that has a mother
And a cradle too.

Transliteration Guide

Letter	Sound	Remarks
אַ	a	similar to **a** in **father** but shorter
אָ	o	between the **aw** of **dawn** and the **o** of **done**
ב	b	
בֿ	v	only in the Hebrew words
ג	g	
ד	d	
ה	h	
וו	v	
ו	u	so spelled in the combinations: וּוו — uv; ווּ — vu; וּי — uy.
וֹי	oy	shorter then **oy** in **boy**
ז	z	
ח	kh	like **ch** in German **ach** only in the Hebrew words
ט	t	
יִ	i	following a stressed vowel or under stress adjoining a vowel
י	y	like **y** in **yes**
יי	ey	similar to **ey** in **grey**
ײַ	ay	similar to **i** in **fine**
כּ	k	
כ,ך	kh	like **ch** in German **ach**
ל	l	

Letter	Sound	Remarks
מ,ם	m	
נ,ן	n	
ס	s	
ע	e	similar to the **e** in **bet**
פּ	p	
פֿ,ף	f	
צ,ץ	ts	
ק	k	
ר	r	
ש	sh	similar to **sh** of **shoot**
שׂ	s	only in the Hebrew words
תּ	t	
ת	s	only in the Hebrew words
זש	zh	like **s** in **measure**
טש	tsh	as **ch** in **such**
יע	ye	אָסיען — osyen
יאָ	yo	קאַזיאָנע — kazyone
יאַ	ya	ניאַניע — nyanye
אַי	ay	
אָי	oy	

רשימת מקורות השירים של כרך א׳
זוכצעטל פֿון די לידער־מקורות פֿון ערשטן באַנד

נאָמען פֿון זאַמלונג/ שם האסופה	נומער פֿון זײַט און דער אַנטאָלאָגיע/ מספר העמוד באנתולוגיה
בוגאַטש, שמואל. דורות זינגען, נ״י. 1961	44
ביאַליק, חיים־נחמן. לידער און פּאָעמען, בערלין. 1922	67
בילעצקי, י.ח. מאַמע אין ייִדישן ליד, ת״א. 1980	125
בערעגאָווסקי, משה. ייִדישע פֿאָלקסלידער, מאָסקווע. 1938	4, 10, 13, 26, 30, 33, 38, 47, 60, 79, 90, 92, 93, 95, 101, 103, 105, 123
בערעגאָווסקי, משה. ייִדישע פֿאָלקסלידער, מאָסקווע. 1962	35, 71
גאָלדין, משה. ייִדישע פֿאָלקסלידער, מאָסקווע. 1972	98
גאָרדאָן־מלאָטער, חנה. מיר טראָגן אַ געזאַנג, נ״י. 1977	11, 77, 109
געבירטיג, מרדכי. מײַנע לידער, נ״י. 1948	42, 73, 107
זינגער, מענדל. על האהבה, חיפה. 1951	22, 49
כהן, יהודה־לייב. ייִדישע פֿאָלקסלידער. ייִוואָ. נ״י. 1957	21, 83, 113, 114, 121
סטוטשעווסקי, יהויכין. פולקלור מוסיקלי של יהודי מזרח אירופה, ת״א.1958	125
סעקולעץ, עמיל. ייִדישע פֿאָלקסלידער פֿון רומעניע, ת״א. 1970	53, 88, 121
סקודיצקי, זלמן. ייִדישע פֿאָלקסלידער, מאָסקווע. 1936	6, 8
קיסעלהאָף, זוסמאַן. לידער־זאַמלונג פֿאַר שול און היים, פּעטערבורג. 1912	104, 112
קיפּניס, מנחם. 60 פֿאָלקסלידער, וואַרשע. 1918	15, 17, 19, 40, 55, 57, 62, 81, 118
קיפּניס, מנחם. 80 ייִדישע פֿאָלקסלידער,וואַרשע. 1925	24, 32, 51
100 לידער מיט מוזיק. בוענאָס איירעס. 1947	96
כתב־יד ווינקאָוועצקי. לידער פֿאַרשריבענע פֿון פֿאָלקסמויל אין רוסלאַנד אין די יאָרן: 1923־1928	28, 37
כתב־יד ווינקאָוועצקי. מעלאָדיעס פֿאַרשריבענע פֿון פֿאָלקסמויל אין רוסלאַנד אין די יאָרן 1963־1969	6, 8

אַנטאָלאָגיע פֿון ייִדישע פֿאָלקסלידער

אנתולוגיה לשירי־עם ביידיש

כרכים א — ד

האוניברסיטה העברית בירושלים

אנתולוגיה לשירי־עם ביידיש

אהרן וינקובצקי
אבא קובנר
סיני לייכטר

כרך א

פרסומי הר הצופים
באמצעות הוצאת ספרים ע״ש י״ל מאגנס

האוניברסיטה העברית בירושלים

אַנטאָלאָגיע פֿון ייִדישע פֿאָלקסלידער

אהרון ווינקאָוועצקי
אבא קאָוונער
סיני לײַכטער

ערשטער באַנד

פרסומי הר הצופים
באמצעות הוצאת ספרים ע״ש י״ל מאגנס

המכירה הראשית
הוצאת ספרים ע״ש י״ל מאגנס
האוניברסיטה העברית, ירושלים 91904

מהדורה ראשונה, סיון תשמ״ג

מהדורה שניה, אב תשמ״ג

מהדורה שלישית, אדר ב׳ תשמ״ט

נדפס בישראל
מסת״ב 8-447-223-965

גרפיקה: יוסף מרטון
איורים: דניאלה פסל
סידור: סדר צלם ממוחשב, קרית נוער ירושלים
לוחות: ארט פלוס, ירושלים
הדפסה: דפוס אחוה, ירושלים

"נמשכתי תמיד ליופיה הייחודי העצום של המוסיקה היהודית. באותו יום שהביאו לפני כמה מנגינות יהודיות שורשיות היתה לי הרגשה כאילו נכנסתי לעולם מוסיקלי חדש. הוקסמתי ע"י הצביון המוסיקלי והקסם האכזוטי של המנגינות האלו עד כדי כך שבמשך שבועות התהלכתי כסהרורי. כוחות הדמיון שלי הודלקו בלבת אש..."

מוֹרִיס רַבֶל

"ההיסטוריה היהודית מגיעה לעתים לידי ביטוי עמוק ביותר בשירי העם..."

אהרן יֶלִינֶק

פתח־דבר

מתוך הנחה שהקוראים ומזמרי השירים של אנתולוגיה זו יבקשו לדעת כיצד באה לעולם, נתאר במשפטים ספורים את תולדות האסופה.

בשנת 1979 בא מר אהרן וינקובצקי, עולה חדש מלנינגראד, אל המחלקה ליחסי ציבור של האוניברסיטה העברית בירושלים ובפיו הצעה להוציא לאור אנתולוגיה של שירי־עם ביידיש, מיוסדת על חומר שאסף בברית־המועצות במשך שנים רבות. הוקמה מועצה ציבורית בראשותם של מרת אמה שייבר מירושלים ומר ליאון גילדסגיים מניו־יורק, ועמם כשלושים חברים — רובם מתנדבים — בכללם מומחים לפולקלור יהודי, מוסיקה, ספרות והיסטוריה של עם ישראל וכן גראפיקאים, מתרגמים, עורכים ומחנכים. את כל אלה הניעה התשוקה לשמר משהו מן המורשת התרבותית והפולקלוריסטית של יהדות מזרח אירופה שעבר עליה הכורת.

מערכת האנתולוגיה ניפתה את החומר הרב ובסוף בחרה ב — 340 שירים, רובם מן האוסף של אהרן וינקובצקי ויתרם מחוברות וכתבי־יד ישנים, תקליטים, וכן מפיהם של יחידים.

אבא קובנר, מן הידועים במשורריה של מדינת ישראל ומי שהיה מראשי הפארטיזנים הלוחמים בליטא בימי מלחמת־העולם השניה, כתב מבוא רב־השראה שתורגם מעברית לאנגלית על־ידי מלקולם לאו ושירלי קאופמן ולידיש על־ידי אפרים שדלצקי. תמציות השירים באנגלית כתבו סול ליבגוט ופרופ׳ יצחק ולרשטיין, ואילו תרגומיהם בפרוזה לעברית נעשו בידי דוד ניב וקצתם בידי דניאל עפרון ויצחק בונה. כמאה שירים מאנתולוגיה זו תורגמו בשנים עברו לעברית על־ידי מתרגמים שונים והם מובאים כאן כנתינתם. האיורים צויירו ע״י דניאלה פסל.

המערכת מבקשת להביע תודתה והוקרתה העמוקה לפרופסור דב נוי ולאחיו מאיר על הנחיותיהם ועצותיהם החשובות; למר יוסף מרטון על הטיפול המסור במפעל; ולמר ליאון גילדסגיים על מאמציו הבלתי־נלאים להבטחת האמצעים הכספיים הדרושים למפעל. רשימת התרומות העיקריות מובאת בעמודים הראשונים.

המועצה הציבורית והאוניברסיטה העברית בירושלים מקוות שהאנתולוגיה לשירי־עם ביידיש תהיה מקור של חדווה והשראה למשפחות יהודיות ברחבי תבל וכן לבתי־ספר, בתי־כנסת וגופי־ציבור בעולם היהודי.

סיני לייכטר
יו״ר המערכת

אמה שייבר
יו״ר המועצה הציבורית

פֿאָרוואָרט

מיר גלייבן, אַז די לייענער און זינגער פֿון די לידער, וואָס גייען אַרײַן אין דער דאָזיקער אַנטאָלאָגיע, זײַנען פֿאַראינטערעסירט צו וויסן די געשיכטע פֿון דער אונטערנעמונג, דעריבער געבן מיר דאָס איבער גאָר בקיצור.

אין יאָר 1979 איז צום אָפּטייל פֿון געזעלשאַפֿטלעכע באַציִונגען בײַם העברעיִשן אוניווערסיטעט אין ירושלים געקומען אַן עולה פֿון לענינגראַד, אהרון ווינקאָוועצקי, מיט אַ פֿאָרשלאַג אַרויסצוגעבן אַן אַנטאָלאָגיע פֿון ייִדישע פֿאָלקסלידער, באַזירט אויף מאַטעריאַלן, וואָס ער האָט צונויפֿגעזאַמלט אין רוסלאַנד במשך פֿון אַ סך יאָרן. דער פּלאַן איז אָנגענומען געוואָרן און ס׳איז געשאַפֿן געוואָרן אַ געזעלשאַפֿטלעכער קאָמיטעט בראש מיט עמאַ שייווער (ירושלים) און לעאָן גילדעסגיים (ניו־יאָרק). ס׳האָבן אָנטייל גענומען אין דער אַרבעט — ס׳רוב פֿרײַוויליק — אַ פּאָר צענדליק מענטשן, ספּעציאַליסטן אויף די געביטן פֿון ייִדישן פֿאָלקלאָר, מוזיק, ליטעראַטור, ווי אויך גראַפֿיקער, איבערזעצער, רעדאַקטאָרן און דערציִער — די אַלע זײַנען אינספּירירט געוואָרן פֿון דראַנג, אַז כאָטש אַ טייל פֿון דער פֿאָלקלאָר־ירושה פֿון אונטערגעגאַנגענעם מזרח־אייראָפּעיִשן ייִדנטום זאָל דערגיין צום יונגן דור ייִדן אין גאָר דער וועלט.

די רעדאַקציע פֿון דער אַנטאָלאָגיע האָט אָפּגעהאַלטן אַ רײַ רעגולערע זיצונגען, אויף וועלכע מען האָט דורכגעזופּט דעם צונויפֿגעזאַמלטן מאַטעריאַל און לסוף אָפּגעקליבן 340 לידער, די גרעסטע מערהייט פֿון ווינקאָוועצקיס זאַמלונג, און די איבעריקע צוגעגעבן פֿון אַנדערע זאַמלונגען, צײַטשריפֿטן, גראַמאָפֿאָן־פּלאַטעס און אַלטע כּתבֿ־ידן.

אַבא קאָוונער, דער באַוווּסטער דיכטער אין ישראל, אַ געוועזענער פּאַרטיזאַנען־אָנפֿירער אין ליטע בעת דער צווייטער וועלט־מלחמה, האָט אָנגעשריבן אַ גײַסטרײַכן אַרײַנפֿיר צו דער אַנטאָלאָגיע (איבערגעזעצט אויף ענגליש דורך מאַלקאָלם לאָו און שירלי קאַופֿמאַן, און אויף ייִדיש — דורך אפרים שעדלעצקי). די פּראָזע־איבערזעצונגען פֿון די לידער אויף ענגליש זײַנען געמאַכט געוואָרן דורך סאָל ליבגאָט און פּראָפֿ׳ יצחק וואַלערשטיין; די העברעיִשע פּראָזע־איבערזעצונגען זײַנען פֿון דוד ניב און טיילווײַז פֿון דניאל עפֿרון און יצחק בונה. די אילוסטראַציעס זײַנען פֿון דניאלה פּאַסאַל.

די רעדאַקציע דריקט אויס איר טיפֿן דאַנק און אַנערקענונג דעם פּראָפֿ׳ דב נוי און זײַן ברודער מאיר נוי פֿאַר זייערע ווערטפֿולע עצות און אָנווײַזונגען; יוסף מאַרטאָן — פֿאַר זײַן גרויסער, פֿאַכמענערישער אַרבעט און דעם ה׳ לעאָן גילדעסגיים — פֿאַר זײַנע גרויסע באַמיִונגען צו פֿאַרזיכערן די פֿינאַנסיעלע מיטלען פֿאַר דער אונטערנעמונג (אַ ליסטע פֿון די הויפּט בײַשטײַערס ווערט געגעבן באַזונדער).

דער געזעלשאַפֿטלעכער קאָמיטעט און דער העברעיִשער אוניווערסיטעט האָפֿן, אַז אונדזער אַנטאָלאָגיע וועט העלפֿן צו וועקן און צו שטאַרקן דעם אינטערעס צום זינגען ייִדישע פֿאָלקסלידער, און וועט זײַן אַ קוואַל פֿון פֿרייד און אינספּיראַציע פֿאַר ייִדישע משפּחות אין גאָר דער וועלט, אַ קוואַל, פֿון וועלכן עס וועלן אויך שעפּן ייִדישע לערן־אַנשטאַלטן, שולן און בתּי־כּנסת און פֿאַרשיידענע אָרגאַניזירטע ייִדישע גרופּירונגען און אינסטיטוציעס.

עמאַ שייווער
פֿאָרזיצערין פֿון געזעלשאַפֿטלעכן קאָמיטעט

סיני לײַכטער
פֿאָרזיצער פֿון רעדאַקציע־קאָמיטעט

די אַנטאָלאָגיע אַנטהאַלט 340 לידער, וואָס זײַנען גרופּירט אין 14 אָפּטיילן לויט זייער טעמאַטיק.
די אַנטאָלאָגיע באַשטייט פֿון פֿאָלגנדע פֿיר בענדער:

ערשטער באַנד

אַבא קאָוונער:

— ״פֿאָלקסלידער אָן דעם פֿאָלק״

I. ליבעלידער

II. וויגלידער

צווייטער באַנד

III. קינדערלידער

IV. פֿאַמיליע און שטייגער לידער

V. אויף חתונות, שׂמחות, יום־טובים

דריטער באַנד

VI הומאָר און סאַטירע

VII. חסידישע לידער

VIII. געמישט־שפּראַכיקע לידער

IX. אָרעמקייט, אַרבעט און נויט

X. רעקרוטן און סאָלדאַטן לידער

פֿערטער באַנד

XI. קאַמף און ווידערשטאַנד לידער

XII. געטאָ און פּאַרטיזאַנען לידער

XIII. רעליגיעזע און נאַציאָנאַלע לידער

XIV. אַהיים קיין ציון!

האנתלוגיה כוללת 340 שירים, הממויינים ב־14 פרקים לפי נושאיהם.
האנתולוגיה מרכבת מארבעה כרכים כדלקמן:

כרך א

אבא קובנר:

— ״שירי־עם ללא עם״

I. שירי אהבה

II. שירי ערש

כרך ב

III. שירי ילדים

IV. שירי משפחה והווי

V. שירי חתונות, שמחות וחגים

כרך ג

VI. הומור וסטירה

VII. שירי חסידים

VIII. שירים דו־לשוניים

IX. שירי דלות, עמל ומצוקה

X. שירי טירונים וחיילים

כרך ד

XI. שירי מאבק ומרד

XII. שירי גטו ופרטיזנים

XIII. שירי דת ולאום

XIV. הביתה — אל ציון!

אנתולוגיה לשירי עם ביידיש

כינס	אהרן וינקובצקי
מבוא	שירי עם ללא עם -- אבא קובנר
איורים	דניאלה פסל

מועצה ציבורית

יושבת־ראש	אמה שייבר
סגן יושב־ראש	אליהו הוניג
גזבר כבוד	אליעזר גילדסגיים

פרופ׳ ישראל אדלר
אדי ארונוף
יצחק בונה
תיאודור ביקל
אברהם ברניקר
ד״ר ישראל גולדשטיין
ד״ר יעקב גלמן
אברהם הרמן
אלי ויזל
פרופ׳ יעקב זוסמן
סאלם יאך
פרופ׳ אברהם כץ
מיכאל לוקמן
יעקב מאכט
פרופ׳ דב נוי
פרופ׳ דב סדן
יאן פירס
מלוין פנסון
שירלי קאופמן
אפרים שדלצקי
אנקה שמיר
פיי שנק

המערכת

יושב ראש	סיני לייכטר
עורך (עברית)	דוד ניב
עורך (יידיש)	שואל פרדמן
עורך (אנגלית)	סול ליבגוט
עורך משנה (אנגלית)	פרופ׳ יצחק ולרשטיין
עורך (מוסיקה)	לב קוגן
עורך (גרפיקה)	יוסף מרטון
שרטוט תווים	שרה גינזבורג, אדוין סרוסי
הגהות	זאב אלישיב, חיים לייכטר
הגהות (מוסיקה)	צבי קפלן

אַנערקענונג

דער געזעלשאַפֿטלעכער קאָמיטעט און די רעדאַקציע פֿון דער אַנטאָלאָגיע דריקן אויס זייער טיפֿן דאַנק און אַנערקענונג צו די אַלע, וואָס האָבן בײַגעשטײַערט צו די פֿינאַנסיעלע אויסגאַבן אויף צו פֿאַרווירקלעכן דעם פּראָיעקט. אַ דאַנק זייער הילף וועט פֿאַרבלײַבן אַ זייער וויכטיקער עלעמענט פֿון דער קולטור־ירושה פֿון מיזרח־אייראָפּעישן ייִדנטום און וועט געשטעלט ווערן צום באַנוץ פֿון די יונגע דורות ייִדן אויף גאָר דער וועלט.

אַ ספּעציעלער דאַנק קומט אונדזער טײַערן פֿרײַנט אליעזר גילדעסגיים פֿאַר זײַנע אויסערגעוויינלעכע באַמיונגען לטובת דעם פּראָיעקט.

די רעדאקציע דריקט אויס איר אַנערקענונג פֿאַר סאַם ראָטבערג, דער ערן־פֿאָרזיצענדער פֿון דעם קוּראַטאָריום פון דער העברעאישער אוניווערסיטעט אין ירושלים, פֿאַר זײַן וויכטיקע שטיצע.

דברי הוקרה

חברי מערכת האנתולוגיה והמועצה הציבורית מביעים בזה את הערכתם והוקרתם לכל אלה שתרמו מכספם למפעל זה. הודות לנדיבות לבם יישׂרד משהו נוסף ממורשתה התרבותית והפולקלוריסטית של יהדות מזרח אירופה ויועמד לרשות הדורות הצעירים של העם היהודי באשר הם שם.

תודתנו המיוחדת נתונה למר אליעזר גילדסגיים בניו־יורק על מאמציו ועל מסירותו למען המפעל.

המערכת מביעה את הוקרתה למר שמואל רוטברג, יו״ר כבוד של חבר הנאמנים של האוניברסיטה העברית בירושלים, על תמיכתו החשובה.

מקנדה

דניאל י. אלברט
אדי ושאול ארונוף
ברנרד בלומפילד
יוסף ברמן
לואי מנדלסון
פיי מיקיי
ד״ר דוד עזריאלי
ל. רזניק
ליאון שיין
יוסף שפירא

מישראל

יוסף בושייקין
יהודה הוניג
שאהבתו לתרבות היהודית ממשיכה
להרנין את בניו ובני־בניו
ד״ר אלק לרנר
ליבה פיין
לזכר בעלה אברהם
ג׳ני פינק
דניאלה פסל־גכמן
לזכר בעלה ד״ר אליאס גכמן
משפחת רוטמן
לזכר גולדה
אמה שייבר

מארה״ב

וולטר ארצט
תיאודור ביקל
משפחת גילדסגיים
ססיל ורות גרינוולד
לזכר לנה גולדברג, מלבורן
קרן ג. ור. דניאל
נתן דרקטור
פרידה ויינר ולאה מיירון
אהרן חילביץ
מקס טארג
שמעון יגלום
לודויג יוסלסון
רחל סקולקין
לזכר זאב וצביה זילברשטיין
מירושלים
קרן קמפה
פאול קונשטם
דוד רוז
רוני שפירא

ממקסיקו

פרופ׳ טוביה מייזל

מאנגליה

פיֶר גילדסגיים ז״ל

מאוסטרליה

ישראל ומרים בלנקפילד

אינהאַלט/התוכן

אבא קובנר

שירי עם ללא עם

ב־1 בספטמבר 1980
ב־7 בבוקר
כשישבתי לשולחן הכתיבה שלי לכתוב
את דברי המבוא לאנתולוגיה של שירי עם יהודיים חשבתי
לקום ולהתהלך עוד פעם ברחובות העיר
שבעיבורה עמד בית הורי שם
על גדות הנהר הקטן וילנקה שהולך לנהר הויליה שהולך
לנהר הגדול נימן ונשפך לים הצפון חשבתי
מן הראוי לפני שאתה כותב לבוא שוב אל המקור
של שירינו
שרנו בימי חול ומועד בשעות הקטנות של הלילה אבל
בבוקר של האחד בספטמבר
אלף־תשע־מאות־שמונים לספירת הנוצרים
היו רגלי עומדות בעין־החורש
קיבוץ בשרון שמונה פחות משבע מאות נפש לרבות 240 ילדים
רכים במרחק 10,000 מיל מהלך
37 שנים עשרים ואחד ימים ושש שעות בדיוק
מהשעה ההיא
כשאני ורעי־פיקודי אחרוני הלוחמים בגיטו וילנה
מצליחים לחמוק מטבעת ההשמדה הגרמנית ופורצים
דרך
תעלות הביוב ליער הפארטיזאנים
מבלי שאנו יודעים מי יחיה ומי
ימות
מי באש ומי במים
את העיר
שבעיבורה עמד בית הורי שם
שרנו את השירים האלה כינו היהודים בשם
ירושלים־דליטא כי
היה בה כנראה כל מה שיש בירושלים
למעט ציון וירושלים
ולפני שנטשנו אותה לצמיתות העמדנו בסמטאותיה

באריקאדות — — — לוחמים מכל הגזעים ומכל הזמנים בנו בַּאריקאדות
כידוע
משהגיעה שעתם של אנשים לתפוס בנשק
מול צורר ואויב
אבל אינני יודע באמת אינני יודע אימתי
היה אויב כמו
גרמנים — אוקראינים — ליטאים — נאצים — אל אחד — עם אחד — פיהרר אחד
מול
אנשים — זקנים — נשים וטף — מזי־רעב — כלואים — מעונים — בלי
ממשלה — בלי צבא — בלי — בלי — בלי —
לא ראיתי באמת מעודי לא ראיתי מי
מלוחמי חירות האדם ראה בזמן מן הזמנים באריקאדות
עשויות מכריכות של ספרים
כי
בבירת ליטא בגיטו של וילנה לא היה חול
בשביל למלא שקים כמו שעושים צבאות שעושים עמדות
אבל — אם אתם מבינים אותי —
בירושלים־של־ליטא הדפיסו מאה וחמישים שנה ברציפות בשיטת גוטנברג
את התלמוד שהביאו אבותינו מבבל הבריחו מכל האוטודאפה־ים —
באלה הכרכים הגדולים החומים שהיו בשימוש יומיומי
כי כל יהודי וטוב בסביבה הזאת עשה לו
עתים לתורה עשה
דף יומי
כי אלוהים נתן את המצוות וליהודים לא הספיקו 613 המצוות
למלא אותן כי העם הנבחר
נצטווה גם ללמוד
וכל יהודי וטוב בסביבה הזאת עשה לו מנהג
להיות לפחות
בדף אחד יותר חכם בשביל כל הימים
ובספריה כמו בכל בית היה קיר של ש״ס־ים ומה שלא עשה לנו הש״ס הוסיפו
שלום־עליכם שלימד את היהודים לצחוק בעוד עינם השניה דומעת ומנדלי
מוכר־ספרים הסבא של ספרות יידיש המודרנית שהוציאה מקירבה בתקופה
הקצרה בין שתי מלחמות עולם מה שלא הצליחו ספרויות אחרות לעשות
במרוצת
מאות בשנים וי.ל. פרץ בצד ספר שיריו של מיכה יוסף לבנזון מבשרה של
הליריקה
העברית החדשה שנפטר מהעולם
והוא בן כ״ז
וספרי אביו אדם הכהן מחלוצי המשכילים שפרץ חלונות אל העולם הגדול
והרבה הרבה דפים של אייזיק מאיר דיק אשר נולד בימים שלא היה קיים המושג

רב־מכר ולא היתה אשה יהודיה בוילנה
ומבנות העניים בעיקר
שבצאתה לשוק לא נטלה עמה 10 קופיקות נוספות כדי לקנות ספרון חדש
מסיפוריו של הרומאניסט העממי למען המשפחה כולה
שתהא יושבת ביום השישי קוראים ואינם שובעים
מאייזיק מאיר דיק ולאחרים היתה אהבת ציון
של מאפו
ואת בעיר ההריגה של ביאליק רבים ידעו על פה
ולא הבינו
והנה השיר כאן על המיתרס עם כל כרכי התקופה
הכבדים
שמאחוריהם אפשר עכשיו להשעין את הרובה עם ארבעת הכדורים
את האקדחים השלופים
את הרימונים מתוצרת הגיטו
מול השער
שנכנסים בו המחסלים הגרמנים רגלים ורוכבים על זחלמים וגוררים
תותחים והקסדות מבהיקות
בשמש הבוקר — 1 בספטמבר 1943
בדיוק לפני 37 שנים ואני יודע כי
באותו מקום עדיין היא עומדת על תילה אולי יפה משהיתה
אפילו

כי וילנה הבנויה בנויה מחדש
וירושלים בליטא איננה ולא תהיה
עוד ואני
נכנע
לכוח המשיכה של כדור הארץ
חוזר לשולחן הכתיבה שלי שתרמה לי ועדת הריהוט
של הקיבוץ כשחזרתי מהדרום ממלחמת הקוממיות
השלישית במלחמותי ולא
האחרונה — ופתחתי את אסופת השירים ומצאתי את השורות שכתב
חיים נחמן ביאליק ביידיש ואני מעתיק אותן לכאן
מלה במלה:

„אונטער די גרינינקע ביימעלעך
שפּילן זיך משה׳לעך, שלמה׳לעך,
ציצית, קאַפּאָטקעלעך, פּאה׳לעך. —
ייִדעלעך פֿריש פֿון די אייעלעך".

1.

הגדול בשבטי ישראל

את השירים האלה שר עם בעולם שאיננו עוד. זה עולמה של יהדות מזרח־אירופה, בתחומיה נתרכזו בדורות האחרונים שלפני מלחמת העולם השנייה רוב מנינו ורוב בנינו של העם היהודי; בקירבה פעל ושיגשג הגדול בשבטי ישראל מאז יצאה האומה היהודית בגלות.
עד שלא עלו צבאות היטלר והפכו את היבשת לקרמאטוריום היתה אירופה זו המזרחית בית־יוצר ממש לסופרים, לאמנים, לפילוסופים ולמדענים שקנו להם שם עולם
בקרב עמם ובין האומות. אך לא פחות
מהתרומה, הידועה לכול, לתרבות האוניברסאלית, שתרמו אנשי־שם מהאינטליגנציה
היהודית, היתה חשובה לתולדות החיים היהודיים היצירה האלמונית שהפיקה
עממיות שרשית ותוססת, שהטביעה חותם לא־יימחה
על עיצוב דמותו של הטיפוס היהודי במזרח־אירופה ועל
נוסח חיי יחיד וציבור.

2.

בין מיתוס למציאות

מריגה, שלחוף הים הבאלטי בצפון, ועד אודיסה, שעל גדות הים השחור,
מקאליש ועד ברודי
ופולטאווה, עבור דרך
המחוזות רחבי הידים של רוסיה ואוקראינה,
בסרביה ורומניה, בוהימיה, מורביה והונגריה
ובעיקר
בערים ובעיירות של פולין וליטא
עולים כפורחים בתי ישראל בשעה שאירופה עדיין
שרויה בדמדום של ימי ביניים.
אבות אבותיהם באו גלים גלים: גל מן המערב וגל
מן המזרח, לסירוגין. פעם כפליטי ביזנטיון ופעם
מגזירות אשכנז
ניצולים. מימים קדומים
היו סוחרים יהודים בדרכים הלכו דרך ארצות
האודר והוויסל לבוא בשערי
אסיה ונהר
הסמבטיון. כך מספר לנו אברהם בן־יעקב, הנוסע היהודי,
על צמיחתה של קהילה יהודית בקייב, שראה

במחצית המאה העשירית. הדעת נותנת
שבירתה של נסיכות קייב כבר היתה באותה תקופה מרכז למתיישבים יהודים
וצומת דרכים למעבר, משפחות וקבוצות יהודים, מערבה —
לעבר מחוזות פודוליה ואפילו למברג. ומהעבר השני
הלכו וגברו השיירות ממדינות הגרמנים לכיוון בוהימיה ומורביה
הם חתרו מזרחה — — — בין אם כמחפשי מיקלט ובין אם כמבקשי מרחב
לכישוריהם לא באו המהגרים היהודים לארץ הסלאבים בשער האחורי, כגנבים
בלילה, אלא עלו בדרך הראשית של הציוויליזאציה: התפתחות הערים באירופה
הלכה באותה עת ממערב למזרח — ובכיוון זה נעה גם ההגירה היהודית. דומה,
שמימים קדומים
היה לנודד היהודי ראדאר משלו, לנווט את ספינתו בין צוקים וסערות ולא
להתנפץ אל הסלע.

.3

הסיפור מתחיל בסבר־פנים

לפני כאלף שנים
בטרם מלך מלך על פולניה נזדמן בגבול המדינה הלך יהודי.
האיש היה סוחר ותלמיד חכם נודד והולך כאחיו — מזרחה. בימים ההם החלה
להגיע לארץ הסלאבים בשורת הנצרות ועדיין לא הופיעה בעקבותיה שנאת־
ישראל של הנוצרים. היו תושבי המקום מקבילים את היהודי בלחם ומלח
ואומרים לו: מן השמים הראו לנו באותות כי אתה האיש תמלוך עלינו לאחד את
שבטינו, ואתה קום ומלוך עלינו!
ושמו של היהודי הוא פרוחובניק* להעיד על הדרכים הרבות שנתאבקו רגליו
בעפרן והוא נתרצה להם והיה למלך על פולניה — יום אחד
למחרת השליכוהו לכלבים —

אַ מאָל איז געווען אַ מעשׂה,
די מעשׂה איז גאָר ניט פֿריילעך:
די מעשׂה הייבט זיך אָנעט
מיט אַ יידישן מלך...״

היום אין אנו יודעים מה מידת האגדה ומה גרעין האמת ההיסטורית אודות
המלך־ליום־אחד. אך אמת לאמיתה היא, שבין חיי מלכות וחיי כלב יצאו שם
כארבעים דורות של אבותינו. ראשונים שבהם נתקבלו בסבר־פנים מעורר תקוות.
המלכות — נסיכים ודוכסים — היו מזמינים אותם להתיישב בתחומם ולחסות
בצילם על מנת לסייע בפיתוח הארץ הנחשלת, במסחר ובבינוי הערים הפרטיות
של השליטים הסלאבים. דומה שהכול היה מזומן להם לטוב, מקץ הרדיפות
במערב הנה נפתח להם שער החיים במזרח.
עד מהרה

* פרוחובניק — פירושו: נושא האבק.

ירדה עליהם גם כאן המארה הישנה, קללת האפליה,
עוינות העירונים והלאומנים, אנטישמיות של הכמורה הנוצרית,
עלילות הדם. הפרעות.
היהודי הרצוי חזר להיות הזר. דמו הותר.

.4

וכאשר ילחצו אותו

לא ייאמן!
בימים ההם הטובים, בעוד המהגרים היהודים רצויים עדיין וחוסים תחת הגנתם של השליטים, רואים בטוב הארץ ובערים המצטמחות בעזרת פעלם, היתה קהיליית היהודים על גדות הויסלה והנימן, הדנובה והדניפר והוולגה, קטנה ומצומצמת. בימי ועד־ארבע־ארצות, בתקופת הפריחה של האוטונומיה היהודית שם, לא היו היהודים אלא מיעוט מבוטל. בשעה שעלה באש ובחרב במאה ה־17 חמילניצקי, גדול צוררי היהודים עד אז, להשמיד ולהחריב את בתי ישראל, לא מנתה האוכלוסיה היהודית בכל פולין אלא כרבע מיליון נפש בלבד! בשעה שפשטו קלגסי היטלר לבצע את הפתרון־הסופי עמדו במזרח־אירופה בחיים למעלה משבעה מיליון יהודים.
אמנם פרנסותיהם הוגבלו מכבר. לא הותר להם לרכוש קרקע משלהם. לסוף גורשו על ידי ממשלת הצאר מהערים הגדולות אל תחום־המושב, שנועד להחניק עם ולא להחיותו. אך כאן במצוקתם הקיומית הנוראה מגלים היהודים את חיותם המופלאה, את כשרונם לחיים.

.5

הפאראדוקס של השטטל

מופרשים מהחברה הסובבת, מנותקים כמעט לחלוטין מהעולם הגדול, מבודדים על ידי דרכים משובשות בין ביצות ויערות ועל ידי חומת איסורים פוליטיים, מפתחים היהודים, המרוכזים בצפיפות שלא תיאמן, את טיפוס הקהילה המיוחדת במינה, ששמה העיירה היהודית — שטטל — של מזרח אירופה.
שטטל לא היתה עיר קטנה. ולא כפר גדול. שטטל
לא היתה אלא אבר קטן מגופו של קיבוץ גדול — והיא עולם יהודי שלם לעצמו.
זהו עולמו של פאראדוקס כביר:
מיליונים מבני העם־הנבחר, שנועדו מטעם ההשגחה־העליונה לגדולה, חיו כאן בתחום־המושב ובגיטאות כמו חיות במיכלאות, בדחקות ובשפלות מבזה. אך לא היה כמו העיירה היהודית מקום פתוח לעולם, ער ורגיש לקולות המבשרים את ההשכלה, תחיה לאומית, גאולה חברתית, מקום כה מעורב באידיאלים של מהפכה, פרוגרס והומאניזם שנישאו וניסרו בשמי העולם המודרני. במרתפים הטחובים, בעליות הגג, בחצר בית־הכנסת, או בכיכר השוק שבערים ובעיירות

האלה, חיו יהודים את ההיסטוריה באינטנסיוויות לא מצויה. הם לא היו הפרשים והמצביאים של המערכות הגדולות של זמנם, הם לא עשו את ההיסטוריה, אך ההיסטוריה היתה משהו שקורא להם תמיד.

ליד שרפרפו של הסנדלר,

במשא ומתן עם החייט, בשיחת יום יום על ביצה ותרנגולת,

בשוק הישן

כמו בשיחה בניחותא עם האורח לשבת,

בכל מקום שהיו נסקרים עניני דיומא, יכולת לשמוע

איך נזכרים מעשי בראשית, הגרוש מגן העדן, המבול ולקחו, חורבן הבית ו... מלחמת רוסיה־יפן. בנשימה אחת היו מעלים כאן את שמותיהם של בלעם, אלכסנדר מוקדון, הגאון מוילנה ונפוליאון, המגיד מדובנו ורוטשילד; מביאים ראיות מהרמב״ם, מקוהלת, משמם של רבי עקיבא והבעל־שם־טוב, מספרים כרבי נחמן מבראצלאב, כאילו היו

נפשות נוכחות, חיות, בני הדור הזה, ועוד מעט יצאו מה״פוליש״ של בית המדרש הישן, וילכו בשוק הדגים, או ישבו מסביב לשולחן המשפחה. לא היה, דומה, מקום יותר קרוב להר סיני מאשר בית המדרש המושלג בעיירה ליטאית או אוקראינית.

אוצר בלום לעצמו היו הקללות הללו

ביידיש. אך אפילו קללותיהם של הבעלגולס ושל התגרניות בשוק מלאות היו השלכות עצומות לסיפורי המקרא, לספרות האגדה וההלכה, מתייחסות לשולחן־ערוך ולעין־יעקב,

למסורת דור ודור. ומאידך, בקוטב השני של המסורת

לא היו רעיון מהפכני באירופה ותנועת שחרור בעולם שלא נגעו ביהודי השטטל נגיעה אינטימית, והסעירו את כתלי הבית ואת שולחן המשפחה בוויכוחים נוקבים וכיסופים, לא פחות מבואו של משיח.

הנה כך היתה עוברת לפני בית־הכנסת הגדול תהלוכת פועלים נלהבים מניפי דגל אדום באחד במאי, ובאותו רחוב, נטול ריצוף ומידרכה, העלו אבק רגלי צעירים לא־פחות נלהבים במצעד השנה של ל״ג בעומר עם דגל המדינה־היהודית־בדרך מתנוסס מעל ראשיהם.

חסידים נושאים בזרועותיהם תינוקות, מעוטפי טליתות, לשעור הראשון בחדר, כשעל פניהם חולפות סיעות של ״תרבותניקים״ הממהרים לבית־הספר שבו כבר מלמדים עברית־בעברית! באותה שעה יושבים יהודים עבדקנים על ספסלי העץ בגן הציבורי ובולעים בצמא את המאמרים הראשיים של היומונים ביידיש, ״היינט״ ו״מאמענט״, שהגיעו מוורשה ועוד ריח הדפוס לא נימר מהם.

בין מייסדי הקהילות האלו לא היה ודאי אחד, שחשב שהשטטל שלו זה כל־עולמו, ושבין הסמטאות הללו הוא בנה את ביתו לצמיתות. היהודי מעולם לא ביטל את עניני העולם־הזה מפני העולם־הבא. לחובותיו הארציות הוא התייחס, מרצונו או שלא מרצונו, ברצינות גמורה. אך הוא גם מעולם לא שכח כי כל־זה כאן הוא בסך־הכול ״על תנאי״, עד שיבוא אליהו הנביא ויבשר כי הגיעה השעה

לקראת הגאולה. מרחוק, כלומר בעיני זר, היה הרחוב היהודי דומה לקן נמלים, שיצוריו מתרוצצים ומתגודדים סביב סביב כסומים. אך להמון השטטל היה חלום! מחלום זה קמו טרוצקי וויצמן, שאגאל וארתור רובינשטיין, חיים נחמן ביאליק ודוד בן גוריון. מעל עריסתם הם שמעו מלותיו וניגונו של אותו שיר־ערש:

„אונטער מײַן קינדס וויגעלע
שטייט אַ גאָלדן ציגעלע.
ס׳ציגעלע איז געפֿאָרן האַנדלען
ראָזשינקעס מיט מאַנדלען...״

.6

מאחורי הסטריאוטיפ

מאחורי תדמית של רוכלים וחלפנים, שאין להם בעולמם אלא בצע כסף, מסתתרת הדמות האמיתית של ציבור יהודי מגוון ורב, שעשו ככל שידם השיגה להתפרנס בכבוד ולשמוח בחלקם. והם עסקו בכל המלאכות שהקיפו
את צרכי החיים בשעתם —
הם היו הטוחנים בטחנות הקמח
והאופים את הלחם,
הם היו החייטים והרצענים, הסנדלרים והתפרנים והבורסקאים,
הם היו טייחים, זגגים ונפחים:

„אין דער קוזשניע בײַ דעם פֿייער,
שטייט דער שמידער און ער שמידט;
קלאַפּט דאָס אײַזן, פֿונקען פֿייער שפּריצן,
און ער זינגט דערבײַ אַ ליד.

פֿון דער פֿרייהייט, וואָס וועט קומען,
זינגט ער מוטיק, זינגט ער הייס,
און ער פֿילט ניט, ווי עס רינען
פֿון זיין פנים טײַכן שווייס״.

בין אנשי עמך אתה מוצא בכל ישוב את דמותם של העגלון, הסבל ושואב־המים. את הסנדלר, שמלאכתו אינה מפרנסת את בעליה והוא גם מלמד־של־תינוקות כדי להחיות את נפשו:

"אָ, העמערל, העמערל, קלאַפּ,
שלאָג שטאַרקער אַ טשוועק נאָך א טשוועק!
קיין ברויט איז אין שטוב שוין ניטאָ,
נאָר צרות און לייד אָן אַן עק".

לצידם של הרוכל בסידקית, ולפעמים באבנים טובות, המכתת רגליו בין טירות ה"פריצים" להביא טרף לפי הטף הרב, ולצידו של מנחם-מנדל השטוף בעסקי אוויר, אתה פגשת את גבם השחוח של ראשוני הפרולטאריון היהודי, יוצאי בעלי מלאכה זעירה ובתי חרושת:

"גיי איך מיר אין פּאַבריקע,
דער זייגער איז שוין אַכט;
קום איך מיר אין פּאַבריקע
און בלייַב מיר שטיין פּאַרטראַכט..."

רבונו-של-עולם! — שאלו פועלים אלה — היש לנו סיכוי שלא למות משחפת בין כתלי פאבריקות עלובות אלו?
והם גם עסקו בעבודות היער ובעבודות המים. היהודים בסביבה זו בנו דוברות והשיטו עצי יער בנהרות אל ימת דנציג וחופי הולנד. עד שלא נעקרו היו כאן יהודים עובדי אדמה, אף בעלי אחוזות פה ושם.
והיו ערים יהודיות, שהגויים היו מיעוט בהן, עד שלא נתחכמו הרשויות לשנות את תחומי העיר לקראת מיפקד האוכלוסים והבחירות; והיו גם עיירות שלא היה בהן אלא גוי-של-שבת.
השוק והיריד היו מקומות המיפגש העיקריים בין יהודים וסביבתם;
כאן נתקיים המשא ומתן בין האיכר והיהודי, מתוך מתח והזדקקות הדדית:
היהודים צריכים היו לפרי אדמתו ומשקו של האיכר ואילו זה נזקק לכלי מלאכה ולעזרי משק הבית שבחנותו ובית מלאכתו של היהודי.
מאות בשנים היו יהודי מזרח אירופה מוריהם ומדריכיהם של העמים הסלאביים בתחום המסחר, הקמעוני והסיטונאי, באמנות סחר החוץ, בתורת הפינאנסים ומקצועות טכניים. הם בנו את הבנקים החשובים והניחו יסוד לתעשיות הטקסטיל, הסוכר, הטבק והביגוד.
עולם של הגויים הצטיין ביציבות ואיטיות ואילו קו אופי של היהודי היה מסוער בפעילות ויזמה תמידית. לא מקרה הוא שהיהודים היו המאיצים והמממנים הראשיים של הנחת מסילות הברזל באירופה, שאמורות היו לסמל יותר מכול את אחדותו של העולם החדש ההולך ונבנה:

"לאָמיר טרינקען א לחיים,
אײַ-אײַ, אײַ-אײַ!
פּאַר דעם לעבן, פּאַר דעם נייעם,
אײַ-אײַ, אײַ-אײַ-אײַ!"

.7

אוצר הנשמה

עולם חדש אמנם הלך ונבנה: אט אט חדרו השינויים גם לשטטל היהודית. את התמורות בישר עשן הרכבות, רעם תותחים מרחוק, וכובעי גימנזיסטים על ראשי ילדים יהודים. הרחוב היהודי לבש בהדרגה צביון של חברה מודרנית יותר, חילונית יותר, בעלת תודעה פוליטית ערה, שוקקת חיות תרבותית ואינטלקטואלית. אולם גם בכניסה למאה העשרים שמרה חברה זו אמונים לבית־סבא, שמתוכו צמחה, ועל נוסח החיים של השטטל וערכיה הפנימיים, כעל משהו מאוד מהותי, שיש להנחילו מדור לדור.
כי אכן היתה העיירה היהודית מעין יחידה חברתית בעלת הנהגה עצמית מגובשת, שעיצבה סגנון חיים משלה, אשר לו סולם ערכים מובהק.
ואכן —

״אִם יֵשׁ אֶת־נַפְשְׁךָ לָדַעַת אֶת־הַמַּעְיָן
מִמֶּנּוּ שָׁאֲבוּ אַחֶיךָ הַמְדֻכָּאִים
בֵּין מְצָרֵי שְׁאוֹל וּמְצוּקוֹת שַׁחַת, בֵּין עַקְרַבִּים —
תַּנְחוּמוֹת אֵל, בִּטָּחוֹן, עָצְמָה, אֹרֶךְ רוּחַ
וְכֹחַ בַּרְזֶל לָשֵׂאת יַד כָּל־עָמָל, שֶׁכֶם
הַנָּטוּי לִסְבֹּל חַיֵּי סְחִי וּמָאוֹס, לִסְבֹּל
בְּלִי קֵץ, בְּלִי גְבוּל, בְּלִי אַחֲרִית —
אֶל־בֵּית הַמִּדְרָשׁ סוּר, הַיָּשָׁן וְהַנּוֹשָׁן,
בְּלֵילֵי טֵבֵת הָאֲרֻכִּים, הַשּׁוֹמֵמִים,
בִּימֵי הַתַּמּוּז הַבֹּעֲרִים, הַלֹּהֲטִים,
אָז יַגֶּדְךָ לִבְּךָ,
כִּי רַגְלְךָ עַל־מִפְתַּן בֵּית חַיֵּינוּ תִּדְרֹךְ,
וְעֵינְךָ תִּרְאֶה אוֹצַר נִשְׁמָתֵנוּ״.

ח. נ. ביאליק

שערי בית המדרש היו פתוחים כל ימות השבוע, יומם ולילה. הלימוד היה צורך חיים יסודי. כל בחור וטוב מישראל גלה מבית הוריו למקום תורה, כדי לעשות שנים בישיבה מפורסמת.
הישיבה היא מן המוסדות הוותיקים ביותר בתפוצות. אך במזרח אירופה היא הגיעה לשיא התפתחותה והישגיה. בישיבות פולין וליטא עוצבו אורחות חינוך והתנהגות שהקנו להן שם עולם.
מבין כתלי ישיבות אלו יצאו לא רק גדולי תורה מפורסמים אלא, ולא במקרה, היה כאן בית גידולם של רבים ממשכילי הדור החדש ואנשי הרוח שמילאו תפקידים מרכזיים בתנועת התחיה הציונית ובתנועות המהפכניות של הזמן החדש.
בהעדר מוסדות סעד ממשלתיים ומערכת מילגות ציבורית היה מנהג ״אכילת

ימים" למוסד חברתי, שהציל רבים־רבים מבחורי הישיבה מחרפת רעב וגם זימן להם, לפעמים, את בחירת לבם... כל משפחה היתה מזמינה בחור ישיבה לסעוד על שולחנה, מספר ימים, כל אחד כפי יכולתו. ואילו זיווג בת־עשירים עם בן־עניים אבל תלמיד־חכם היה אידיאל חברתי בעיני יהודי מזרח אירופה. מאות בשנים לפני שהונהג חינוך חובה במדינות אירופה היו כל בני היהודים לומדים עוד לפני גיל בית הספר, המקובל כיום. כשלילד יהודי מלאו שלוש, או ארבע, שנים כבר היה הוא יושב לפני רבו ללמוד תורה ואלף־בית:

"אויפֿן פּריפּעטשיק ברענט אַ פֿײַערל
און אין שטוב איז הייס,
און דער רבי לערנט קליינע קינדערלעך
דעם אָלף־בית.

זעט־זשע, קינדערלעך, געדענקט־זשע, טײַערע,
וואָס איר לערנט דאָ;
זאָגט־זשע נאָך אַ מאָל, און טאַקע נאָך אַ מאָל:
קמץ אָלף — אָ!

און אַז איר וועט, קינדער, דעם גלות שלעפּן,
און אויסגעמוטשעט זײַן,
זאָלט איר פֿון די אותיות כּוח שעפּן —
קוקט אין זיי אַרײַן!"

דלה ככל שהיתה, קיימה כל קהילה יהודית את מוסדות החינוך שבתוכה ועליה היתה דאגתם של יתומים וילדי עניים. לא היתה בשטטל מידה יותר פחותה לתאר שפלותו של אדם מאשר בור, עם־הארץ.

ביום חג ומועד ובכל יום שבת היה בית־הכנסת מקהיל לתוכו את העדה. דלה ככל שהיתה, לא נמצא ישוב של יהודים שלא עמד במרכזו בית־כנסת. לקטנות בית כנסת אחד, לבינוניות שלושה וחמישה, והגדולות שבקהילות פירנסו עשרים וארבעים בתי כנסת בתחומן! כיצד נתקיים כל זה ללא סיוע ממשלתי כלשהו? מתוך שכבת בעלי־הבתים המכובדים העלו בני העדה את פרנסיהם. ה"פרנס" היה מנהיג הקהילה ונציגה כלפי השלטונות. ה"פרנסים" ו"הוועד" היו אחראים למינוי נושאי המישרות, בודדים מאוד בשכר, לקיום שרותי הקהילה. יכולת לפגוש שם את החזן והשמש, את השוחט־ובודק, הממונה על הכשרות, ועל כולם את הרב. הוועד היה גובה את המסים — בשביל המלכות ובשביל שרותי החינוך, הדת והסיעוד הפנימי. בשעה שהשלטונות חייבו לגבות מס "לפי הגולגולת", המירה הקהילה היהודית את שיטת הגבייה "לפי הממון", כמס יותר פרוגרסיבי לפי יכולתו של האיש.

את הצדקה, מן המצוות העיקריות של היהדות, קיימו באמצעות חברות וולונטאריות. היתה שם חברה "מלביש ערומים", שדאגה להביא בגד ונעליים לאנשים במצוקה. חברה "הכנסת אורחים" — שדאגה לאורח שנטה ללון והוא

חסר אמצעים; וחברה "אל תשליכני לעת זקנה", ו"בית יתומים" ו"הכנסת כלה" ו"גמילות חסד" ו"מתן בסתר" — שמות שמצלצלים משונה היום, אך בסך הכול נועדו לתת מענה של רצון־טוב לאותן בעיות שהחברה המודרנית הגדולה מתלבטת בהן עד עצם היום.

קהילות גדולות הקימו וקיימו בתי־חולים ממש. אבל גם בעיירה הקטנה היתה "חברה" שדאגה לתרופות, לעזרה בעבודות הבית, לסעד נפשי לחולים ערירים, לקיום מצוות ביקור־חולים. ולא לשכוח את קופות ה"גמילות חסד" שנתנו הלוואות ללא ריבית!

מעשי שוד ורצח לא נודעו בעיירה. שיכורים יהודים לא נתגוללו בצדי דרכים, מקרי אלימות היו נדירים מאוד ובאלבום הפלילים של המשטרות ספק אם אפשר היה למצוא מנין יהודים. העונש החמור ביותר שיכלה הקהילה להטיל על חבריה, הסוטים מדרך־הישר, היה הגינוי והחרם החברתי. שהרי הקהילה היהודית, במשך מאות דורות, לא היתה אלא חברה וולונטארית!

.8

ערש המהפכה היהודית

אלה היו יסודי המערכת החברתית והמוסרית של קהילות ישראל במזרח אירופה אך אין לך טעות "אופטית" גדולה מזו הרואה בקהילה־לשעבר עולם שקפא על שמריו בעודנו בחיים, ולהעמיד את ההוויה של השטטל כדוגמה "קלאסית" של שמרנות חשוכה, או כמין "פאסטוראלה של ביצה קרתנית". שהרי גם קהילה מסורתית זו מעולם לא נעלמו בה מתחים סוציאליים ומחלוקות רעיוניות קשות, ארציות ולשם־שמים, ויחיד וציבור ניטלטלו בהם, לפעמים עד משבר. הגדולה והחמורה שבמחלוקות נתגלעה ברבע השני של המאה ה־18 עם הופעתה של החסידות.

הכול יודעים חסידות מהי. אף־על־פי־כן מן הראוי להזכיר, בהקשר שלנו, משהו ממאפייניה של תנועה זו, שמעטות דוגמתה בתולדות התרבות האוניברסאלית. ראשיתה בנידחים שבישובי הספר של אוקראינה. עד מהרה גרעיניה מגיחים "מן היערות" ומתפשטים כנחשול גובר על פני רוסיה־הלבנה, ווהלין, פולין המרכזית, גליציה, הונגריה, רומניה, ליטא, סלובקיה, מתגבשת התנועה ומסתעפת — מעבר לים — עד עצם היום. החסידות לא כבשה את ההמונים בכפייה, אף לא מכוחו של רעיון חדשני. השינוי המשמעותי שהביאה החסידות בכנפיה לקהילות של מזרח אירופה היא העדה החסידית, דפוס אחר של קהילה בראשותו של טיפוס מנהיגי חדש וסמכותי — הצדיק. עדה זו גיבשה נוסח תפילה משלה, שלא חרג כמעט במאומה מגופו של סידור התפילה המקובל, אבל הצטיין בהתלהבות ובאכסטאטיות. באורח תפילתם, בדרך שקיימו מצוות־עשה ובכל התנהגותם היומיומית ניכרו החסידים בגילויי הדבקות — שמחה, שירה, מחול הגוף — שהיה בה מהתפשטות הגשמיות, שכמו פרצה להאיר את כתלי הבית היהודי השקוע בעצבונו ובדלותו. בשורת החסידות היתה איפוא בעיקרה בעיצוב סגנון־חיים ייחודי, שהטביע חותם עמוק בחיי היחיד והקיבוץ היהודי כולו, בכל

אתר ואתר. החסידות הניעה את הגולה לתנועת התחדשות דתית, עממית ועזת ביטוי, שלא חסרה את גילויי המחאה הסוציאלית — נגד עיוותים מוסריים שדבקו ברבני הקהילה ופרנסיה. ובתור שכזאת היא העלתה את זעמו של המימסד הקהלי והדתי. יריביהם הנחרצים ביותר היו "המתנגדים" ובראשם הגאון ר' אליהו מווילנה.

היה זה מאבק שחדר לכל בית ואיים בפילוג חמור בחברה היהודית, בממדים לאומיים, עד שלא באו זרמים חדשים להסעיר את הלבבות. ככלות־הכול היה גם משבר זה מקור לדינאמיקה רוחנית, שהפרתה את מחשבת ישראל ואת היצירה הספרותית של יהודי מזרח־אירופה בכל תחומי ההגות, הפובליציסטיקה, סיפורת ושירה, תיאטרון — ושירי עם:

"וואָס פֿאַרשטייסטו, פילאָזאָף,
מיט דײַן קעצישן מוח'ל?
קום אַהער, צום רבינס טיש,
וועט ער דיך לערנען שׂכל!

טירי־בים, בים־באָם,
טירי־בים, בים־באָם,
טירי־בים, בים־באָם,
אוי־אוי!"

אך תנועה זו ששילמה ביסורים ורדיפות על העזתה לחדש מאורח חיים יהודיים, והראתה את הדרך בעבודת הקודש ברוח רעננה ומקורית, נעשתה תוך פחות ממאה שנים למבצר של שמרנות קנאית ונאלצה לעבור מהתקפה להתגוננות: על הבמה עלתה בסערה תנועת ההשכלה. כל בתי הצדיקים קמים אז נגד ההשכלה וגילויי הסקולאריזאציה של החיים היהודיים. ואילו המשכילים רואים בחסידות את אויבם הראשי ואינם חוסכים מהם את חצי הסאטירה, הדראמאטית והעממית, את הפליטון השנון ואת פזמון העם, שחודרים עמוק יותר מכל ספרי הפולמוס:

"אַ דאַמפשיף האָסטו אויסגעטראַכט,
און נעמסט זיך דערמיט איבער,
דער רבי שפרייט אַ טיכל אויס
און שפּאַנט דעם ים אַריבער!
טירי־בים, בים־באָם...

צי ווייסטו דען וואָס דער רבי קלערט
ווען ער זיצט ביחידות?
אין איין מינוט ער אין הימל פֿליט
און פראַוועט דאָרט שלוש־סעודות!
טירי־בים, בים־באָם..."

בקרב מיליוני היהודים במזרח אירופה עלו זרמים חדשניים, חברתיים ולאומיים. צמחו חוגים, נוסדו אירגונים המוניים, הופיעו מפלגות מגובשות. שולחן המשפחה נתפלג לבעלי דעות מגוונות — זעו סיפי הבית.
כך עלתה כפורחת תרבות יידיש החדשה, ספרות התחיה העברית, עתונות, בכל השפות המדוברות, שפע של פריודיקה, רשת בתי ספר עצמאיים, תורניים וחילוניים, הוצאות-לאור חובקות זרועות עולם.
במזרח אירופה עמדה עריסתה של תנועת הפועלים היהודית המהפכנית והיא לא נשארה רק יציר כפיה של שכבת עילית של אינטליגנציה, אלא מיד ענה לה הד בלבבות עמך, כשזמר-עם מוליך-את-הקול:

"טאַטעס, מאַמעס, קינדערלעך —
בויען באַריקאַדן
און אין גאַסן גייען אום
אַרבעטער אָטריאַדן.
ס'איז דער טאַטע היינט אַוועק
פֿרי אין דער פֿאַבריק,
און די קינדער פֿרעגן ניט
ווען ער קומט צוריק..."

ובאותה עת
ובאותו מקום
מבשילה הציונות:
בראשית שנות ה־80 למאה הקודמת נולדה חיבת-ציון, זרם רעיוני וחברתי שקרא לתחיה לאומית של היהודים ולשיבתם לארץ-ישראל, למולדתם ההיסטורית. התנועה הצעירה, והקטנה מאוד בתחילתה, ינקה את עיקר רעיונותיה מערכי היסוד של המסורת היהודית, מתחושת הגלות, שכה היתה מושרשת בתחום-המושב, והצפיה לגאולה והקשר הדתי ונפשי של כל איש יהודי לארץ-ישראל. עד שתנועה זו הפכה לציונות המדינית המודרנית ולעצמה עממית שעתידה לכונן את מדינת היהודים נאלצו מבשריה לפלס את דרכם בעם מתוך מכשולים ואכזבות. האורתודוכסיה גילתה התנגדות גוברת לרעיון של דחיקת-הקץ ואסרה, בנידוי ובחרמות, על התערבות ילודי-אשה בדרכי ההשגחה-העליונה. ההיסטוריונים של הציונות מעלים בהוקרה את שמותיהם של אישי התנועה ומטיפי הרעיון המצוינים, האינטלקטואלים והסופרים לילינבלום, סמולנקין, פינסקר, אחד-העם. אך מעטים יודעים לציין, כי כתר ההסברה בפופולאריזאציה של החזון הציוני בקרב ההמונים מגיע לאיש שמקצועו היה בדחן-של-חתונות, הזמר הנודד אליקום צונזר, הוא אבי השירה העממית היהודית, והוא גם כתב בשתי הלשונות:

״אין די סאָכע
ליגט די מזל־ברכה,
דער וואָרער גליק פֿון לעבן,
קיין זאַך מיר ניט פֿעלט!״

״המחרשה
היא אבן הראשה
לחיי שלוות השקט
בלי מחסור לגו.״

על שיר זה ועל שירים רבים אחרים שחיבר למען שיבת ציון ומגשימיה, ועל השפעתם על הציבור, כותב הסופר ש.ל. ציטרון, בן־זמנו של צונזר בזכרונותיו: ״בכל הערים והעיירות, שצונזר היה מופיע בחתונות, קורא ושר את שיריו, היתה תעמולתו לטובת ישובה של ארץ־ישראל משפיעה עמוקות על הקהל. כמעט תמיד היו בו במקום מתארגנים סניפים של חובבי־ציון ... כל אימת שנודע בעיר על בואו — מודעות לא נתפרסמו כי האספות היו בבית־כנסת ועל רוב לא ברשיון — היה מבעוד מועד מתקהל ציבור של אלפים, ורבים צובאים על הדלתות מבלי יכולת להיכנס פנימה ... כל הופעותיו עם שירי חיבת־ציון זכו לתשואות נלהבות של הקהל״. וביאוגראף אחר שלו (סול ליפצין) מעיר, כי בהופיע הרצל באירופה ״נפלה קריאתו על קרקע פוריה, כי קרקע זו עיבדוה בחריש עמוק המספר העממי (אברהם מאפו) והמשורר העממי (צונזר)״.
אליקום צונזר (1913־1836) היה ראשון ה״טרובאדורים״ היהודים בזמן החדש, אחריו באו רבים שנשאו את השיר העממי לכל בית יהודי.
בית זה ששרד מאש של פוגרומים מתעטף בדלות ובצער, נישא בסערה רעיונית אל חופי המאה העשרים, כשבלב ההמונים מפעם ניגון ישן־חדש.

.9

משהו לגלגולו של הניגון

איך ממזגים את המלה עם הצליל זאת למדו בני ישראל בבית הכנסת, מימים קדומים, עוד בימי המשנה והתלמוד — במרכז סדר־התפילה עמדה מתמיד אישיותו של החזן.
החזן — לימים יכתירוהו בתואר הרם: ש״ץ, היינו שליח־צבור — לא התייחסו אליו בני העדה מעולם כבתור זמר, אחד בעל־קול בלבד. עוד בעת העתיקה היו כישוריו הנדרשים של החזן לא רק הידע והכשרון להתפלל בציבור, אלא גם תכונות הפדגוג והבדרן .. הוא היה משמש כמלמד תינוקות־של־בית־רבן, משמח חתן וכלה, מנחם אבלים, שליח מצווה ו... מפייט פיוטים. מימי התלמוד ועד העת החדשה היתה החזנות הביטוי היחיד כמעט לפעילות מוסיקאלית ולהנאה ממנה בהווי היהודי המסורתי.
לדעת אתנומוסיקולוגים היתה החזנות במזרח־אירופה בעלת יחוד משלה.

מקוריותה באה לביטוי בליריקה ובדגש שהיה מושם בה על הרגש יותר מאשר על הסדר. חזנות זו עלתה מבתי־הכנסת־של־עץ באוקראינה ופודוליה ונתפשטה מכאן — במאה ה־17 — על פני בתי ישראל בעולם היהודי כולו. זו היתה ״זימרת הרגש״, שקולו ודמיונו של החזן־האמן מילאו בה תפקיד מרכזי.
אין אנו יודעים בבירור מתי נתפרד השיר מהתפילה ומהפיוט, אך ברי הוא, כי שיר־עם — במלותיו ובלחנו — היה מאז ומתמיד אצל היהודים חלק מעבודת הקודש. במרוצת הדורות הוא חרג והלך מהמסגרת התקנית של בית־הכנסת, כשהוא מתפשט ומשתרש בכל התחומים הדתיים והפעילות החברתית־תרבותית של החיים היהודיים. כל מקום שנתגלגל הניגון הדתי היתה שירת הקהל מלווה אותו ומסייעת לו ועל ידי כך כמו מחזקת את רגש האחדות ואת תחושת המורשה המשותפת של בני העדה.
כשהיינו מתכנסים לפנים בחורשות הצונפות־סוד של פולין וליטא, מסובים ליד המדורות — צעירי ״השומר הצעיר״, בני תנועות נוער חלוציות למיניהן, או צעירי ה״בונד״ שנתכנו ״הדבורים״ — ושרים מתוך כיסופי נעורים את שירינו שלנו, ספק אם נתנו את דעתנו על כך כי בעצם הרי אנו טווים בזה אותו חוט שנתמשך מאצל שולחנו של בית־סבא בשעה שהיו בני המשפחה, גדולים כקטנים, מלווים את שבת המלכה בזמירות.
כי משיצא הניגון מהיכל בית־הכנסת הוא נכנס לבית המשפחה והקיף את שולחן הסעודה. לפחות פעמיים בכל שבוע, בכניסת השבת ובצאתה, בסעודות מצווה — לעת ברית מילה, אירוסין, חופה, וכיו״ב — היה קול הזמירות בוקע מבין כתלי הבית. בכל אלה היו שירי העם משמשים ביטוי לקשר ההדוק בין הקב״ה ועמו הנבחר להתורה ומצוותיה, לבין שבת ומועדים. זיקת השירים לספורי המקרא ולספר תהילים בעיקר היתה חזקה, כשם שהיתה ברורה הקונוטאציה לטכסטים הליטורגיים העבריים מהסידור ומהמחזור. השירים לא הביאו את הטכסטים המקודשים כמובאות בלבד, אלא היו מרחיבים אותם ונותנים להם פירוש ברוח צרכי הזמן ומאוויי הנפש, ונפש זו דיברה בשתי הלשונות — עברית והלשון המדוברת — ועל הרוב בזו השניה.
שפת הדיבור — ולרוב יידיש — איפשרה את השתתפותם הפעילה של הציבור כולו — משכילים, תלמידי־חכמים ופשוטי עם, צעירים, נשים, זקנים וטף — כאחד, כשלחן רך־נוגה מוליך את המלים מלב אל לב.
עד שבאו חסידים נלבבים וביקשו לזכך את הניגון והפשיטוהו מכל טכסט. אך גם בהיותו כביכול טהור מסיגי מלים הכול ידעו מה הנפש רוצה לומר:

אַי־בַא, בַא־בַא, בַא־בַא־בַאַם,
אַי־בַא, בַא־בַא, בַא.

.10

נוסח אהבה־רבה בנעימה של קוזאקים

ישנם שירי־עם מאומצים וישנן נעימות שאולות מעם אחר. אף שהיהודים היו בבחינת עם־לבדד־ישכון, תרבות בתרבות נגעה וקולות אנוש וניגוניהם מתערבבים, הרי מושפעים אלה מאלה.
מבין הקומפוזיטורים הרוסים הבולטים של המאה ה־19 ידוע, לדוגמה, מוסורגסקי ביחסו הער למוסיקה העממית היהודית. מוסיקה זו היתה קרובה ללבו בזכות צביונה הרגשי המובהק והוא אף החשיב את תרומתה לאידיאה אוניברסאלית — כראי הסביבה של האמן ומקור יניקתו. לדעת מוסורגסקי, עולם הצלילים של אמן לא ניכר אלא בזיקתו לריאליה של עולמו. והרי עולמו של מוסורגסקי ושורשיו היו רוסיה והעם הרוסי. הוא שידע מקרוב את נפש האדם הרוסי ואת געגועיו ושאיפותיו הנסתרים, הוא שאהב את המוז׳יק בגילויי סבלותיו ושמחותיו — מה למוסורגסקי ולשירה של יהודים עממיים?
מודסט מוסורגסקי (1839־1881), מלחין ומחנך דגול של מוסיקאים רוסים, ברוח אהבה לעממיות הרוסית — וכרוב המוסיקאים הרוסים בני דורו גם אנטישמי מושבע — מצא, מסתבר, ביצירה העממית היהודית את אותה ״אמת מוסיקאלית״ אליה חתר בחיפושיו ובשאיפתו לפשטות. במוסיקה היהודית העממית הוא גילה את היסוד האלמנטארי, הקמאי והיצרי, של המוסיקה, את התצורות הטבעיות והבלתי־כפויות של הביטוי המוסיקאלי של עם. הוא היה מספר, כי בעודנו קצין בשירות צבאי לא החמיץ שום הזדמנות לחמוק מהקסרקטין ולהגיע אל ישוב יהודי כדי להיות נוכח בחתונה שלהם, ולעת מסעותיו היה לעתים עוצר את מרכבתו ורושם בפנקסו את תווי הנעימות ששמע מכליזמר״ים יהודים נודדים בדרכים. ופעם, בצאתו מבית־כנסת, לאחר שהאזין לתפילה ולרינה, רשם: ״שני נושאים עבריים נחרתו עמוק בזכרוני: אחד של החזן והשני של ״המשוררים״ — מקהלת בית־הכנסת — לעולם לא אשכחם!״.
מתוך זיקתו העזה אל המקורות נתהדהדו, כנראה, למוסורגסקי המלוס והריתמוס של היצירה היהודית העממית — בזמר, במחול, במזמורי הדת — כמשהו שנובע בטבעיות אינטואיטיווית, ושובה את לבו. מעבר להבדלי לאום ומחיצות אידיאולוגיות נכבשה נפש האמן מן הכוח של המלוס היהודי והריתמוס של המוסיקה העממית הזאת, כביטוי לשוני שברגש־החיים של היהודים.
ומהעבר השני —
משוררי העם היהודים — חזנים־בדחנים־זמרים־פיטנים, ניני ה״שפילמאנים״ ובני בניהם של לוויים מבית־המקדש — שזימרתם אינה מקצועית, לחניהם אינם עשויים בידע מקצועי, כלי נגינתם פרימיטיוויים וכתיבתם ״מן המותן״; והם, כמובן, מאמצים ושואלים נעימות רוסיות לרוב — מאותו פזמון ראשוני, שחיבר צונזר, לכבוד חיבת־ציון, ״המחרשה״ ועד ״אל נא תאמר זו דרכי האחרונה״ שחיבר גליק בגיטו וילנה.
אך להבדיל ממוסורגסקי כאן התהליך שונה ומורכב. אין כאן שילוב או עיבוד שעשה קומפוזיטור ולא גילוי פנים של פן אקזוטי של חוקר אתנומוסיקולוג, אלא

פשטותה של שאיבה־ישירה — מן המעיין.
ראשוני זמרי העם שלנו לשונם היתה תערובת של יידיש ועברית משכילית עם המון ״אינטרנאציונאליזמים״ — אך אלו היו הנוצות. גופה של לשונם היתה כמובן לשון העם המדוברת — ה״היימיש לשון״ — שפתו האינטימית של עמך, וכך המלוס —
יכולים אנו לפגוש אצל אליקום צונזר נוסח של אהבה־רבה עולה בקנה אחד עם מיקצבים קוזאקיים! כי עולם הצלילים, שלו ושל רעיו, בא להם מבית הכנסת ו... מבין המשפתיים, מאצל עמודו של החזן ומגדרות הצאן בחוטור הרוסי או האוקראיני. והצד המרתק שבשירה הזאת הוא מיזוג האלמנטים, כיצד לקחה ומה מזה עשתה נפש המשורר היהודי בן־העם.
אכן ישנם שירים מאומצים וישנם לחנים שאולים, שצליליהם שומרים על אופים הלוקאלי והלא־יהודי בשירים העממיים שלנו, ועם זאת הם כמו מעוטפים בטלית — בניב מוסתר של עמקות והרהורים. ומאחורי השאול מסתתר פתאם מוטיב מקראי וניגון מסורתי, גובר על הזר. תהליך דומה עובר על הטכסט. בבואו לשיר שירי ילדים, או זמר אהבה, לסלסל ניגון חסידי, או להרקיד שושבינים ולשמח חתן־וכלה — ושירי חתונה, כדאי לזכור, אינם מוסבים על חתן וכלה בלבד, אלא מפליגים לעניני דיומא, לפוליטיקה יהודית, מקומית ועולמית! — וכן בהגישו שירי חיילים עצובים או שירי מוסר היה האמן היהודי העממי מטביע בכל אלה משהו כל כך יחודי, בריתמוס הנוגה־דבקותי של הנעימה ובעוז הביטוי שבמלה, שקשה למצוא דוגמתו במקום אחר. הנה שיר ״המעבורת״* שהיה נפוץ מאוד בשעתו:

״דאָרט ביַי דער ווילִיע גיי איך שפּאַצירן,
זע איך דעם פּאַראָם אויפֿן טיַיך,
הין און צוריק טוט ער איבערפֿירן,
זאָג איך: ״ברידער, דאָס מיינט מען איַיך.
די וועלט איז דער טיַיך און שטרענג,
דער פּאַראָם דאָס איז די ציַיט;
אינעווייניק מענטשן אָנגעשפּאַרט ענג,
און ער שיפֿט — אויף יענער זיַיט.
די שטראָמען מיט די גאוות
און די וועלטלעכע תאוות,
וואָס זיי טריַיבן דעם פּאַראָם;
מער ניט די ליניע,
דאָס אין די אמונה,
לאָזט אונדז ניט פֿאַרטרינקען אין תהום״.

* ביידיש: דער פּאַראָם. מחברו א. צונזר בשנת 1861. הוא נפוץ בנוסחים שונים ומשובשים. כאן הוא מועתק לפי הנוסח המקורי.

11.

ראי החיים

שירי־עם של יהודי מזרח־אירופה הם ראי נאמן של חיי האומה בגולה. פשטות המלוס והריתמוס שלהם מקרבים אותנו יותר מכול להבנת חיותו של הביוטיפ היהודי, השוני שברגש־החיים שלו מזה שבבני סביבתו, העולה מתוך שפעת סבלותיו ושמחת־עניים שלו.

במבט ראשון נושאי השירה הזאת אינם נבדלים מנושאי שירה עממית אצל כל אומה ולשון. אלה ואלה סובבים על מחזור השנה והחיים, על חיי הפרט, המשפחה והחברה, על כל היבטיהם, בעיות פרנסה, מקצועות, אהבה, פרידה, שמחות חגים, ומוות. אלא שכאן נוספים כיסופים לעתיד משיחי מושחלים על חוט של זכרון היסטורי ארוך ארוך. ולא פלא הוא שאלה שירים אינטרוספקטיוויים יותר ונעימותיהם מעניקות למלים הפחזניות והעליזות ביותר גוון של עצבות וצער. כחיים כן חשירה — ואני מאמין, שהאמנותית כמו העממית — מעלה בזרימה דברים בעלי־ערך וחסרי־ערך כאחד. גם כאן, בשירה העממית, תמצא בצידם של דברים תפלים יצירות מופת.

וכשם שעיקר כוחו של השיר העממי בא לו מרוח העם, כן הוא חוזר ועושה לעיצובה של רוח זו:

„קום איך אַרײַן צו שפּרינגען,
אויף איין פֿיסעלע בלויז;
הייב איך אָן צו זינגען —
די שׂמחה איז מיר גרויס!
זינגען מיר, לויבן מיר:
שושנת יעקב!"

במלים ובלחן — רוח ישראל־סבא מרחפת על פני הקרקע שמעליה צמחו שירים אלה, דתיים וחילוניים כאחד.

ולשירה הזו היו גיבורים, נפשות מרכזיות שהופיעו בין שורותיה שוב ושוב:
הילד, החייט הקטן, בת שהגיעה לפירקה, שדכנים ושושביניות,
הסנדלר והרבי, אבות האומה, דוד המלך, אליהו —
אך מעל כולם ניצבת דמותה של ה„יידישע מאַמע", כמו אוצרת את דם־התמצית של הוויית החיים חמורת הסבר של הגורל היהודי בגלותו:

כ'האָב געהאַט אַ מאַמעניו,
האָט זי מיך געלערנט:
זײַ נאָר גוט און פֿרום, און ווייס
מער קיין חכמות ניט!

רעגן־רעגן־רעגנדל,
כ'בין אַ קליין ייִדעלע,
לאָז איך מיך באַרעגענען,
כ'ווייס קיין חכמות ניט..."

.12

הכשרון לא-להיות מרוצה מעצמך

איציק מאנגר, נסיך הבלדות בשירת יידיש, ראה את עצמו כ״נינו של אליקום בדחן״. אליקום בדחן, הוא צונזר, אבי השירה העממית, היה בן דורו של ר׳ ישראל סלנטר. ר׳ ישראל ייסד תנועת התחדשות דתית. מה עוד אפשר היה לחדש בעולמה של אמונת ישראל אחרי הגאון מווילנה, אחר הבעל-שם-טוב, אחרי בעל התניא ורבי נחמן מבראצלאב?

לישראל סלנטר* היה כל מה שדרוש להיות יהודי-יפה, שמח בחלקו ומרוצה מעצמו. אך ר׳ ישראל, כאבותיו הרוחניים**, לא בא אל המנוחה. בעיניו היה הכול בצריך-תיקון. ולא על מנת לחקות את הרמב״ם***.

הוא ניסח י״ג עיקרים משלו:

א. אמת — לא להוציא מהפה דבר שאין הלב מסכים עמו.
ב. זריזות — לא לבזבז רגע לבטלה.
ג. חריצות — לקיים מה שהוחלט במסירות וברגש.
ד. כבוד — לשמור על כבודו של הזולת, אף אם אינך מסכים עמו.
ה. מנוחה — לא לעשות דבר מתוך בהילות, וזוהי מנוחת-נפש.
ו. נחת — דברי חכמים בנחת נשמעים.
ז. נקיון — לשמור על נקיון הגוף והבגד ועל טהרתם.
ח. סבלנות — לעמוד בשלווה בכל מכשול וצרה.
ט. ענווה — לא להקפיד במגרעות חברך ולהכיר בחסרונות עצמך.
י. סדר — לעשות את כל הדברים מתוך סדר ומשמעת.
יא. צדק — כפשוטו: ותר על שלך.
יב. קימוץ — להסתפק במועט.
יג. שתיקה — חשוב והרהר בכל דיבור בטרם תשמיעו.

לא רק רוחו של מטיף מוסר ולהטו ניכרים בזה. אתה יכול כאן למשש משש את הדבר שאין לו תרגום — ושמא גם לא תחליף — הוא ה״אומרו״**** היהודי, שלעולם לא מניח לו להשלים עם הקיים, להיות מרוצה ממעשיו שעשה. דומה, שהדחף לתיקון הוא דחף-היוצר המשותף לחוויית המוסר׳ניק והבדחן כאחד. אליקום צונזר היה איש מצליח מנעוריו. כבר בראשית דרכו כבשו הופעותיו את הלבבות. הוא הרים את קרנו של הבדחן לדרגה שלא היתה לפניו. ״אני זוכר״ — כותב הסופר ס. ספקטור — ״כשגביר מסוים מפטרבורג השיא את בתו. החתונה נערכה במעונם הקיצי מחוץ לעיר, ולחתונה הוזמן, ממינסק הרחוקה, אליקום צונזר. וכשנודע בפטרבורג שאליקום בדחן יופיע בחתונה, יצאו מאות רבות של

---

* מייסדה של תנועת המוסר. נולד (1810) בליטא ומת (1883) בקניגסברג. כבן 12 נתפרסם כמופלג בתלמוד, וגדולי הדור ניבאו לו גדולות. הוגה ובעל כשרון של עורך ומחבר ניחן י.ס. מצעירותו בכושר מנהיגות רוחנית. ישיבות וקהילות חיזרו אחריו להנהיגן.

** אחד מהם: יוסף זונדל סלנט, רבו ומופתו של ישראל, היה אישיות מוסרית מופלאה שסירב לקבל עליו איצטלת רבנות ולהתפרנס מצרכי-ציבור. נפטר בירושלים.

*** י״ג עיקרים של הרמב״ם.

**** בקירוב: אי-שקט, אי-מנוח.

יהודים מפטרבורג ובאו לא־קרואים לחתונה כדי לזכות ולהאזין לאליקום צונזר. מאות יהודים אלה המתינו אחרי החופה שעות רבות אצל הגדר ולא זזו מהמקום עד שלא סיים אליקום..." ובעוד הכול, גבירים ודלת העם, מתמוגגים ממופעיו ומוקירים את שיריו הוא מקפח את הכרת־עצמו. כי פתאום נראית לו טפלה כל ההתפייטות המתקתקת של שירתו והוא מגלה את הצד האפל שבחיי חברתו ואורחותיה. והוא תוקף את המקובל ומסורתי, בלי מורא ופחד, בשלחו חצי סאטירה מושחזים נגד החסידות שנתבצרה בחצרותיה ונוהגיה.
סאטירה אנטי חסידית זו היתה אכן קריאת־הקרב של תנועת ההשכלה הלוחמת. אך צונזר, שאימץ את האידיאלים של ההשכלה, מגלה עד מהרה את הפגום ומעוות שמתלווה לתנועה הצעירה. והוא מסתער — בבדחנות ליצנית, כביכול, אך בחרוזים הנחרתים בתודעה כסכין מרוטה — נגד המשכילים המנוכרים, שבזים למורשתם, נגד המתחזים לאינטליגנטים, נגד ההתבוללות, החקיון והטמיעה, המתלווים למיצעד הנאור של ההשכלה.
מעטים מאוד בעולם האנשים שהשכילו להיות כה בלתי מרוצים מעצמם ומהישגיהם כמו יהודי מזרח־אירופה...
אמנותם הגדולה היתה סגנון חייהם, הבטחון וההומור שהגנו עליהם מפני הטראגיות של החיים. אך לא פחות מאלה — נשקם הסודי, ששמר את חייהם מפני ניוון — היה הכשרון שלא־להיות־מרוצה־מעצמך, והדחף לגלות עולמות חדשים, לחתור ללא־ליאות לרוחניות מעמיקה. יהודים כאלה עתידים להגיע אל הנחלה — אך לעולם לא אל המנוחה.

.13

שבת שלום

השירה תמיד חוזרת מן הבאריקאדות נכלמת. אך אפילו הדגלים — שהשירה היתה מפיחה בהם את רוח הקרב — כבר נכפשו בעפר וכיסופי המשוררים נמחו תחת ההריסות. השיר, שירו־של־עם, כבריה לעצמה, הוא מוסיף ללכת מעבר למערכות מתוכן עלה. וראה זה משונה: משירי־עם כאלה לא נשמע אלינו קול הנבגדות — אף אם אבדה משמעותן המקורית של המלים — אלא עולה מתוכם ונישא, גם היום, צליל של גאוות אדם ולוחם, חם וקרוב, מעבר למחסומי הזמן:

"און אויב פֿאַרזאַמען וועט די זון און דער קאַיאָר,
ווי אַ פּאַראָל זאָל גיין דאָס ליד פֿון דור צו דור".

בשנת 1920, 23 שנים לפני שהנער־המשורר, הירשקה גליק, חיבר את השיר שהיה להימנונם של הפארטיזאנים היהודים בין חומות הגיטו הבוער, בקיץ של אותה שנה ברוכה — בתום מלחמת העולם הראשונה, משנצחה המהפכה הרוסית, מקץ מלחמת האזרחים עקובת הדמים — נועדו משלחות השלום של ברית־המועצות וליטא העצמאית למשא־ומתן על הסכם ביניהן. הצבא האדום עמד אז בשערי ווארשה, והכול ניבאו כי רוסיה המועצתית תשתלט לא רק על

מרחבי האימפריה הצארית, אלא תרחיב את גבולה ותבלע את רוב הארצות השכנות, — נבואה שנתקיימה במלואה כעבור דור אחד בלבד — ובראש המשלחת הסובייטית עמד סגן שר החוץ, היהודי א. יפה, ובראש המשלחת של ליטא עמד סגן שר־החוץ שלה, היהודי שמשון רוזנבוים... להפתעתם של משקיפים השיג הד״ר רוזנבוים ויתורים מפליגים מצד הסובייטים, שלא עלה להשיג בידי שליחי ארצות באלטיות אחרות. אלא ששמשון רוזנבוים, הפאטריוט הליטאי, לא הסתפק בוילנה שהוכרה כבירתם, אלא שאף לספח שטחים שמעולם לא נשתייכו על ליטא, מחוזות רוסיה־הלבנה מרובי היהודים... ויש אומרים, שאינטרס יהודי לאומי היה נר לרגליו במשא ומתן מיגע זה עם המשלחת של רוסיה הבולשביקית.

על רישומם של היהודים בהיסטוריה של אירופה החדשה יעיד גם הסיפור הבא, שהיה רווח בימים ההם. בין אם אמיתי הוא ובין אם בדוי — רוחו היא אמיתו: בשעה שראה בא־כוחה של רוסיה החבר יפה, כי הד״ר רוזנבוים אינו יודע שבעה בתביעותיו הטריטוריאליות, כמעט פקעה סבלנותו והוא שאלו: ״הגידה נא לי, חבר רוזנבוים, היכן לדעתך צריך סוף־סוף לעבור גבולה של ליטא שלך?״

על כך — אמרה השמועה — השיב נציגה של ליטא בלא נדנוד עפעף: ״הם (הגויים) לא יבינו זאת. אבל שנינו יודעים את התשובה בדיוק: כל מקום שהיהודים מברכים שם איש את רעהו ואומרים סבת סלום — שם, בידוע, מדינת ליטא* ובמקום שהיהודים מברכים ואומרים: שבת שלום — מכאן ואילך זו רוסיה!״

את ההבדל בין שי״ן ימנית לשי״ן שמאלית מחה האפר של באבי־יאר, פונאר והפורט־התשיעי. אבל אפילו אלה לא סתמו את המעיין ממנו חוזרים ונובעים חיים ויצירה יהודית — במקום אחר, מעבר מזה. על דרך הפאראפראזה אפשר לשאול: היכן עובר היום הגבול של עולם יהודי?

הם (הגויים) אולי יתקשו להבין זאת, אך בינינו לבין עצמנו אנו צריכים לדעת את התשובה במלוא פשטותה: כל מקום שהאוזן עדיין שומעת שבת־שלום! ובמקום שהיהודים עודם מברכים איש את רעהו ב״שבת שלום״, עם או בלי דיאלקט, ישנה תקווה לשיר העם היהודי שתהיה לו עדנה והוא ישוב ויישמע ברחובה של עיר בשנת 2000:

״און מיר זײַנען אַלע ברידער,
אוי־אוי, אַלע ברידער,
און מיר זינגען פֿריילעך לידער,
אוי־אוי, אוי־אוי!״

* בפיהם של יהודי ליטא היו מתחלפות שי״ן ימנית בשי״ן שמאלית. באחת השנינות נשמע יהודי ליטאי אומר: בכל ״סיר הסירים אסר לסלמה יסקני מנסיקות פיהו״ אין אפילו שין אחת וב״לשושך״״ (לססתך) בלבד — שלוש.

האנתולוגיה של שירי־עם יהודיים מוגשת בזה על ידי ירושלים העברית. את האסופה ליקט והבריחה בגבולות אסורים במסירות־נפש מר אהרון וינקובצקי, עולה חדש מברית המועצות, שהכריתה בשיטתיות מרושעת את התרבות היהודית; דומה שיש בזה יותר מסמל, אולי — נבואת לב.
כי נצח ישראל לא ישקר. ודרך־הרוח מי ידע? התמורות הרוחניות בחברה המודרנית, ככללית כיהודית, זו הפזורה בין העמים ואף זו המתגבשת במדינת ישראל, גורמות לבריות שיחזרו וישאלו אחר מקורות שלהם ושורש זהותם. הכרה מחודשת עם השיר העממי עשויה לא רק להעניק ריגוש נוסטאלגי, אלא — והריני מאמין בכך — להחזיר לאדם המודרני את קול אבותיו, שאינו גווע לעולם:

״און מיר האַלטן זיך אין איינעם,
אוי־אוי, זיך־אין־איינעם,
ס׳איז אַזוינס ניטאָ ביי קיינעם —
אוי־אוי, אוי־אוי!״

קיבוץ עין החורש, תשרי תשמ״א

אבא קאָוונער

פֿאָלקסלידער אָן דעם פֿאָלק

דעם 1טן סעפּטעמבער 1980,
זיבן אין דער פֿרי,
ווען איך האָב זיך געזעצט בײַ מײַן שרײַבטיש שרײַבן
דעם אַרײַנפֿיר צו דער אַנטאָלאָגיע פֿון ייִדישע פֿאָלקסלידער,
האָב איך געטראַכט ווידער זיך אַרויסצולאָזן איבער די גאַסן פֿון דער שטאָט,
וווּ עס איז געשטאַנען מײַן עלטערנס הויז,
דאָרט אויף די ברעגן פֿון דער קליינער ווילענקע
וואָס פֿליסט צו דער ווילִיע
וואָס פֿאַלט אַרײַן אינעם גרויסן ניעמאַן
וואָס גיסט אויס זײַנע וואַסערן אינעם צפֿונדיקן ים.
איך האָב געטראַכט
אַז איידער איך שרײַב דאַרף איך ווידער קומען צום מקור פֿון אונדזערע לידער,
וועלכע מיר האָבן געזונגען אין וואָכעדיקע און אין יום־טובֿדיקע טעג,
אין די שפּעטע נאַכט־שעהען.
אָבער אינעם פֿרימאָרגן פֿונעם ערשטן סעפּטעמבער
טויזנט ניין הונדערט אַכציק פֿון דער קריסטלעכער צייט־רעכענונג
זענען מײַנע פֿיס געשטאַנען אין עין־החורש,
אַ קיבוץ אינעם שרון,
וואָס ציילט קאַרגע זיבן הונדערט נפֿשות,
בתוכם 240 יונגע קינדער,
אויף אַ מרחק פֿון 10,000 מייל און מהלך פֿון גענוי 37 יאָר,
איין און צוואַנציק טעג מיט זעקס שעה
פֿון יענעם מאָמענט, ווען איך און מײַנע חבֿרים־אונטערגעאָרדנטע,
די לעצטע קעמפֿערס פֿונעם געטאָ ווילנע,
האָבן באַוויזן אַרויסצורײַסן זיך פֿון דער דײַטשישן פֿאַרניכטונגס־רינג
און דורכברעכן אַ וועג דורך די קאַנאַליזאַציע־רערן
צום פּאַרטיזאַנער־וואַלד,
נישט וויסנדיק דערבײַ,
ווער עס וועט לעבן און ווער עס וועט שטאַרבן —
מי באש ומי במים...
די שטאָט
וווּ עס איז געשטאַנען מײַן עלטערן־הויז,
דאָרט וווּ מיר האָבן געזונגען די אָ לידער,
האָבן ייִדן גערופֿן מיטן נאָמען ירושלים־דליטא,
וואָרעם ס'איז געווען דאָרט, ווײַזט אויס,
אַלץ וואָס איז בנימצא אין ירושלים
חוץ ציון און ירושלים גופֿא.

איידער מיר האָבן די שטאָט פֿאַרלאָזט אויף אייביק,
האָבן מיר אין אירע געסלעך געבויט באַריקאַדעס —
קעמפֿערס פֿון אַלע שטאַמען און פֿון אַלע צײַטן
האָבן, כּידוע, געבויט באַריקאַדעס,
ווען עס איז געקומען די צײַט צו נעמען דאָס געווער קעגן שונא.
איך ווייס אָבער ניט, איך ווייס באמת ניט,
ווען איז געווען אַזאַ שונא
ווי די דייטשן־אוקראַינער־ליטווינער־נאַציס
איין־גאָט־איין־פֿאָלק־איין־פֿירער
קעגן
מענטשן־זקנים־פֿרויען־און־קינדער
שלעכט־דערנערטע־געפֿאַנגענע־געפּײַניקטע
אָן־אַ־רעגירונג־אָן־אַרמיי־אָן־אָן.
ווירקלעך האָב איך קיין מאָל אין מײַן לעבן נישט געזען,
ווער פֿון די קעמפֿערס פֿאַר מענטשן־פֿרײַהײַט
האָט אין וועלכע ניט איז צײַטן געזען באַריקאַדעס
געמאַכט פֿון בענד ספֿרים.
אין דער ליטווישער הויפּטשטאָט,
אינעם ווילנער געטאָ,
איז קיין זאַמד ניט געווען אויף אָנצופֿילן די זעק,
ווי עס טוען דאָס אַרמייעןביים אויפֿשטעלן פּאָזיציעס.
אָבער —
אויב איר פֿאַרשטייט מיך,
— אין ירושלים־דליטא האָט מען אין משך פֿון הונדערט און פֿופֿציק יאָר
נאָך אַנאַנד
געדרוקט לויטן גוטנבערג־סיסטעם
דעם תּלמוד, וואָס אונדזערע עלטערן האָבן מיטגעבראַכט פֿון בבל,
אים דורכגעשמוגלט דורך אַלע אויטאָ־דאַ־פֿעס — — —
מיט אָט די גרויסע ברוינע בענד,
וואָס זענען געווען אין טעגלעכן באַנוץ,
ווײַל
יעדער גוטער ייִד אין דער סבֿיבֿה האָט געהאַט צײַט צו לערנען אַ דף יומי.
גאָט האָט געגעבן די מצוות,
און ייִדן האָבן זיך ניט באַגניגנט מיט מקיים־זיין 613 מצוות.
דעם אויסדערוויילטן פֿאָלק איז אָנגעזאָגט געוואָרן
אויך צו לערנען.
יעדער גוטער ייִד אין אָט דער סבֿיבֿה
האָט זיך אײַנגעשטעלט אַ מנהג יעדן טאָג
צו ווערן כאָטש קליגער מיט איין דף,
ווערן יעדן טאָג קליגער פֿאַר אַלע טעג.
אין די ספֿרים־שענק פֿון יעדן הויז איז געווען אַ וואַנט פֿון ש״סן,
און וואָס די ש״סן האָבן נישט באַוויזן
האָט מוסיף־געווען שלום־עליכם, וועלכער האָט געלערנט ייִדן לאַכן בעת איין

אויג טרערט, און מענדעלע מוכר־ספרים, דער זיידע פֿון דער מאָדערנער ייִדישער ליטעראַטור, וואָס האָט אַרויסגעגעבן אין דער קורצער תּקופֿה צווישןביידע וועלט־מלחמות דאָס וואָס אַנדערע ליטעראַטורן האָבן נישט באַוויזן אין משך פֿון יאָרהונדערטער, און י.ל. פּרץ, בײַ זײַט מיטן שירים־בוך פֿון מיכה־יוסף לעווינזאָן, דער אָנזאָגער פֿון דער נייער העברעיִשער ליריק וואָס איז אַוועק פֿון דער וועלט אין עלטער פֿון 27 יאָר, און די ספֿרים פֿון זײַן פֿאָטער אדם הכהן, פֿון די ערשטע משׂכּילים וואָס האָבן דורכגעבראָכן פֿענצטער צו דער גרויסער וועלט, און אַ סך, אַ סך בלעטער פֿון אײַזיק־מאיר דיק, וועלכער איז געבוירן געוואָרן אין אַ צײַט ווען עס האָט נאָך ניט עקזיסטירט דער באַגריף פֿון אַ שעדעווער, אָבער ניט געווען קיין איין פּרוי אין ווילנע, בעיקר פֿון די אָרעמע שיכטן, וואָס האָט בײַם אַרויסגיין אויפֿן מאַרק ניט מיטגענומען מיט זיך נאָך 10 קאָפּיקעס צו קויפֿן אַ נײַ ביכל פֿון דעם פֿאָלקסטימלעכן ראָמאַניסט און צוזאַמען מיט דער גאַנצער משפּחה צו לייענען פֿרייטיק־צו־נאַכטס און נישט קאָנען אָנזעטיקן זיך מיט אייזיק־מאיר דיק. פֿאַר אַנדערע איז דאָס געווען אהבֿת ציון פֿון מאַפּו, און בעיר ההריגה פֿון ביאַליק האָבן אַ סך געקענט פֿון אויסווייניק און ניט פֿאַרשטאַנען. און אָט איז דאָס ליד, דאָ אויף דער באַריקאַדע, מיט אַלע שווערע בענד פֿון התּקופֿה, הינטער וועלכע מען האָט געקענט אָנלענען די ביקס מיט די פֿיר קוילן, די אויסגעשטערקטע רעוואָלווערס, די גראַנאַטן פֿון געטאָ־פּראָדוקציע — קעגן דעם טויער דורך וועלכן עס קומען אַרײַן די דײַטשישע מחבלים צו פֿוס און אויף טאַנקעטקעס וואָס האָבן געשלעפּט האַרמאַטן, און גלאַנצנדיקע העלמען אין דער פֿרימאָרגן־זון — — —

ערשטער סעפּטעמבער 1943,
געוני מיט 37 יאָר צוריק.
איך ווייס, אַז אויפֿן זעלביקן פּלאַץ
שטייט זי נאָך, ווילנע, ווי זי איז געשטאַנען,
אפֿשר שענער ווי זי איז געווען,
דען דאָס אויפֿגעריכטע ווילנע איז אויף ס'נײַ אויפֿגעבויט געוואָרן,
בעת ירושלים־דליטא איז נישטאָ
און וועט מער ניט זײַן.
און איך גיב זיך אונטער דעם צוציִונגס־כּוח פֿון כּדור הארץ,
גיי צוריק צו מײַן שרײַבטיש,
וואָס די מעבל־קאָמיסיע פֿונעם קיבוץ האָט מיר געגעבן,
ווען איך בין צוריקגעקומען פֿונעם דרום,
פֿון דער דריטער זעלבשטענדיקייט־מלחמה פֿון מײַנע מלחמות —
און נישט די לעצטע — — —

און איך האָב געעפֿנט די לידער־זאַמלונג און דאָרט געפֿונען די שורות וואָס ביאַליק האָט געשריבן אין ייִדיש און איך שרײַב זיי איבער וואָרט בײַ וואָרט:

„אונטער די גרינינקע ביימעלעך
שפּילן זיך משהלעך, שלמהלעך.
ציצית, קאַפּאָטקעלעך, פּאהלעך —
ייִדעלעך פֿריש פֿון די אייעלעך".

1.

דער גרעסטער פֿון די ייִדישע שבֿטים

די אָ לידער האָט געזונגען אַ פֿאָלק פֿון אַ וועלט וואָס איז מער ניטאָ. דאָס איז די וועלט פֿונעם מזרח־אייראָפּעיִשן ייִדנטום. אין אירע גרענעצן האָבן זיך צונויפֿגעזאַמלט אין די לעצטע דורות פֿון פֿאַרן צווייטן וועלטקריג דער רוב מנין און דער רובֿ בנין פֿונעם ייִדישן פֿאָלק; אין איר האָט געווירקט און פּראָספּערירט דער גרעסטער פֿון די ייִדישע שבֿטים זינט די ייִדישע אומה איז אַרויס אין גלות. ביז עס זענען ניט אויפֿגעגאַנגען היטלערס חיילות און דעם קאָנטינענט פֿארוואַנדלט אין אַ קרעמאַטאָריע, איז דאָס דאָזיקע מזרחדיקע אייראָפּע געווען אַ פֿאַקטישע לאַבאָראַטאָריע פֿאַר שרייבערס, קינסטלערס, פֿאַר פֿילאָזאָפֿן און וויסנשאַפֿטלער, וואָס האָבן זיך געשאַפֿן אַן אייביקן שם ביַי זייער פֿאָלק און ביַי אַנדערע פֿעלקער. אָבער ניט ווייניקער פֿון דער אַלגעמיין באַקאַנטער קאָנטריבוציע צו דער אוניווערסאַלער קולטור, וואָס באַרימטע פּערזענלעכקייטן פֿון דער ייִדישער אינטעליגענץ האָבן צו שטיַיער געגעבן, איז וויכטיק פֿאַר דער געשיכטע פֿון ייִדישן לעבן די אַנאָנימע יצירה, וואָס האָט געקוועלט מיט שורשדיקער ברוויזנדיקער פֿאָלקסטימלעכקייט, וואָס האָט געלייגט אַן אומאָפּמעקלעכן חותם אויף דעם אויספֿורעמען די געשטאַלט פֿון ייִדישן טיפּ אין מזרח־אייראָפּע און אויפֿן נוסח פֿון לעבן, פֿון יחיד און פֿון ציבור.

2.

צווישן מיטאָס און ווירקלעכקייט

פֿון ריגע, ביים ברעג פֿון באַלטישן ים אין צפֿון,
ביז אָדעס, ביַים ברעג פֿונעם שוואַרצן ים,
פֿון קאַליש ביז בראָד און פּאָלטאַווע,
איבער די ברייטפֿאַרנעמיקע געגנטן
פֿון רוסלאַנד און אוקראַיִנע, בעסאַראַביע און רומעניע, בעהמען, מעהרן און אונגערן,
און בעיקר אין די שטעט און שטעטלעך פֿון פּוילן און ליטע
בליִען און וואַקסן ייִדישע ישובֿים,
בעת אייראָפּע געפֿינט זיך נאָך אין דעמערונג פֿון מיטלאַלטער.
זייערע אָבֿות־אַבֿותיהם זענען געקומען כוואַליע נאָך כוואַליע:
אַ כוואַליע פֿון מערבֿ און אַ כוואַליע פֿון מזרח,
מיט איבעררײַסן, אַ מאָל ווי פּליטים פֿון ביזאַנץ
און אַ מאָל ווי אַנטרונענע פֿון די גזירות אין אַשכּנז.
פֿון די עלטסטע צײַטן זענען ייִדישע וואַנדערנדיקע סוחרים
געגאַנגען איבער די לענדער פֿון דער אָדער און פֿון ווייסל
ביז די טויערן פֿון אַזיע, אַזש ביזן סמבטיון.
אַזוי דערציילט אונדז אַבֿרהם בן־יעקבֿ, דער ייִדישער רײַזנדיקער וועגן ווזקס פֿון דער ייִדישער קהילה אין קיִעוו, וואָס ער האָט געזען אין דער העלפֿט פֿון צענטן

יאָרהונדערט. עס לייגט זיך אויפֿן שׂכל, אַז די הויפּטשטאָט פֿון פּירשטנטום קיִעוו איז שוין אין יענער צייט געווען אַ צענטער פֿון ייִדישע אײַנוואַנדערערס און אַ וועגקנופּ אין דעם דורכגאַנג פֿון ייִדישע משפּחות און גרעסערע גרופּעס אויף מערב — צו די קאַנטן פֿון פּאָדאָליע און אַפֿילו לעמבערג. פֿון דער צווייטער זײַט זײַנען געוואַקסן די קאַראַוואַנען פֿון די דײַטשישע לענדער אין דער ריכטונג פֿון בעהמען און מערן. זיי האָבן געשטראָמט צום מזרח — סײַ ווי זוכערס פֿון אַ מקום־מקלט און סײַ ווי זוכערס פֿון שטח פֿאַר זייערע פֿעיִקייטן. די ייִדישע וואַנדערערס זיינען אין לאַנד פֿון די סלאַוון נישט געקומען דורך דער הינטערטיר, ווי גנבֿים בײַ נאַכט, נאָר דורכן הויפּטוועג פֿון דער ציוויליזאַציע: די אַנטוויקלונג פֿון די שטעט אין אייראָפּע איז אין יענער צײַט געגאַנגען פֿון מערב אויף מזרח — און אין דער ריכטונג האָט אויך געשטראָמט די ייִדישע אויסוואַנדערונג. זעט אויס, אַז אין יענע אַלטע צײַטן האָט דער ייִדישער וואַנדערער געהאַט זײַן אייגענעם ראַדאַר צו ריכטן זײַן שיפֿל צווישן פֿעלדזן און שטורעמס, כּדי נישט צעקלאַפּט צו ווערן אויפֿן פֿעלדז.

.3

די מעשׂה הייבט זיך אָן מיט גוטן אויפֿנעם

מיט אַ טויזנט יאָר צוריק, איידער אַ קיניג האָט געקיניגט אין פּוילן, איז אָנגעקומען צו דער מדינה־גרענעץ אַ ייִדישער וואַנדערער. דאָס איז געווען אַ סוחר און אַ תּלמיד־חכם, וואָס האָט געוואַנדערט ווי אַלע זײַנע ברידער — אויף מזרח. דאָס איז געווען אין די צײַטן ווען אין לאַנד פֿון די סלאַוון האָט אָנגעהויבן דערגרייכן דאָס קריסטנטום און עס האָט נאָך ניט באַוויזן אין אירע פּוסטריט אָנצוקומען די קריסטלעכע שׂינאה צו ייִדן. די תּושבֿים האָבן דעם ייִדן אויפֿגענומען מיט ברויט און זאַלץ און אים געזאָגט: פֿון הימל האָט מען אונדז דעם צייכן געגעבן, אַז דו ביסט דער וואָס וועט איבער אונדז קיניגן כּדי צו פֿאַראייניקן אונדזערע שבֿטים, קום און ווער אונדזער קיניג!
דער נאָמען פֿון דעם ייד איז געווען אַבֿרהם פּראָכאָווניק, אַ נאָמען וואָס האָט עדות געזאָגט וועגן פֿיל שטויב פֿון די וועגן וואָס אים איז אויסגעקומען דורכצומאַכן. ער האָט זיי נאָכגעגעבן און איז געוואָרן מלך אין פּוילן — אויף איין טאָג... צו מאָרגנס האָט מען אים פֿאַר די הינט געוואָרפֿן.

„אַ מאָל איז געווען אַ מעשׂה,
די מעשׂה איז גאָרניט פֿריילעך:
די מעשׂה הייבט זיך אָנעט
מיט אַ ייִדישן מלך...“ — — —

עד היום ווייסן מיר ניט וואָס פֿאַראַ מאָס לעגענדע און וואָס פֿאַראַ מאָס היסטאָרישער אמת עס איז פֿאַראַן אין אָט דער לעגענדע פֿון איין־טאָג־מלך. דער אמתדיקער אמת איז אָבער, אַז צווישן דעם לעבן פֿון אַ מלך און דעם לעבן פֿון אַ הונט זענען דאָרט געבוירן פֿערציק דורות פֿון אונדזערע עלטערן. די ערשטע פֿון זיי זײַנען אויפֿגענומען געוואָרן בסבֿר־פּנים־יפֿות. פֿיל זײַנען געווען די האָפֿענונגען. מלכים, פּירשטן און דוכסן האָבן זיי פֿאַרבעטן צו באַזעצן זיך אין זייערע קאַנטן און געניסן פֿון זייער שוץ, אַבי זיי זאָלן העלפֿן אַנטוויקלען זייערע

צוריקגעשטאַנענע לענדער מיט מסחר און בײַם בויען די פּריוואַטע שטעט פֿון די סלאַווישע הערשערס. עס האָט אויסגעזען, אַז דאָרט דערוואַרט זיי בלויז גוטס און אַז ביים סוף פֿון די רדיפֿות אין מערבֿ האָט זיך פֿאַר זיי געעפֿנט דער שער־החיים אין מזרח.

גאַר גיך האָט זיי אָבער אויך דאָ געטראָפֿן די אַלטע קללה, די קללה פֿון דיסקרימינאַציע, די שׂינאה פֿון די שטאָטישע און שאָוויניסטישע עלעמענטן, דער אַנטיסעמיטיזם פֿון די קריסטלעכע גלחים, עלילת־דם, פּאָגראָמען. דער גוט־געזעענער ייִד איז צוריק געוואָרן דער פֿרעמדער. זײַן בלוט איז געוואָרן הפֿקר.

.4

און ווען דער דרוק האָט זיך אָנגעהויבן

נישט צום גלייבן!

אין יענע גוטע צײַטן, בעת די ייִדישע איינוואַנדערערס זענען נאָך גוט געזען און געניסן פֿון דער שוץ פֿון די הערשערס, געניסן פֿון גוטס פֿון לאַנד און פֿון די שטעט וואָס וואַקסן אַדאַנק זייער אַרבעט און מי — איז די ייִדישע געמיינשאַפֿט בײַ די ברעגן פֿון ווײַסל און ניעמאַן, דונאַי און דניעפּער און וואָלגע, נאָך קליין און באַשרענקט. אין דער צייט פֿון ועד־ארבע־ארצות, אין דער בלי־עפּאָכע פֿון דער ייִדישער אויטאָנאָמיע דאָרט, זײַנען ייִדן דאָרט געווען נישט מער ווי אַן אומבאַדײַטנדיקע מינדערהייט. ווען דער גרעסטער צורר היהודים ביז דעמאָלט, כמיעלניצקי, איז אין ת״ח אויפֿגעגאַנגען מיט פֿײַער און שווערד להשמיד ולהרוג די ייִדישע קהילות, האָט די ייִדישע באַפֿעלקערונג אין גאַנץ פּוילן געציילט אפֿשר בלויז אַ פֿערטל מיליאָן נפֿשות! בעת היטלערס סאַלדאַטעסקע האָט זיך אַרויסגעלאָזט דורכפֿירן די ״ענדלייזונג״, האָבן אין מזרח־אייראָפּע געלעבט איבער זיבן מיליאָן ייִדן.

זייערע פּרנסות זענען שוין אמת פֿון לאַנג באַגרענעצט געוואָרן. זיי איז ניט דערלויבט געוואָרן צו קויפֿן אייגענע ערד. לסוף זײַנען זיי דורך דער צאַרישער רעגירונג פֿאַרטריבן געוואָרן פֿון די גרויסע שטעט אין תּחום המושב, וואָס האָט באַצוועקט צו דערשטיקן און נישט לאָזן לעבן אַ פֿאָלק. אין אָט דעם פֿאַרכטיקן קיומדיקן קלעם אַנטפּלעקן אָבער ייִדן זייער וווּנדערלעכע וויטאַליטעט, דעם טאַלאַנט צו לעבן.

.5

דער פּאַראַדאָקס פֿונעם שטעטל

איזאָלירט פֿון דער אַרומיקער געזעלשאַפֿט, כּמעט לחלוטין אָפּגעריסן פֿון דער גרויסער וועלט, צעשיידט דורך שווערע וועגן, צווישן זומפּן און וועלדער און דורך אַ מויער פֿון פּאָליטישע פֿאַרבאָטן, אַנטוויקלען די ייִדן, וואָס זיינען קאָנצענטרירט אין אַן אומגלייבלעכער ענגשאַפֿט, דעם טיפּ פֿון אַן אייגנאַרטיקער קהילה, וואָס הייסט ייִדיש שטעטל פֿון מזרח־אייראָפּע.

דאָס שטעטל איז געווען ניט קיין קליינע שטאָט, ניט קיין גרויס דאָרף. דאָס שטעטל איז געווען ניט מער ווי אַ קליינער אֵבֿר אין גוף פֿון אַ גרויסן קיבוץ — אַ גאַנצע ייִדישע וועלט פֿאַר זיך.

דאָס איז די וועלט פֿון קאָלאָסאַלן פּאַראַדאָקס:

מיליאָנען פֿונעם אויסדערוויילטן פֿאָלק וואָס זײַנען מצד דער השגחה עליונה געווען אָנגעגרייט צו גרויסקייט, האָבן דאָ, אין תחום־המושבֿ און אין די געטאָס, געלעבט ווי חיות אין שטײַג, אין דחקות און בזיונדיקער שפּלות. זעלטן אָבער אַזאַ פּלאַץ וואָס זאָל זיין אַזוי אָפֿן פֿאַר דער וועלט ווי דאָס ייִדישע שטעטל, וואָכיק און שפּירעוודיק פֿאַר די קלאַנגען וואָס זאָגן אָן די השׂכּלה, נאַציאָנאַלע אויפֿלעבונג, סאָציאַלע אויסלייזונג — אַ געמיש פֿון רעוואָלוציע־אידעאַלן, פּראָגרעס און הומאַניזם וואָס האָבן געעקבערט אין חלל פֿון דער מאָדערנער וועלט. אין נאַסע קעלערס, אויף בוידעם־שטיבלעך, אין די בית־כּנסת־הייף אָדער אויף די מערק אין די שטעט און שטעטלעך האָבן ייִדן געלעבט די געשיכטע מיט אומגעוויינלעכער אינטענסיווקייט. זיי זענען ניט געווען די ריטערס און קאָמאַנדירן פֿון די גרויסע שלאַכטן אין זייער צײַט, זיי האָבן ניט געמאַכט די געשיכטע; די געשיכטע איז אָבער געווען עפּעס וואָס רופֿט זיי תּמיד.

בײַם שוסטערס בענקל, אין משׂא־ומתּן מיטן שנײַדער, אינעם טאָג־טעגלעכן שמועס וועגן אַן איי און הון אויפֿן אַלטן מאַרק, דאָס אייגענע בעת אַ געמיטלעכן שמועס מיטן שבתדיקן אורח, אומעטום ווו מען האָט גערעדט וועגן ענינא דיומא, האָט מען געקענט הערן ווי עס ווערן דערמאָנט מעשׂי־בראשית, דער גירוש פֿונעם גן־עדן, דער מבול און זיין מוסר־השׂכּל, חורבן בית המקדש און... רוסיש־יאַפּאַנישע מלחמה. בנשימה אחת האָט מען דאָ געהערט אַזעלכע נעמען ווי בלעם, אַלכּסנדר מוקדון, ווילנער גאון און נאַפּאָלעאָן, דובנער מגיד און ראָטשילד; ווי מען ברענגט ראיות פֿונעם רמב״ם, פֿון קוהלת, פון רבי עקיבֿא און בעל־שם טובֿ, ווי מען דערציילט וועגן רבי נחמן בראַצלאַוווער, — ווי זיי אַלע וואָלטן געווען לעבעדיקע געשטאַלטן, מיטצייטלער פֿון זעלביקן דור און וועלן אין אַ ווײַלע אַרום אַרויס פֿונעם פּאָליש פֿונעם אַלטן בית־כּנסת און זיך אַרויסלאָזן צום פֿישמאַרק אָדער זיך זעצן ביים משפּחה־טיש.

נישט געווען, דאַכט זיך, קיין נעענטערער פּלאַץ צום באַרג סיני ווי דער פֿאַרשנייטער בית־מדרש אין אַ ליטוויש אָדער אוקראַיִניש שטעטל.

אַן אוצר פֿאַר זיך זיינען געווען די קללות אין ייִדיש. אַפֿילו די קללות פֿון די בעלי־עגלות און הענדלערקעס אין מאַרק זיינען פֿול געווען מיט אַסאָציאַציעס צו די מעשׂיות פֿון חומש, צו די ספֿרים מיט אַגדות און הַלכות, האָבן זיך באַצויגן צום שולחן־ערוך און עין־יעקבֿ, צו דורותדיקע טראַדיציעס. פֿון דער צווייטער זײַט — אויף דער צווייטער אַקס פֿון דער טראַדיציע — איז נישט געווען קיין שום רעוואָלוציאָנערער געדאַנק אין אייראָפּע און באַפֿרײַונגס־באַוועגונג אין דער וועלט, וואָס האָבן נישט נוגע געווען דעם ייִדן אין שטעטל אויף דעם אינטימסטן אופֿן און צעברויזט די פֿיר ווענט און דעם משפּחה־טיש מיט עקבערדיקע דיסקוסיעס און גאַרונגען, נישט ווייניקער ווי דאָס קומען פֿון משיח.

פֿאַרן גרויסן בית־כּנסת האָבן פֿאַרביידעפֿילירט מאַניפֿעסטאַציעס פֿון ענטוזיאַסטישע אַרבעטער, טראָגנדיק די רויטע פֿאָן פֿון ערשטן מאַי, און אויף דער זעלבער נישט־ברוקירטער גאַס און אָן טראָטואַרן האָבן אויפֿגעהויבן שטויב די פֿיס פֿון נישט־ווייניקער ענטוזיאַסטישע יוגנטלעכע אינעם יערלעכן ל״ג־בעומר־

מאַרש, טראַגנדיק די פֿענער פֿון דער ייִדישער־מדינה־אונטערוועגס וואָס האָבן געפֿלאַטערט איבער זייערע קעפּ.
חסידים וואָס טראָגן אויף זייערע הענט קינדער אײַנגעהילט אין טליתים צום ערשטן שיעור אין חדר, בעת פֿאַר זיי גייען פֿאַרביי גרופּעס "תּרבותניקעס", וואָס אײַלן זיך אין שולע וווּ מען לערנט עבֿרית־בעבֿרית! אין דער זעלבער צייט זיצן באַבערדלטע ייִדן אויף די בענק אינעם עפֿנטלעכן גאָרטן און שלינגען מיט דאָרשט די לייט־אַרטיקלען פֿון די טאָגצײַטונגען אין ייִדיש — "היינט" און "מאָמענט" — וואָס זײַנען אָנגעקומען פֿון וואַרשע און שמעקן נאָך מיטן ריח פֿון דרוק.
צווישן די גרינדערס פֿון די דאָזיקע קהילות איז זיכער נישט געווען קיין איינער וואָס האָט געטראַכט, אַז זײַן שטעטל איז זײַן גאַנצע וועלט, אַז צווישן זײַנע געסלעך בויט ער זײַן היים אויף אייביק. דער ייִד האָט קיין מאָל ניט מבֿטל געווען ענינים פֿון עולם הזה פֿאַר ענינים פֿון עולם הבא. צו זײַנע ערדישע פֿליכטן האָט ער זיך תּמיד באַצויגן, גערנוויליק אָדער אומגערנוויליק, מיט אַבסאָלוטער ערנסטקייט. ער האָט אָבער אויך קיין מאָל ניט פֿאַרגעסן אַז אַלץ־מיט־אַנאַנדער־דאָ איז אין סך־הכל "על־תּנאַי", ביז אליהו הנבֿיא וועט קומען און מבֿשׂר זײַן, אַז עס איז געקומען די צייט אַנטקעגנצוגיין משיחן, אַז די גאולה איז געקומען.
פֿון דער ווײַטנס, דאָס הייסט אין די אויגן פֿונעם פֿרעמדן, האָט די ייִדישע גאַס אויסגעזען ווי אַ מוראַשקעס־נעסט וווּ די באַשעפֿענישן ראַיען אַרום און אַרום ווי פֿאַרווירטע. דער המון אין שטעטל האָט אָבער געהאַט אַ חלום! פֿון אים זענען אַרויסגעקומען אַ טראָצקי און ווייצמאַן, שאַגאַל און אַרטור רובינשטיין, חיים נחמן ביאַליק און דוד בן־גוריון. איבער זייערע וויגעלעך האָבן זיי געהערט די ווערטער און מעלאָדיע פֿון גוט באַקאַנטן וויגליד:

"אונטער מײַן קינדס וויגעלע
שטייט אַ גאָלדן ציגעלע.
ס'ציגעלע איז געפֿאָרן האַנדלען
ראָזשינקעס מיט מאַנדלען..."

.6

הינטערן סטערעאָטיפּ

הינטער דער רענאָמע פֿון הענדלערס און חלפֿנים, וואָס האָבן מער ניט אין זינען ווי געלט, באַהאַלט זיך אויס די אמתדיקע געשטאַלט פֿון אַ גרויסן, פֿאַרבן־רײַכן ייִדישן ציבור וואָס האָט אַלץ געטאָן כדי זיך מפֿרנס צו זײַן בכּבֿוד און זײַן אַ שׂמח בחלקו. זיי האָבן עוסק געווען אין אַלע מלאכות וואָס האָבן אַרומגענומען אַלע לעבנס־באַדערפֿענישן אין זייער צײַט: זיי זיינען געווען די מילנערס אין די מילן און די וואָס האָבן געבאַקן דאָס ברויט, זיי זײַנען געווען די שנײַדערס און די רימערס, די שוסטערס, די קאַמאַשנמאַכעס און די גאַרבערס, זיי זײַנען געווען די בויערס, די גלעזערס און די שמידערס:

„אין דער קוזשניע בײַ דעם פֿײַער
שטייט דער שמידער און ער שמידט;
קלאַפּט דאָס אייזן, פֿונקען פֿײַער שפּריצן,
און ער זינגט דערבײַ אַ ליד:
פֿון דער פֿרײַהייט, וואָס וועט קומען,
זינגט ער מוטיק, זינגט ער הייס,
און ער פֿילט ניט, ווי עס רינען
פֿון זײַן פּנים טײַכן שווייס".

צווישן עמך געפֿינט מען אין יעדן יישוב די געשטאַלט פֿונעם פֿורמאַן, טרעגער און וואַסערטרעגער, דעם שוסטער ווײַטער איז ניט גענוג צו געבן פּרנסה און ער איז אויך אַ מלמד, לערנט תּינוקות של בית רבן, כּדי זיך צו דערנערן:

„אָ, העמערל, העמערל, קלאַפּ,
שלאָג שטאַרקער אַ טשוועק נאָך אַ טשוועק!
קיין ברויט איז אין שטוב שוין ניטאָ,
נאָר צרות און לייד אָן אַן עק".

בײַ זײַט מיטן הענדלער פֿון גאַלאַנטעריע, און טייל מאָל מיט איידלשטיינער, וואָס שלעפּט זיך אַרום צווישן די פּאַלאַצן פֿון די „פּריצים" כּדי צו פֿאַרדינען אויף ברויט פֿאַר זײַנע פּיצלעך קינדער, און בײַ זײַט מיט מנחם-מענדלען, וואָס איז פֿאַרטאָן איבערן קאָפּ מיט ווינטגעשעפֿטן, טרעפֿט מען אָן אויף די אײַנגעבויגענע פּלייצעס פֿון די ראשונים פֿונעם יידישן פּראָלעטאַריאַט, די אַרבעטער פֿון קליינע האַנטווערקער-וואַרשטאַטן און פֿאַבריקלעך:

„גיי איך מיר אין פֿאַבריקע,
דער זייגער איז שוין אַכט;
קום איך מיר אין פֿאַבריקע
און בלײַב מיר שטיין פֿאַרטראַכט..."

רבונו-של-עולם! — האָבן די אַ אַרבעטערס געפֿרעגט — האָבן מיר שאַנסן נישט צו שטאַרבן פֿון טובערקולאָז צווישן די נעבעכדיקע פֿאַבריקן? און זיי האָבן זיך אויך פֿאַרנומען מיט וואַלד-און וואַסער-אַרבעטן. יידן האָבן געבויט טראַטוּאַרס און געטריבן איבער טײַכן ביימער ביז דאַנציק און ביז די ברעגעס פֿון האָלאַנד. ביזן אומקום זענען דאָ אויך געווען יידישע ערד-אַרבעטער, דאָ און דאָרט אַפֿילו יידישע גוטבאַזיצערס.
און געווען יידישע שטעט ווו די גויים זענען געווען אַ מינדערהייט — אַזוי ביז די מאַכט האָט זיך געקליגלט און געפֿונען אַן עצה צו ענדערן די גרענעצן פֿון דער שטאָט ערבֿ אַ צענזוס אָדער וואַלן; און געווען אויך שטעטלעך, אין וועלכע עס זײַנען קיין ניט-יידן אַפֿילו ניט געווען, חוץ שבת-גוי.
דער מאַרק און דער יאַריד זענען געווען די עיקרדיקסטע טרעפֿפּונקטן צווישן יידן מיט דער סבֿיבֿה; דאָ איז פֿאָרגעקומען דער משא-ומתּן צווישן דעם פּויער און

דעם ייִד, אין שפּאַנונג און בײַ קעגנזײַטיקן אָנקומען איינער צום אַנדערן: די ייִדן האָבן געדאַרפֿט די פֿרוכט פֿון דער ערד און פון דער ווירטשאַפֿט פֿונעם פּויער, בעת יענער האָט זיך געניייטיקט אין אַרבעטס־געצײַג און ווירטשאַפֿט־מכשירים פֿון יידישן וואַרשטאַט און קראָם.
הונדערטער יאָרן זײַנען די מזרח־אייראָפּעיִשע ייִדן געווען די לערערס און מדריכים פֿון די סלאַווישע פֿעלקער אויפֿן געביט פֿון האַנדל, דעטאַל און אַנגראָ, אין קונסט פֿון אויסערן־האַנדל, אין דער תּורה פֿון פֿינאַנסן און טעכנישע פֿאַכן. זיי האָבן אויפֿגעשטעלט די וויכטיקסטע בענק און האָבן געלייגט די פֿונדאַמענטן פֿאַר די אינדוסטריעס פֿון טעקסטיל, צוקער, טאַבאַק און מאַנופֿאַקטור.
די גוייִשע וועלט האָט זיך אויסגעצייכנט מיט סטאַבילקייט און לאַנגזאַמקייט,בעת די כאַראַקטער־שטריכן פֿונעם ייִד זענען געווען צעברויזטקייט, אַקטיווקייט און פּערמאַנענטע איניציאַטיוו. נישט קיין צופֿאַל איז בכן געווען וואָס יידן זענען געווען די איניציאַטאָרן און הויפּט־פֿינאַנסירער פֿון דער באַן אין אייראָפּע, וואָס האָט מער ווי אַלץ געדאַרפֿט סימבאָליזירן די אַחדות פֿון דער זיך בויענדיקער נײַער וועלט:

"לאָמיר טרינקען אַ לחיים,
אַיי־אַיי, אַיי־אַיי־אַיי!
פֿאַר דעם לעבן פֿאַר דעם נײַעם,
אַיי־אַיי, אַיי־אַיי־אַיי!"

.7

דער נשמה־אוצר

אַ נײַע וועלט האָט זיך טאַקע געהאַלטן אין מיטן בוי: ביסלעכווײַז זיינען אויך די ענדערונגען אַרײַנגעדרונגען אינעם ייִדישן שטעטל. די שינויים האָט אָנגעזאָגט דער רויך פֿון די לאָקאָמאָטיוון, דער ווייטער אָפּהילך פון האַרמאַטן־שאָסן, די גימנאַזיסטישע היטעלעך אויף די קעפּ פֿון ייִדישע קינדער. די ייִדישע גאַס האָט בהדרגה׳דיק אָנגענומען דעם כאַראַקטער פֿון אַ מאָדערנער, סעקולערער וועלט מיט אַ וואַכיקן פּאָליטישן באַוווּסטזיין, פֿול מיט קולטורעלן און אינטעלעקטועלן חיות. אָבער אויך בײַם אַרײַנגאַנג אינעם צוואַנציקסטן יאָרהונדערט האָט די אָ געזעלשאַפֿט געהיטן טרײַשאַפֿט צום זײַדנס הויז, פֿון וועלכן זי איז אַרויסגעוואַקסן, און צום נוסח פֿונעם לעבן אין שטעטל מיט זײַנע אינערלעכע ווערטן, ווי עפּעס וואָס זײַנען זייער ווערטלעך און מען דאַרף עס איבערגעבן פֿון דור צו דור.
דען דאָס ייִדישע שטעטל איז געווען אַ מין געזעלשאַפֿטלעכע איינהייַט מיט אַן אייגענער אויסקריסטאַליזירטער אָנפֿירערשאַפֿט וואָס האָט געפֿורעמט אַן אייגענעם לעבנס־שטייגער מיט אַן אויסגעשפּראָכענער גראַדאַציע פֿון ווערטן. און ווירקלעך —

„אויב דײַן נשמה וויל דערגיין דעם קוואַל, פֿון וועלכן
עס האָבן דײַנע ברידער די פֿאַרפײַניקטע געשעפּט
דורך גיהנום-פֿלאַמען, צווישן שלענג, מאַרטירערשאַפֿט
גאָטס טרייסט, בטחון, העלדישקייט און מוטיקייט,
די קראַפֿט, די אײַזערנע, די ליידן אויסצושטיין,
דעם שולטער אָט דאָס מיאוסע לעבן צו פֿאַרטראָגן,
ליידן אָן אַ סוף, אָן גרענעץ, אָן אַ ברעג —
......
אין בית מדרש קום, אין אַלטן און פֿאַרעלטערטן,
אין לאַנגע ווייסטע טבֿת-נעכט,
אין זוניקע און ברענענדיקע תּמוז-טעג,
......
וועט דײַן האַרץ דיר זאָגן:
דאָ שטייסטו אויף דער שוועל פֿון הויז פֿון אונדזער לעבן,
און ס'זעט דײַן אויג דעם אוצר פֿון נשמה אונדזערער".

ח.נ. ביאַליק *

די טירן פֿון בית-מדרש זענען אָפֿן געווען אַ גאַנצע וואָך, יומם ולילה. דאָס לערנען איז געווען אַן עלעמענטאַרער לעבנס-באַדאַרף. יעדער פֿעיִקער בחור בײַ ייִדן האָט פֿאַרלאָזט דעם פֿאָטערס הויז און אַוועק אין אַ מקום-תּורה, כּדי צו לערנען יאָרן לאַנג אין באַרימטע ישיבֿות.
די ישיבֿה געהערט צו די עלטסטע אינסטיטוציעס אין די תּפֿוצות. אויך אין מזרח-אייראָפּע האָט זי דערגרייכט דעם רעקאָרד פֿון אַנטוויקלונג און אויפֿטו. אין די ישיבֿות פֿון פּוילן און ליטע איז קריסטאַליזירט געוואָרן שטייגער פֿון חינוך און אויפֿפֿירונג וואָס האָבן זיך געשאַפֿן אַ שם עולם.
פֿון צווישן אָט די ישיבֿה-ווענט זענען אַרויס ניט בלויז באַרימטע תּורה-גדולים. ניט צופֿעליק איז דאָ אויך געווען אַ קוזשניע פֿאַר אַ סך אינטעלעקטואַלן פֿון נײַעם דור און גייסטמענטשן, וואָס האָבן דערפֿילט צענטראַלע אויפֿגאַבן אין דער נאַציאָנאַלער רענעסאַנס-באַוועגונג און אין די רעוואָלוציאָנערע באַוועגונגען אין דער מאָדערנער צײַט.
בײַ דער אָפּוועזנהייט פֿון מלוכהשע אינסטיטוציעס פֿאַר סאָציאַלער שוץ און אַ קאָמפּלעקס געזעלשאַפֿטלעכע סטיפּענדיעס, איז דער מנהג פֿון "עסן טעג" געוואָרן אַ סאָציאַלע אינסטיטוציע, וואָס האָט אַ סך ישיבֿה-בחורים געראַטעוועט פֿון דער חרפּה פֿון הונגער און האָט זיי אויך אַ סך מאָל צוגעשאַנצט די אויסדערוויילטע... יעדע משפּחה פֿלעגט פֿאַרבעטן אַ ישיבֿה-בחור צו עסן עטלעכע טעג, יעדער לויט זײַנע מעגלעכקייטן, און נישט איין מאָל איז אַרויסגעקומען דערפֿון אויך אַ זיווג פֿון אַ רײַך מיידל מיט אַן אָרעמען ישיבֿה-בחור. אַ תּלמיד-חכם איז געווען אַ געזעלשאַפֿטלעכער אידעאַל אין די אויגן פֿון אַ ייִד אין מזרח-אייראָפּע. הונדערטער יאָרן איידער עס איז אַרײַנגעפֿירט געוואָרן אָבליגאַטאָרישע בילדונג אין די אייראָפּעישע לענדער, האָט שוין יעדעס ייִדישע קינד געלערנט נאָך פֿאַרן שולעלטער, ווי דאָס איז הײַנט אָנגענומען. אַז אַ ייִדיש

* ייִדיש-נוסח: י.י. שוואַרץ

קינד איז אַלט געוואָרן דריַי אָדער פֿיר יאָר, האָט דער רבי שוין מיט אים געלערנט אַלף־בית:

"אויפֿן פּריפּעטשיק ברענט אַ פֿיַיערל
און אין שטוב איז הייס,
און דער רבי לערנט קליינע קינדערלעך
דעם אָלף־בית.

זעט־זשע, קינדערלעך, געדענקט־זשע, טיַיערע,
וואָס איר לערנט דאָ;
זאָגט־זשע נאָך אַ מאָל, און טאַקע נאָך אַ מאָל:
קמץ אָלף — אָ!!

און אַז איר וועט, קינדער, דעם גלות שלעפּן,
און אויסגעמוטשעט זיַין,
זאָלט איר פֿון די אותיות כּוח שעפּן —
קוקט אין זיי אַריַין!" —

יעדע ייִדישע קהילה, ווי אָרעם זי זאָל ניט זיַין, האָט אויסגעהאַלטן פֿיל חינוך־אַנשטאַלטן און אויף איר איז געלעגן די זאָרג פֿאַר יתומים און אָרעמע קינדער. נישט געווען אין שטעטל קיין נידעריקערער אויסדרוק בײַם שילדערן געפֿאַלנקייט פֿון אַ מענטש, ווי אים באַצייכענען ווי אַ גראָבער יונג, אַן עם־הארץ.
יום־טובֿ און שבת האָט די גאַנצע עדה זיך פֿאַרזאַמלט אין בית־כּנסת. ווי אָרעם ער זאָל נישט זיַין, האָט קיין שום ייִשוב נישט פֿאַרפֿעלט צו האָבן אין זיַין צענטער אַ בית־כּנסת. קליינע — איין בית־כּנסת, מיטעלע — דריַי ביז פֿינף, און גרויסע קהילות האָבן אויך געהאַט צוואַנציק און אַפֿילו פֿערציק בתּי־כּנסת אין זייערע גרענעצן! ווי אַזוי האָט דאָס אַלץ עקזיסטירט אָן וועלכער ניט איז מלוכהשער הילף? — פֿון די אָנגעזעענע בעלי־בתּים האָט די עדה אויסגעקליבן די פּרנסים.
דער "פּרנס" איז געווען דער מנהיג פֿון דער קהילה און איר רעפּרעזענטאַנט לגבי די מאַכטאָרגאַנען. די פּרנסים און דער ועד זיַינען געווען פֿאַראַנטוואָרטלעך פֿאַר די זייער וויכטיקע לוין־באַאַמטע אויפֿצוהיטן די קהילה־באַדינונגען. צווישן זיי זיַינען געווען דער חזן, דער שמש, דער שוחט, דער ממונה איבער כּשרות, און איבער זיי אַלע — דער רבֿ. דער ועד האָט איַינגעמאָנט די שטייערן פֿאַרן מלכות און פֿאַר די חינוך־באַדינונגען, רעליגיעזע הצטרכותן און אינערלעכע שטיצע.
בעת די מאַכטאָרגאַנען האָבן פֿאַרפֿליכטעט איַינצומאָנען שטיַיער "פֿון קאָפּ", האָט די קהילה דעם סיסטעם פֿאַרביטן לויטן כּלל ווער עס איז ריַיכער, "לפי הממון" — פּראָגרעסיווער שטייער לויט די מעגלעכקייטן פֿון יעדן איינעם.
צדקה, פֿון די וויכטיקסטע מצוות ביַי ייִדן, האָט מען געגעבן דורך די פּריַיוויליקע חבֿרות. געווען אַ געזעלשאַפֿט "מלביש ערומים" וואָס האָט געזאָרגט אַז מענטשן אין נויט זאָלן האָבן מלבושים און שוכוואַרג; אַ חבֿרה "הכנסת אורחים" וואָס האָט געזאָרגט פֿאַר פֿאַרבײַפֿאָרנדיקע אורחים אָן מיטלען; און אַ חבֿרה "אל תּשליכני לעת זיקנה", אַ "בית יתומים" און אַ "הכנסת כּלה", און גמילות חסד און "מתּן בסתר" — נעמען וואָס קלינגען היַינט גאַנץ משונהדיק, אָבער אין סך־הכּל האָבן זיי געגעבן אַן ענטפֿער פֿון גוטן ווילן פֿאַר אַלע נויט־פּראָבלעמען, מיט

וועלכע די מאָדערנע געזעלשאַפֿט ראַנגלט זיך ביזן היַינטיקן טאָג. גרויסע קהילות האָבן אויפֿגעשטעלט און אויסגעהאַלטן ממש גאַנצע שפּיטעלער. אָבער אויך אינעם קליינעם שטעטל זיַינען געווען "חבֿרות" וואָס האָבן געזאָרגט פֿאַר מעדיקאַמענטן, פֿאַר הילף אין דער הויז־אַרבעט און שטיצע פֿאַר איַינזאַמע קראַנקע, אַלץ כּדי מקיים צו זיַין די מצווה פֿון "ביקור חולים". אויך טאָר מען ניט פֿאַרגעסן די גמילות־חסד־קאַסעס, וואָס האָבן געגעבן הלוואות אָן שום צינזן! רויב־און־מאָרד־פֿאַלן זיַינען אין שטעטל ניט געווען שכיח. ייִדן שיכּורים האָבן זיך ניט געוואַלגערט אין די רינשטאָקן. געוואַלטטאַטן זיַינען זייער זעלטן, און ס׳איז אַ ספֿק צי אינעם פֿאַרברעכער־אַלבאָם פֿון פּאָליציי, האָט מען געקענט געפֿינען אַ מנין ייִדן. די האַרבסטע שטראָף וואָס אַ קהילה האָט געקענט אַרויפֿלייגן אויף אירע מיטגלידער, וואָס זענען אַראָפּ פֿון דרך־הישר, איז געווען דער געזעלשאַפֿטלעכער חרם און טאַדלונג. די ייִדישע קהילה אין משך פֿון הונדערט דורות איז דאָך געווען ניט מער ווי אַ וואָלונטאַרע געזעלשאַפֿט!

8.

דאָס וויגעלע פֿון דער ייִדישער רעוואָלוציע

דאָס זענען געווען יסודות פֿון סאָציאַל־עטישן קאָמפּלעקס פֿון די ייִדישע קהילות אין מזרח־אייראָפּע. ניטאָ אָבער קיין גרעסערער "אָפּטישער" טעות ווי זען אין דער אַמאָליקער קהילה אַ סטאַגנירטע וועלט נאָך ביים לעבן, און פֿאָרשטעלן דאָס לעבן אין שטעטל ווי אַ "קלאַסישער" בײַשפּיל פֿון פֿינצטערער קאָנסערוואַטיווקייט, אָדער אַ מין "פּאַסטאָראַל פֿון אַ פּראָווינצער בלאָטע". דען אויך אין אַזאַ טראַדיציאָנעלער קהילה זיַינען קיין מאָל ניט פֿאַרשוווּנדן די סאָציאַלע שפּאַנונגען און די שווערע שטרײַטן, ערדישע און אַזעלכע וואָס זיַינען בלויז געווען לשם שמים, און דער יחיד און דער ציבור האָבן מיט זיי זיך געראַנגלט טייל מאָל ביז אַ קריזיס. די גרעסטע און האַרבסטע מחלוקת איז אויסגעבראָכן אינעם צווייטן פֿערטל פֿונעם 18טן י״ה מיטן אויפֿקום פֿון חסידיזם.

אַלע ווייסן וואָס חסידות איז, דאָך איז כּדאַי צו דערמאָנען אין אונדזער צוזאַמענהאַנג עפּעס, וואָס האָט כאַראַקטעריזירט אָט די באַוועגונג, און בלויז וויניק ביישפּילן פֿון אַזאַ מין זיַינען געווען אין דער אוניווערסאַלער קולטור־געשיכטע. אָנגעהויבן האָט זיך די באַוועגונג אין די פֿאַרשטויסענע גרענעץ־יישובֿים אין אוקראַיִנע. גאָר גיך שפּרינגען די קערנדלעך אַרויס "פֿון די וועלדער" און פֿאַרשפּרייטן זיך ווי אַן אַלץ וואַקסנדיקע כוואַליע איבער וויַיס־רוסלאַנד, וואָלין, צענטראַל־פּוילן, גאַליציע, אונגאַרן, רומעניע, ליטע, סלאָוואַקיע. די באַוועגונג קריסטאַליזירט זיך אויס און צעשפּרייט זיך אויך מעבֿר לים — אַזוי ביזן היַינטיקן טאָג. חסידות האָט די מאַסן דערגאַבערט ניט מיט צוואַנג, אויך ניט מיטן כּוח פֿון אַ באַניַיטן גערדאַנק. די באַטייַטנדיקע ענדערונג, וואָס חסידות האָט מיט זיך געבראַכט צו די מזרח־אייראָפּעישע קהילות, איז געווען די חסידישע עדה, אַן אַנדער מאָדעל פֿון אַ קהילה, אין שפּיץ מיט אַ נייעם קאָמפּעטענטן מנהיג — דעם צדיק. די אָ עדה האָט אויסגעפֿורעמט אַן אייגענעם נוסח התּפֿילה

וואָס האָט כּמעט מיט גאָרנישט איבערגעשריטן דעם אָנגענומענעם נוסח התּפילה פֿון סידור, אָבער האָט זיך אויסגעצייכנט מיט ענטוזיאַזם און עקסטאַז. אין זייער אופֿן פֿון דאַווענען, מקיים־זיין מצוות און אין זייער גאַנצער טאָג־טעגלעכער אויפֿפֿירונג האָבן זיי זיך אויסגעצייכנט מיט אַנטפּלעקונגען פֿון דבֿיקות. פֿרייד, געזאַנג, טאַנץ, דאָס איז געווען אַ מין באַפֿרײַען זיך פֿון די טאָגטעגלעכע זאָרגן (התפשטות הגשמיות), וואָס האָט זיך אַרויסגעריסן כּדי צו באַלײַכטן דאָס יִידישע הויז און אַ יִידישע היים, אַ פֿאַרזונקענע אין טרויער און אָרעמקייט.

די בשׂורה פֿון חסידות איז בכן געווען בעיקר אין פֿורעמען אַ יִידישן לעבנס־שטייגער, וואָס האָט געלייגט אַ טיפֿן חותם אויפֿן לעבן פֿון יִידישן יחיד און יִידישן קיבוץ אין גאַנצן, אומעטום. חסידות האָט געשטויסן דעם גלות צו אַ נאָוואַטאָרישער רעליגיעזער און פֿאָלקסטימלעכער עקספּרעסיווער באַוועגונג, און ס׳האָט אויך ניט געפֿעלט אין איר קיין אויסדרוקן פֿון סאָציאַלן פּראָטעסט — קעגן עטישע איבלען, מיט וועלכע עס זיינען אָנגעשטעקט געוואָרן געוויסע רבנים און פּרנסים פֿון די קהילות. ווי אַזאַ האָט זי אַרויסגערופֿן דעם צאָרן פֿון רעליגיעז־קהלישן "עסטאַבלישמענט". זייערע שטאַרקסטע קעגנערס זיינען געווען די "מתנגדים" מיטן ווילנער גאון ר׳ אליהו. דאָס איז געווען אַ קאַמף וואָס איז אָרײַנגעדרונגען אין יעדן הויז און געדראָט מיט אַ האַרבער שפּאַלטונג פֿון דער יִידישער געזעלשאַפֿט אין אַ נאַציאָנאַלן פֿאַרנעם, ביז עס זיינען ניט אויפֿגעקומען נײַע אויפֿטרייסלענדיקע שטרעמונגען. אין סך־הכּל איז אויך דער אָ קריזיס געווען אַ מקור פֿאַר גײַסטיקער דינאַמיק, וואָס האָט באַפֿרוכפּערט דעם יִידישן געדאַנק און די ליטעראַרישע שאַפֿונג פֿון די מזרח־אייראָפּעישע יִידן אויף אַלע געביטן פֿון פֿילאָזאָפֿיע, פּובליציסטיק, פּראָזע און פּאָעזיע, טעאַטער און פֿאָלקסליד:

"וואָס פֿאַרשטייסטו, פֿילאָזאָף,
מיט דײַן קעצישן מוחל?
קום אַהער, צום רבינס טיש,
וועט ער דיך לערנען שׂכל!
טירי־בים, בים־באַם,
טירי־בים, בים־באַם,
אוי־אוי!"

די אָ באַוועגונג, וואָס האָט מיט יסורים און רדיפֿות באַצאָלט פֿאַר איר וואָגן צו באַנײַען דעם יִידישן לעבנס־שטייגער און ווײַזן אַ וועג צו עבֿודת־הקודש אויף אַ דערפֿרישנדיקן און אָריגינעלן וועג, איז אין אַ קנאַפּן יאָרהונדערט געוואָרן אַ פֿעסטונג פֿון פֿאַנאַטישן קאָנסערוואַטיזם און האָט פֿון אַטאַקע געמוזט אַריבערגיין צו פֿאַרטיידיקונג: אויף דער אַרענע איז מיט שטורעם אַרויף די השׂכּלה־באַוועגונג. אַלע חסידישע דינאַסטיעס טרעטן דאַן אַרויס קעגן דער השׂכּלה און סעקולאַריזאַציע־אַנטפּלעקונגען פֿון יִידישן לעבן, בעת די משׂכּילים זעען אין חסידיזם זייער הויפּט־שׂונא און שאַנעווען אים נישט מיט זייערע דראַמאַטישע און פֿאָלקסטימלעכע סאַטירע־פֿײַלן, שאַרפֿזיניקן פֿעליעטאָן און דעם פֿאָלקס־פּזמון, וואָס דרינגט טיפֿער אַרײַן ווי אַלע פּאָלעמישע ביכער:

„אַ דאַמפּשיף האָסטו אויסגעטראַכט,
און נעמסט זיך דערמיט איבער, —
דער רבי שפּרייט אַ טיכל אויס׳
און שפּאַנט דעם ים אַריבער!
טירי־בים, בים־באַם...
צי ווייסטו דען וואָס דער רבי קלערט
ווען ער זיצט ביחידות?
אין איין מינוט ער אין הימל פליט
און פּראַוועט דאָרט שלוש־סעודות!
טירי־בים, בים־באַם...

צווישן די מיליאָנען יידן אין מזרח־אייראָפּע זענען אויפגעקומען באַנייַענדיקע, סאָציאַלע און נאַציאָנאַלע שטרעמונגען, עס זייַנען אויפגעקומען „קרייַזלעך״, עס זיינען געגרינדעט געוואָרן מאַסן־אָרגאַניזאַציעס, עס זיינען אויפגעקומען קריסטאַליזירטע פּאַרטייען, — דער פּאַמיליע־טיש האָט זיך געשפּאָלטן אויף פאַרשידענע מיינונגען, די פונדאַמענטן האָבן זיך אָנגעהויבן טרייסלען.
אַזוי איז אויפגעקומען און אויפגעבליט די נייַע יידיש־קולטור, די העברעיִשע רענעסאַנס־ליטעראַטור, פּרעסע, אין אַלע גערעדטע שפּראַכן, אַ שפּע פּעריאָדיק, אַ נעץ זעלבשטענדיקע שולן, רעליגיעזע און וועלטלעכע, פּאַרלאַגן וואָס האָבן אַרומגענומען אַן עולם ומלואו.
אין מזרח־אייראָפּע איז געשטאַנען דאָס וויגעלע פון דער רעוואָלוציאָנערער יידישער אַרבעטער־באַוועגונג און זי איז ניט געבליבן בלויז די שאַפונג פון דעם אייבערשטן שיכט אינטעליגענץ, נאָר האָט באַלד געהאַט אַן אָפּקלאַנג אין די הערצער פון עמך, בעת דאָס פאָלקסליד טראָגט זיך פונאַנדער אומעטום:

„טאַטעס, מאַמעס, קינדערלעך
בויען באַריקאַדן,
און אין גאַסן גייען אום
אַרבעטער־אָטריאַדן.

ס׳איז דער טאַטע היינט אַוועק
פרי אין דער פאַבריק
און די קינדער פרעגן ניט
ווען ער קומט צוריק...״ –

און אין דער זעלבער צייַט און אין זעלבן פלאַץ רייַפט דער ציוניזם! ביַים אָנהייב אַכציקער יאָרן פונעם פאָריקן יאָרהונדערט אַנטשטייט חיבת־ציון, אַן אידעאָלאָגיש־געזעלשאַפטלעכע שטרעמונג, וואָס רופט צו נאַציאָנאַלן רענעסאַנס פון יידן און צוריקקער קיין ארץ־ישראל, צו זייער היסטאָריש היימלאַנד. די יונגע, און צום אָנהייב זייער קליינע באַוועגונג האָט אירע עיקרדיקע געדאַנקען געצויגן פון די יסודותדיקע ווערטן פון יידישער טראַדיציע, געפיל פון גלות, וואָס איז געוועזן אַזוי פאַרוואָרצלט אינעם תחום־המושב, און דאָס וואַרטן אויף דער גאולה, און פון רעליגיעזן און פסיכישן קשר פון יעדן ייִד מיט ארץ־ישראל.ביז די דאָזיקע באַוועגונג איז פאַרוואַנדלט געוואָרן אין מאָדערנעם פּאָליטישן ציוניזם און אין אַ פאָלקס־כוח, וואָס האָט שפּעטער געגרינדעט די יידישע מדינה, האָבן די

אָנזאָגער געדאַרפֿט שאַפֿן זיך אַ וועג בײַם פֿאָלק דורך גרויסע שטרויכלונגען און אַנטוישונגען. די אָרטאָדאָקסיע האָט אַרויסגעוויזן אַן אַלץ שטייגנדיקע קעגנערשאַפֿט צום געדאַנק פֿון דוחק זײַן דעם קץ און האָט פֿאַרבאָטן מיט חרם דאָס אַרײַנמישן זיך פֿון אַ ילוד־אישה אין די וועגן פֿון דער השגחה־עליונה. די היסטאָריקערס פֿונעם ציוניזם דערמאָנען מיט אָנערקענונג די נעמען פֿון די אויסגעצייכנטע פֿרעדיקערס פֿונעם דאָזיקן געדאַנק, די אינטעלעקטואַלן און שרײַבערס ליליענבלום, סמאָלענסקין, פּינסקער, אחד־העם. ווייניקע ווייסן אָבער אונטערצושטרייכן, אַז די קרוין פֿון אויפֿקלערן און פּאָפּולאַריזירן די ציוניסטישע וויזיע צווישן די מאַסן געהערט גאָר דעם וואָס איז געווען אַ בדחן אויף חתונות: דער וואַנדערנדיקער טרובאַדור אליקום צונזער, דער פֿאָטער פֿון יִדישן פֿאָלקסגעזאַנג, וואָס האָט אויך געשריבן איןביידע לשונות אונדזערע:

”אין דער סאָכע
ליגט די מזל־ברכה,
דער וואָרער גליק פֿון לעבן,
קיין זאַך מיר ניט פֿעלט!“

וועגן דעם ליד און פֿיל אַנדערע, וואָס ער האָט פֿאַרפאַסט אויף שיבֿת־ציון און אירע פֿאַרווירקלעכער, און וועגן זייער השפּעה אויפֿן ציבור שרײַבט ציטראָן, דער מיטצײַטלער פֿון צונזער, אין זײַנע זכרונות: ”...אין אַלע שטעט און שטעטלעך, וווּ צונזער איז אויפֿגעטראָטן אויף חתונות, לייענט ער און זינגט זיינע לידער, האָט זיין פּראָפּאַגאַנדע לטובת יישוב ארץ־ישׂראל טיף משפּיע געווען אויפֿן עולם. כּמעט תּמיד האָבן זיך באַלד אויפֿן אָרט אָרגאַניזירט סניפֿים פֿון חובֿבֿי־ציון... יעדעס מאָל ווען עס איז באַקאַנט געוואָרן אין שטאָט וועגן זײַן קומען — קיין מודעות זיינען ניט פֿאַרעפֿנטלעכט געוואָרן, ווייל די אַסיפֿות זײַנען געווען אין די בתי־כּנסת און מערסטן טייל אָן דערלויבענישן — פֿלעגט בײַ צײַטנס זיך פֿאַרזאַמלען אַן עולם פֿון טויזנטער, און אַ סך זיינען געבליבן אויף יענער זייט טיר, ווײַל זיי האָבן ניט געקענט אַרײַן אינעווייניק... אַלע זײַנע אויפֿטריטן מיט חיבת־ציון־לידער זײַנען דורכן עולם אויפֿגענומען געוואָרן מיט הייסע אַפּלאָדיסמענטן“. און אַן אַנדערער ביאָגראַף זײַנער (סאָל ליפּצין) באַמערקט, אַז ווען הערצל איז דערשינען אין אייראָפּע, ”איז זיין רוף געפֿאַלן אויף אַ פֿרוכטבאַרן באָדן, ווײַל ער איז פֿריִער צעאַקערט געוואָרן טיף דורכן פֿאָלקסשרײַבער (אברהם מאַפּו) און פֿאָלקסזינגער (אליקום צונזער)“. אליקום צונזער (1830־1913) איז געווען דער ערשטער פֿון אונדזערע טרובאַדורן אין דער נײַער צײַט. נאָך אים זײַנען געקומען פֿיל אַנדערע וואָס האָבן דאָס פֿאָלקסליד געבראַכט אין יעדן יִדישן הויז.

דאָס אָ הויז, וואָס איז אַרויס פֿון פֿײַער פֿון פּאָגראָמען, הילט זיך אין דלות און צער, ווערט געטראָגן אין אידעאָלאָגישן שטורעם צו די ברעגן פֿונעם צוואַנציקסטן יאָרהונדערט, בעת אינעם האַרץ פֿון די מאַסן צאַפּלט דער אַלט־נײַער ניגון.

.9

עפּעס וועגן דעם גלגול פֿונעם ניגון

ווי אַזוי גיסט מען צוזאַמען דאָס וואָרט מיטן קלאַנג — דאָס האָבן ייִדן געלערנט אינעם בית־כּנסת זינט די אורעלטסטע צײַטן, נאָך אין דער תּקופֿה פֿון דער משנה און תּלמוד. אינעם צענטער פֿונעם סדר־התּפֿילה איז זינט תּמיד געשטאַנען די פּערזענלעכקייט פֿונעם חזן.

צו דעם חזן — מיט דער צײַט ווערט ער געקרוינט מיטן הויכן טיטל ש״ץ (שליח ציבור) — צו אים האָט מען זיך קיין מאָל ניט באַצויגן ווי צו אַ זינגער, וואָס פֿאַרמאָגט בלויז דאָס קול. אַ מאָל זײַנען די מעלות, וואָס מען האָט געזוכט ביים חזן, געווען ניט בלויז די קענטעניש און טאַלאַנט צו דאַווענען בציבור, נאָר אויך די אייגנשאַפֿטן פֿון אַ פּעדאַגאָג און פֿאַרווײַלער... ער איז אויך געווען אַ מלמד פֿון תּינוקות־של־בית־רבן, דער וואָס האָט משׂמח געווען חתן און כּלה, מנחם־אַבֿלים געווען, אַ שליח מצווה און... אַזאַ וואָס האָט געשריבן פּיוטים. פֿון די תּלמוד־צײַטן ביז דער נײַער צײַט איז חזנות געווען כּמעט דער איינציקער אויסדרוק פֿון מוזיקאַלישער אַקטיוויטעט און הנאה פֿון איר אינעם ייִדישן טראַדיציאָנעלן לעבן. לויט דער מיינונג פֿון עטנאָ־מוזיקאָלאָגן האָט חזנות אין מזרח־אייראָפּע געהאַט אַ באַזונדערע אייגנשאַפֿט — זײַן אָריגינאַליטעט איז געקומען צום אויסדרוק אין ליריק און אין דעם אונטערשטרײַכן דאָס געפֿיל מער ווי דעם סדר. אָט דאָס דאָזיקע חזנות איז אויפֿגעגאַנגען פֿון די הילצערנע בתּי־כּנסת אין אוקראַינע און פּאָדאָליע און האָט זיך פֿון דאָנען צעשפּרייט — אינעם 17טן יאָרהונדערט — איבער ייִדישע הײַזער אין דער גאָרער וועלט. דאָס איז געווען ״דאָס געזאַנג פֿון געפֿיל״, אין וועלכן דאָס קול און דער דמיון פֿון חזן־קינסטלער האָט דערפֿילט אַ צענטראַלע ראָל.

מיר ווייסן ניט קלאָר ווען האָט זיך דאָס ליד אָפּגעטיילט פֿון דער תּפֿילה און פּיוט. עס איז אָבער קלאָר, אַז אַ פֿאָלקסליד — די ווערטער און די מעלאָדיע — איז פֿון תּמיד אָן בײַ ייִדן געווען אַן עבֿודת־הקודש. אין גאַנג פֿון די דורות איז דאָס ליד ווייט איבערגעשריטן די אָנגענומענע ראַם פֿון בית־כּנסת, פֿאַרשפּרייט זיך און פֿאַרוואָרצלט אין אַלע רעליגיעזע געביטן, אין געזעלשאַפֿטלעך־קולטורעלער אַקטיוויטעט פֿון ייִדישן לעבן.

אומעטום וווּהין עס איז מגולגל געוואָרן דער רעליגיעזער ניגון, דאָרט האָט דאָס געזאַנג פֿון עולם אים באַגלייט און ארויסגעהאָלפֿן און דורך דעם איז ווי פֿאַרשטאַרקט געוואָרן דאָס געפֿיל פֿון אחדות און בשותּפֿותדיקער ירושה פֿון דער גאַנצער עדה.

ווען מיר פֿלעגן זיך טייל מאָל פֿאַרזאַמלען אין די סודותפֿולע וועלדלעך פֿון פּוילן און ליטע אַרום די פֿײַער־שײַטערס — יוגנטלעכע פֿון השומר הצעיר און פֿון פֿאַרשיידענע אַנדערע יוגנטלעכע חלוצים־באַוועגונגען, אָדער יוגנטלעכע פֿון ״בונד״ וואָס האָבן זיך גערופֿן די ״בינען״ — און מיט יוגנטלעכער בענקשאַפֿט געזונגען אונדזערע לידער, איז אַ ספֿק, צי מיר האָבן זיך אָפּגעגעבן אַ חשבון, אַז אייגנטלעך זעצן מיר פֿאָר צו שפּינען דעם פֿאָדעם וואָס ציט זיך פֿון זיידנס טיש,

ווען די גאַנצע משפּחה, גרויס און קליין, האָבן באַגלייט די שבת־מלכּה מיט זמירות. דען ווען דער ניגון איז אַרויס פֿון היכל פֿון בית כּנסת, איז ער אַרײַן אין הויז פֿון דער משפּחה אַרום סעודה־טיש — וויניקסטנס צוויי מאָל אין דער וואָך, בײַם אָנקומען און אַװעקגיין פֿון שבת. און בעת אַ סעודת־מצווה, בעת אַ ברית־מילה, תּנאים און חופּה האָט דאָס קול פֿון געזאַנג זיך געטראָגן ווײַט מחוץ די ווענט פֿונעם הויז. און דאָ איז דאָס פֿאָלקסליד געקומען צום באַזונדערן אויסדרוק פֿאַרן נאָענטן קשר צווישן גאָט מיט זײַן אויסדערוויילטן פֿאָלק צו תּורה און מצוות, צווישן שבת און יום־טובֿ. דער צובונד פֿון די לידער צו די תּנ״כישע דערציילונגען, און צום ספֿר תהילים בעיקר, איז געווען שטאַרק, פּונקט ווי עס איז קלאָר געווען די קאָנטאַקטיע פֿון די ליטורגישע העברעיִשע טעקסטן פֿונעם סידור און מחזור. די לידער האָבן די פֿאַרהייליקטע טעקסטן ניט געבראַכט בלויז ווי ציטאַטעס אַליין, נאָר האָבן פֿאַרברייטערט און געגעבן זיי אַ פּירוש אין גײַסט פֿון דער צײַט און זייערע אייגענע נשמה־איבערלעבענישן. און די נשמה האָט גערעדט אין צוויי לשונות — העברעיִש און די גערעדטע שפּראַך, און על פּי רובֿ אין דער לעצטער.

די גערעדטע שפּראַך — על פּי רובֿ ייִדיש — האָט דערמעגלעכט דעם אַקטיוון אָנטייל פֿונעם גאַנצן ציבור־משׂכּילים, תּלמידי חכמים און פּשוטע ייִדן, יונגע, פֿרויען, זקנים און קינדער צוזאַמען, בעת די ווייך־אומעטיקע מעלאָדיע פֿירט זייערע ווערטער פֿון האַרץ צו האַרץ.

אַזוי ביז עס זײַנען געקומען ענטוזיאַסטישע חסידים און געוואָלט לײַטערן דעם ניגון און אים באַפֿרײַען פֿון יעדן טעקסט. אָבער אויך ווען ער איז כּלומרשט געווען ריין פֿון אַלע ווערטער־סיגים, האָבן אַלע געוווסט וואָס די נשמה וויל זאָגן:

אײַ־באַ, באַ־באַ, באַ־באַ־באַם,
אײַ־באַ, באַ־באַ־באַם.

.10

נוסח פֿון שטאַרקער ליבע אין אַ מעלאָדיע פֿון קאָזאַקן

פֿאַראַן אַדאָפּטירטע פֿאָלקסלידער און פֿאַראַן גענומענע מעלאָדיעס בײַ אַנדערע פֿעלקער. כאָטש ייִדן זײַנען געווען אַן עם לבֿדד ישכּון, איז איין קולטור געקומען אין קאָנטאַקט מיט דער אַנדערער, און מענטשלעכע קולות מיט זייערע ניגונים האָבן זיך צוזאַמענגעמישט און באַווירקט איינע די אַנדערע.

פֿון די בולטסטע רוסישע קאָמפּאָזיטאָרן פֿונעם 19טן יאָרהונדערט, למשל, איז מוסאָרגסקי באַקאַנט מיט זיין וואַכזאַמער באַציונג צו דער ייִדישער פֿאָלקסמוזיק. אָט די מוזיק איז אים נאָענט געווען אַדאַנק איר אויסגעשפּראָכן עמאָציאָנעלן כאַראַקטער, און ער האָט אַפֿילו אָפּגעשאַצט איר בײַשטייער צו אַן אוניווערסאַלער אידעע — ווי א שפּיגל פֿון דער סבֿיבֿה פֿונעם קינסטלער און מקור פֿון זיין יניקה. לויט זײַן מיינונג איז די קלאַנגענוועלט פֿונעם קינסטלער

קענטיק בלויז מיט זײַן סענטימענט צו דער רעאַליע פֿון זײַן וועלט. די וועלט פֿון מוסאָרגסקי און זײַנע וואָרצלען זײַנען דאָך געווען רוסלאַנד און דאָס רוסישע פֿאָלק. ער, וואָס האָט פֿון דער נאָענט געקענט די נשמה פֿונעם רוסישן מענטש מיט זײַנע פֿאַרבאָרגענע בענקשאַפֿטן און שטרעבונגען, ער, וואָס האָט ליב־געהאַט דעם מוזשיק אין זײַנע פֿרייד־און־ליידן־אַנטפּלעקונגען — וואָס פֿאַראַ שײַכות האָט ער געהאַט צום געזאַנג פֿון ייִדישע פֿאָלקסמענטשן?

מאָדעסט מוסאָרגסקי (1839־1881), קאָמפּאָזיטאָר און גרויסער דערציִער פֿון רוסישע מוזיקערס, אין גײַסט פֿון זײַן ליבע צו רוסישער פֿאָלקסטימלעכקייט — און ווי דער רובֿ רוסישע מוזיקערס פֿון זײַן דור אויך אַן אויסגעשפּראָכענער אַנטיסעמיט — האָט ווײַזט אויס אין דער ייִדישער פֿאָלקסשאַפֿונג געפֿונען יענעם "מוזיקאַלישן אמת", צו וועלכן ער האָט געשטרעבט אין זײַנע זוכענישן און אין זיין דראַנג צו פשטות. אין דער ייִדישער פֿאָלקסמוזיק האָט ער אַנטפּלעקט דעם עלעמענטאַרן, געהיימען און אינסטינקטיוון עלעמענט פֿון דער מוזיק, די נאַטירלעכע און נישט אויפֿגעצווונגענע פֿאָרמעס פֿונעם מוזיקאַלישן אויסדרוק פֿון אַ פֿאָלק. ער פֿלעגט דערציילן, אַז ווען ער איז נאָך געווען אַן אָפֿיציר אין דער אַרמיי, האָט ער ניט דורכגעלאָזט קיין שום געלעגנהייט ארויסצוגנבֿענען זיך פֿון דער קאַזאַרמע און אַוועק אין אַ ייִדישן ישוב כּדי בײַצוווינען זייערס א חתונה, און בעת זײַנע רײַזעס פֿלעגט ער אָפּט אָפּשטעלן זײַן קאַרעטע און פֿאַרשרײַבן אויף שנעל די נאָטן פֿון די מעלאָדיעס, וואָס ער האָט געהערט פֿון וואַנדערנדיקע ייִדישע כּלי־זמרים אויף די וועגן. איין מאָל, אַרויסגייענדיק פֿון אַ בית־כּנסת, נאָך דעם ווי ער האָט געהערט דאַוונען און זינגען, האָט ער פֿאַרצײַכנט: "צוויי ייִדישע טעמעס האָבן זיך טיף אײַנגעקריצט אין מײַן זכרון: איינער פֿון חזן און די צווייטע פֿון די משוררים פֿון כאָר — איך וועל זיי קיין מאָל ניט פֿאַרגעסן!"

צוליב זײַן שטאַרקן סענטימענט צו מקורות און עכטקייט, האָבן אַ פּנים אָפּגעהילכט בײַ מוסאָרגסקין דער מעלאָס און דער ריטמאָס פֿון דער ייִדישער פֿאָלקסשאַפֿונג — אין געזאַנג, טאַנץ, אין די רעליגיעזע מזמורים — ווי עפּעס דרינגט דורך מיט אינטויטיווער נאַטירלעכקייט און פֿאַנגט דאָס האַרץ. אַריבער די נאַציאָנאַלע אונטערשיידן און אידעאָלאָגישע מחיצות, איז דאָס האַרץ פֿונעם קינסטלער געפֿאַנגען געוואָרן דורכן קול פֿון ייִדישן מעלאָס און ריטעם פֿון דער דאָזיקער פֿאָלקסמוזיק ווי אַ שפּראַכלעכער אויסדרוק פֿונעם ייִדישן לעבנס־געפֿיל.

און פֿון דער צווייטער זײַט —

די ייִדישע פֿאָלקס־פּאָעטן — חזנים־בדחנים־זינגערס־פּיטנים — די אייניקלעך פֿון די "שפּילמאַנס" און אוראייניקלעך פֿון די לוויִם אין בית־המקדש — וועמענס געזאַנג איז ניט פּראָפֿעסיאָנעל, און זייערע מעלאָדיעס זײַנען ניט געמאַכט דורך קיין פּראָפֿעסיאָנאַלן, זייער כּלי־נגינה פּרימיטיוו און זייער שרײַבן עקספּראָמט — זיי אַדאַפּטירן און נעמען, פֿאַרשטייט זיך, אַ סך רוסישע מעלאָדיעס — אָנהייבנדיק פֿון יענעם ערשטן פּזמון וואָס צונזער האָט פֿאַרפֿאַסט לכּבוד חיבת־ציון, "די סאָכע" ביז "זאָג ניט אַז דו גייסט דעם לעצטן וועג", וואָס הירש גליק האָט פֿאַרפֿאַסט אינעם ווילנער געטאָ. אָבער, להבדיל פֿון מוסאָרגסקי,

איז דאָ דער פּראָצעס אַנדערש און באַשטאַנדפֿולער. ניט פֿאַראַן דאָ קיין אינטעגראַציע אָדער באַאַרבעטונג, וואָס דער קאָמפּאָזיטאָר האָט געמאַכט, און ניט קיין אויסדרוק פֿון אַן עקזאָטישן אַספּעקט פֿון אַ פֿאַרשער, עטנאָמוזיקאָלאָג, נאָר די פּשטות פֿון דירעקטער שאַפֿונג — פֿונעם קוואַל.

בײַ אונדזערע ערשטע פֿאָלקסזינגערס איז זייער שפּראַך געווען אַ געמיש פֿון ייִדיש מיט משׂכּילישן עבֿרית מיט אַ מאַסע "אינטערנאַציאָנאַליזמען" — דאָס זײַנען אָבער געווען די פֿעדערן. דער עצם פֿון זייער לשון איז, פֿאַרשטייט זיך, געווען די געראָדטע פֿאָלקסשפּראַך — דאָס היימישע לשון — די אינטימע שפּראַך פֿון עמך.

און אַזוי דער מעלאָס —

מיר קענען טרעפֿן בײַ אליקום צונזער אַ נוסח פֿון גרויסער ליבע אויפֿגיין צוזאַמען מיט קאָזאַקישע ריטמען! דען די קלאַנגענוועלט זײַנע און פֿון זײַנע חבֿרים איז זיי געקומען פֿונעם בית־כּנסת און פֿון צווישן... די שטאַלן פֿאַר קי, פֿון ביים עמוד פֿון חזן און שאָף־פֿאַרצוימונגען אינעם רוסישן אָדער אוקראַיִנישן כוטאָר. דער פֿאַרכאַפּנדיקער אַספּעקט פֿונעם דאָזיקן געזאַנג איז דער צוזאַמענגאָס פֿון די עלעמענטן, ווי אַזוי מע האָט דאָס גענומען און וואָס ס'האָט דערפֿון געמאַכט דער ייִדישער דיכטער, דער פֿאָלקסמענטש.

עס זײַנען טאַקע פֿאַראַן אַדאַפּטירטע לידער און פֿאַראַן געליִענע מעלאָדיעס, וועמענס קלאַנגען היטן אויף זייער לאָקאַלן נישט־ייִדישן כאַראַקטער אין אונדזערע פֿאָלקסלידער, דאָך זײַנען זיי ווי אײַנגעהילט אין אַ טלית — אין אַ פֿאַרהוילענער אויסשפּראַך פֿון טיפֿקייט און פֿאַרטראַכטקייט. הינטער דעם פֿרעמדן באַהאַלט זיך פּלוצעם אויס אַ תּנ"כישער מאָטיוו, און אַ טראַדיציאָנעלער ניגון איז גובֿר דעם פֿרעמדן. אַן ענלעכער פּראָצעס מאַכט דורך דער טעקסט. ווען מיר קומען זינגען אַ קינדערליד אָדער אַ ליבעליד, ציִען אַ חסידישן ניגון אָדער מאַכן טאַנצן מחותּנים און משׂמח־זײַן חתן־כּלה — און חתונה־לידער, דאַרף מען געדענקען, זײַנען נישט בלויז אויף דער טעמע חתן־כּלה, נאָר מען גייט אַוועק ווײַט צו אַקטועלע ענינים, ייִדישע פּאָליטיק, לאָקאַלע און אַלוועלטלעכע, און אַזוי אויך ווען מיר דערלאַנגען טרויעריקע זעלנערלידער אָדער מוסר־לידער, — פֿלעגט דער ייִדישער פֿאָלקסקינסטלער צוגעבן צו דעם אַלעם עפּעס וואָס איז אַזוי ייִדיש, אינעם אומעטיק־דבקותדיקן ריטעם פֿון דער מעלאָדיע און מיט דער שטאַרקייט פֿונעם וואָרט־אויסדרוק, וואָס ס'איז שווער צו געפֿינען אַ ביישפּיל ערגעץ אַנדערש. אָט איז דאָס ליד "דער פֿאַראָם", וואָס איז זיינער צייט שטאַרק געווען פֿאַרשפּרייט (ליד פֿון א. צונזער, פֿאַרפֿאַסט אין 1861, איז פּאָפּולער אין פֿאַרשידענע צעקאַליעטשעטע וואַריאַנטן; דאָ איז דאָס ליד קאָפּירט לויטן אָריגינעלן מקור):

"דאָרט בײַ דער ווילִיע גיי איך שפּאַצירן,
זע איך דעם פֿאַראָם אויפֿן טײַך,
הין און צוריק טוט ער איבערפֿירן,
זאָג איך: ברידער, דאָס מיינט מען אײַך.

די וועלט איז דער טײַך און שטרענג,
דער פּאַראָם דאָס איז די צײַט;
אינעווייניק מענטשן אָנגעשפּאַרט ענג,
און ער שיפּט — אויף יענער זײַט.

די שטראָמען מיט די גאוות
און די וועלטלעכע תּאוות,
וואָס זיי טרײַבן דעם פּאַראָם;
מער ניט די ליניִע,
דאָס איז די אמונה,
לאָזט אונדז ניט פֿאַרטרינקען אין תּהום״.

.11

דער שפּיגל פֿונעם לעבן

די פֿאָלקסלידער פֿון מזרח-אייראָפּעיִשע ייִדן זײַנען אַ טרײַער שפּיגל פֿונעם ייִדישן לעבן אין גלות. די פּשטות פֿונעם מעלאָס און זייער ריטמאָס דערנענטערן אונדז מער ווי אַלץ צו פֿאַרשטייען די וויטאַליטעט פֿונעם ייִדישן בײַאָטיפּ, וואָס איז אַנדערש אין זײַן לעבנס-געפֿיל ווי די פֿון זײַן סבֿיבֿה, אַ זאַך וואָס גייט אויף פֿון דעם שפּע פֿון זײַנע ליידן און פֿרייד פֿון אַן אָרעמאַן.אויפֿן ערשטן אויגנבליק אונטערשיידן זיך נישט די טעמעס פֿון דאָזיקן געזאַנג פֿון די טעמעס פֿון פֿאָלקסגעזאַנג בײַ יעדער אומה ולשון. די און יענע זינגען וועגן די אומבײַטן פֿון יאָר און פֿון לעבן, וועגן לעבן פֿונעם יחיד, משפּחה און געזעלשאַפֿט אין אַלע זײַנע אַספּעקטן, פּרנסה-פּראָבלעמען, פֿאַכן, ליבע, צעשיידונג, שׂמחות, יום-טובֿים און טויט. נישט מער — דאָ קומען צו גאַרונגען נאָך דער משיחישער צוקונפֿט, איינגעפֿעדעמט אויף אַ שנור פֿון אַ לאַנגן היסטאָרישן זכּרון. קיין ווּנדער ניט, וואָס דאָס זײַנען מער אינטראָספּעקטיווע לידער, און זייערע מעלאָדיעס גיבן די לייכטזיניקסטע און פֿריילעכסטע ווערטער אַ טאָן פֿון עצבֿות און צער. ווי דאָס לעבן אַזוי די פּאָעזיִע — און איך גלייב, אַז געניי ווי די קינסטלערישע אַזוי אויך די פֿאָלקסטימלעכע — ברענגען אויף אין שטראָם פֿון די רייד ווערטער פֿון אַ ווערט און ווערטער אָן אַ ווערט אין איין און דער זעלבער צײַט. אויך דאָ, אין דער פֿאָלקס-פּאָעזיִע, וועט איר בײַ זײַט מיט די טפֿלדיקע זאַכן אויך געפֿינען מוסטער-שאַפֿונגען.
און געניי ווי דער עיקר כּוח פֿונעם פֿאָלקסליד קומט פֿון פֿאָלקסגײַסט, אַזוי פֿורעמט ער אויף ס׳נײַ דעם דאָזיקן גײַסט:

״קום איך אַרײַן צו שפּרינגען,
אויף איין פֿיסעלע בלויז;
הייב איך אָן צו זינגען — די שׂמחה איז מיר גרויס!
זינגען מיר, לויבן מיר:
שושנת יעקבֿ!״

אין די ווערטער און אין ניגון שוועבט דער גײַסט פֿון ישׂראל סבֿא איבערן באָדן פֿון וועלכן די לידער זײַנען אַרויסגעוואַקסן, סיי רעליגיעזע סײַ וועלטלעכע. און די אָ פּאָעזיע האָט געהאַט העלדן, צענטראַלע פּערזענלעכקייטן, וואָס דערשײַנען צווישן די שורות איין מאָל און ווידער אַ מאָל:
דאָס קינד, דער קליינער שנײַדער, אַ מיידל וואָס איר איז צײַט צו גיין אונטער דער חופּה, שדכנים און מחותּנים, דער שוסטער און דער רבי, די אָבֿות פֿון פֿאָלק, דוד המלך, אליהו הנביא — — —
אָבער איבער אַלע שטייט די געשטאַלט פֿון דער ייִדישער מאַמע, ווי זי וואָלט אַקומולירט דעם דם־התּמצית פֿון דער איבערלעבניש פֿון לײַדנדיקן פֿאָלק, פֿונעם ייִדישן גורל אין גלות:

"כ'האָב געהאַט אַ מאַמעניו,
האָט זי מיך געלערנט:
זײַ נאָר גוט און פֿרום, און ווייס
מער קיין חכמות ניט!

רעגן־רעגן־רעגנדל,
כ'בין אַ קליין ייִדעלע,
לאָז איך מיך באַרעגענען,
כ'ווייס קיין חכמות ניט..."

.12

דער טאַלאַנט ניט צו זײַן צופֿרידן מיט זיך

איציק מאַנגער, דער פּרינץ פֿון דער באַלאַדע אין דער ייִדיש־פּאָעזיע, האָט זיך געהאַלטן פֿאַר אַן אוראייניקל פֿון "אליקום בדחן". אליקום בדחן צונזער, דער פֿאָטער פֿון דער ייִדישער פֿאָלקס־פּאָעזיע, איז געווען דער מיטצײַטלער פֿון ר' ישׂראל סאַלאַנטער. ר' ישׂראל פֿון סאַלאַנט האָט אױפֿגעשטעלט אַ באַוועגונג פֿאַר רעליגיעזער באַנײַונג. וואָס האָט מען נאָך געקענט מחדש זײַן אין דער וועלט פֿון ייִדישער אמונה נאָכן ווילנער גאון, נאָכן בעל־שם־טובֿ, נאָכן בעל־תּניא און רבי נחמן בראַצלאַווער?
ישׂראל סאַלאַנטער* האָט פֿאַרמאָגט אַלץ וואָס עס איז נייטיק כּדי צו זײַן אַ שיינער ייִד, אַ שׂמח בחלקו און אַ צופֿרידענער מיט זיך. געווי ווי זײַנע גײַסטיקע פֿאָטערס** האָט ער אָבער קיין מנוחה ניט געפֿונען — אין זײַנע אויגן האָט אַלץ געדאַרפֿט אַ תּיקון. ניט כּדי צו אימיטירן דעם רמב"ם*** האָט ער פֿאָרמולירט זײַנע אייגענע י"ג עיקרים:

* גרינדער פֿון דער מוסר־באַוועגונג. איז געבוירן (1810) אין ליטע און איז נפֿטר־געוואָרן (1883) אין קעניגסבערג. אין עלטער פֿון 12 יאָר איז ער באַרימט געוואָרן אַלס קענער פֿון תּלמוד, און די גדולי הדור האָבן אים פֿאָרויסגעזאָגט גרויסע זאַכן. ווי אַ דענקער און בעל־כּשרון פֿון אַן עורך און מחבר איז ער פֿון דער יוגנט אָן באַשאָנקען געוואָרן מיט גײַסטיקער מנהיגות. ישיבֿות און קהילות זײַנען אים נאָכגעלאָפֿן כּדי ער זאָל ווערן זייער מנהיג.

** איינער פֿון זיי: יוסף זונדל מסאַלאַנט, דער רבי און מוסטער פֿון ישׂראל, איז געווען אַ וווּנדערלעכע עטישע פּערזענלעכקייט וואָס האָט ניט געוואָלט ווערן רבֿ און זיך מפֿרנס זײַן פֿון צרכי־ציבור, נפֿטר געוואָרן אין ירושלים.

*** י"ג עיקרים פֿון רמב"ם.

א. אמת — ניט אַרויסלאָזן פֿון מויל עפּעס צו וואָס דאָס האַרץ איז ניט מסכּים דערמיט.
ב. זריזות — ניט פֿאַרשווענדן אומזיסט קיין איין רגע.
ג. חריצות — מקיים זייַן וואָס מ׳דאַרף מיט מסירות און געפֿיל.
ד. כּבֿוד — אָפּהיטן יענעמס כּבֿוד, אויך ווען דו ביסט מיט אים ניט מסכּים.
ה. מנוחה — גאָרניט טאָן אין איַילעניש, און דאָס איז גייַסטיקע מנוחה.
ו. נחת — דברי חכמים בנחת נשמעים.
ז. נקיון — אָפּהיטן ריינקייט פֿון גוף און בגד און פֿולער טהרה.
ח. סבלנות — אויפֿנעמען מיט שלווה יעדן מכשול און צרה.
ט. ענווה — ניט מקפּיד זייַן אויף די פֿעלערן פֿון דיין חבֿר און אָנערקענען דייַנע אייגענע חסרונות.
י. סדר — אַלץ טאָן אין אָרדענונג און דיסציפּלין.
יא. צדק — אין פּשוטן זין: זיי מוותּר אויף דייַנס.
יב. קימוץ — באַניגענען זיך מיט ווייניק.
יג. שתיקה — פֿאַרטראַכט זיך וועגן יעדן וואָרט, איידער דו לאָזט עס הערן.

נישט בלויז דער גייסט פֿון מאָראַלישן מטיף און זייַן התלהבֿות איז אין דעם ניכּר. מען קען דאָ ממש אָנטאַפּן דאָס וואָס איז שווער איבערצוזעצן און האָט ניט קיין פֿאַרבייט — דאָס איז דער ייִדישער אומרו וואָס לאָזט קיין מאָל ניט שלום מאַכן מיט פֿאַראַנענעם, צו זיין צופֿרידן מיט דעם וואָס מען טוט. זעט אויס, אַז דער שטויס צו תּיקון איז דער געמיינזאַמער שאַפֿערישער אימפּולס סיי פֿונעם מוסרניק סיי פֿונעם בדחן.
אליקום צונזער איז פֿון דער יוגנט אָן געווען אַזאַ, וואָס עס גייט אים גוט. שוין בייַם אָנהייב וועג זייַנעם האָבן זייַנע אויפֿטריטן פֿאַרכאַפּט די הערצער, און ער האָט דעם מעמד פֿון בדחן דערהויבן צו אַזאַ מדרגה וואָס איז פֿריִער קיין מאָל ניט געווען. ״איך געדענק, — שרייַבט מרדכי ספּעקטאָר, — ווען אַ געוויסער ייִדישער גבֿיר אין פּעטערבורג האָט חתונה־געמאַכט אַ טאָכטער. די חתונה איז פֿאָרגעקומען אויף אַ זומער־ווױנונג לעבן פּעטערבורג, און אויף דער חתונה איז איינגעלאַדן געווען פֿון מינסק אליקום צונזער. און ווען מען האָט זיך דערוווּסט אין פּעטערבורג אַז ״אליקום בדחן״ קומט אויף דער חתונה, זייַנען הונדערטער ייִדן אַרויסגעפֿאָרן אומגעבעטן אויף דער חתונה אום צו הערן אליקום צונזערן. די אַלע הונדערטער אומגעבעטענע געסט זייַנען דעם גאַנצן אָוונט נאָך דער חופּה געשטאַנען שטעהן לאַנג אַרום דעם פֿאַרקאַן פֿון דער דאַטשע...״ און אַזוי, בעת אַלע, גבֿירים און אָרעמע לייַט, האָבן הנאה פֿון זיינע אויפֿטריטן און שעצן זיינע לידער, באַוועלט ער זיין זעלבסטדערקענטעניש. פּלוצעם זעט אים אויס אומוויכטיק דאָס גאַנצע זיסע פּאָעטעווען פֿון זייַן פּאָעזיע און ער אַנטפּלעקט די טונקעלע זייַט אינעם לעבן און שטייגער פֿון זייַן געזעלשאַפֿט. ער אַטאַקירט דאָס אָנגענומענע און דאָס טראַדיציאָנעלע, אָן מורא און פּחד, צילנדיק שאַרפֿע סאַטירע־פֿייַלן קעגן חסידות, וואָס האָט זיך באַפֿעסטיקט אין אירע הייף.
די אָ אַנטי־חסידישע סאַטירע איז טאַקע געווען דער מלחמה־רוף פֿון דער

קעמפּנדיקער השׂכּלה־באַוועגונג. אָבער צונזער, וואָס האָט אַדאָפּטירט די אידעאַלן פון דער השׂכּלה, אַנטפּלעקט גאָר גיך דאָס פּעלערדיקע און דעם איבל, וואָס באַגלייט די יונגע באַוועגונג. און ער שטורעמט זי — מיט ליצנישער בדחנות כּלומרשט, אָבער מיט פּערזן וואָס קריצן זיך איַין אינעם באַוווסטזיין, ווי מיט אַ שאַרף מעסער — קעגן די פּאַרפּרעמדטע משׂכּילים, וואָס נעגירן זייער גייַסטיקע ירושה, קעגן די וואָס מאַכן דעם אָנשטעל פֿון אינטעליגענטן, קעגן אַסימילאַציע, אימיטאַציע און פּאַרפּרעמדונג וואָס באַגלייטן דעם פּראָגרעסיוון פּאַראַד פֿון דער השׂכּלה. זייער ווייניק מענטשן אין דער וועלט האָבן באַוויזן זיין אַזוי אומצופרידן פֿון זיך און פֿון זייערע אייגענע דערגרייכונגען, ווי די ייִדן אין מזרח־אייראָפּע. די גרויסע קונסט איז געווען דער סטיל פֿון זייער לעבן, דער בטחון און דער הומאָר וואָס האָט זיי פּאַרטיידיקט פּאַרן טראַגיזם פֿונעם לעבן. אָבער נישט ווייניקער פֿון דעם — זייער געהיימער וואָפּן וואָס האָט זיי פּאַרהיטן פֿון וועגעטאַציע — איז געווען דער טאַלאַנט ניט צו זייַן צופֿרידן מיט זיך, דער דראַנג צו אַנטפּלעקן נייַע וועלטן, אומדערמידלעך צו שטרעבן צו גייַסטיקער פּאַרטיפֿונג. אַזעלכע ייִדן וועלן דערגרייכן די נחלה — קיין מאָל אָבער ניט די מנוחה.

.13

שבת שלום!

דאָס געזאַנג קומט שטענדיק צוריק פֿון די באַריקאַדעס פּאַרשעמט און פּאַרלוירן, אָבער אַפֿילו אויב די פּענער — אין וועלכע די פּאָעזיע פֿלעגט אַרייַנגעבן דעם גייסט פֿון קאַמף — זייַנען שוין פּאַרבלאָטיקט געוואָרן אין שטויב און די גאַרונגען פֿון די דיכטער זייַנען אָפּגעמעקט געוואָרן אונטער די חורבֿות, איז דאָס ליד — דאָס ליד פֿונעם פּאָלק, ווי דער באַשאַף אַליין פּאַר זיך, זעצט פּאָר דעם וועג צו די פּאַרמעסטן פֿון וועלכע זי איז אויפֿגעקומען. מאָדנע: פֿון אָט די פּאָלקסלידער גייט ניט אויף צו אונדז דאָס קול פֿון דעם פּאַראַטענעם — כאָטש עס איז פּאַרלוירן דער אָריגענעלער זין פֿון די ווערטער — נאָר ס׳גייט אויף פֿון זיי און ווערט געטראָגן, אויך היינט, אַ טאָן פֿון מענטשלעכן טרוימענדיקן און קעמפּנדיקן שטאָלץ, וואַרעם און נאָענט, מחוץ די צווימען פֿון דער צייַט:

> „און אויב פּאַרזאַמען וועט די זון און דער קאַיאָר,
> ווי אַ פּאַראָל זאָל גיין דאָס ליד פֿון דור צו דור".

אין יאָר 1920, 23 יאָר איידער דאָס יינגל־משורר הירשקע גליק האָט פּאַרפּאַסט דאָס ליד, וואָס איז געוואָרן דער הימען פֿון די ייִדישע פּאַרטיזאַנער צווישן די מויערן פֿונעם ברענענדיקן געטאָ, זומער פֿון יענעם געבענטשטן יאָר — בייַם סוף פֿון דער ערשטער וועלט־מלחמה, ווען עס האָט געזיגט די רוסישע רעוואָלוציע, ביים סוף פֿון בלוטיקן בירגער־קריג — האָבן די שלום־דעלעגאַציעס פֿון ראַטנפּאַרבאַנד און זעלבשטענדיקן ליטע זיך פּאַרזאַמלט צום משׂא־ומתּן וועגן אַ הסכּם צווישן זיי. די רויטע אַרמיי איז דעמאָלט געשטאַנען בייַ די טויערן פֿון וואַרשע און אַלע האָבן פּאָרויסגעזאָגט אַז דער ראַטן־פּאַרבאַנד וועט באַהערשן

ניט בלויז די ברייטקייטן פֿון דער צאַרישער אימפּעריע, נאָר וועט אירע גרענעצן נאָך מער פֿאַרברייטערן און איינשלינגען דעם רובֿ שכנותדיקע לענדער, — אַ נבואה וואָס איז פֿולקום מקויים געוואָרן נאָך בלויז איין דור. אין שפּיץ פֿון דער סאָוויעטישער דעלעגאַציע איז געשטאַנען דער וויצע־אויסערן־מיניסטער, דער ייִד א. יאָפֿע, און אין שפּיץ פֿון דער ליטווישער דעלעגאַציע איז געשטאַנען איר וויצע־אויסערן־מיניסטער, דער ייִד שמשון ראָזנבוים. צו דער איבערראַשונג פֿון די אָבסערוואַטאָרן האָט ראָזנבוים דערגרייכט אַ סך וויתּורים מצד די סאָוויעטן, וועלכע עס איז ניט געלונגען צו דערגרייכן מצד די שליחים פֿון די אַנדערע באַלטישע לענדער. שמשון ראָזנבוים, דער ליטווישער פּאַטריאָט, האָט זיך ניט באַנוגנט מיט ווילנע, וואָס איז אָנערקענט געוואָרן ווי זייער הויפּטשטאָט, נאָר האָט אויך געוואָלט אַנעקסירן שטחים וואָס האָבן קיין מאָל ניט געהערט צו דער ליטע, קרײַזן פֿון ווייסרוסלאַנד וואָס זײַנען פֿול געווען מיט ייִדן... פֿאַראַן טאַקע אַ יש אומרים אַז ער האָט אין זינען געהאַט דעם נאַציאָנאַלן ייִדישן אינטערעס בײַם דאָזיקן פֿאַרמאַטערנדיקן משׂא־ומתּן מיט די באָלשעוויקעס.

ווען חותם פֿון ייִדן אויף דער געשיכטע פֿון נײַעם אייראָפּע קען אויך עדות זאָגן די ווײַטערדיקע מעשׂה, וואָס מען האָט דעמאָלט דערציילט. צי דאָס איז טאַקע אזוי געווען אָדער דאָס איז אויסגעטראַכט — דער גײַסט איז אַן אמתדיקער: בעת דער רוסישער פֿאָרשטייער חבֿר יאָפֿע האָט געזען, אַז ד״ר ראָזנבוים קען זיך גאָרניט אָנזעטיקן מיט זײַנע טעריטאָריאַלע פֿאָדערונגען, האָט דאָס געדולד בײַ אים אָנגעהויבן פּלאַצן און ער האָט אים געפֿרעגט: ״זאָגט מיר, חבֿר ראָזנבוים, וווּ דאַרף סוף כּל סוף דורכגיין, לויט אײַער מיינונג, די גרענעץ פֿון אײַער ליטע?״ אויף דעם, דערציילט מען, האָט דער ליטווישער פֿאָרשטייער געענטפֿערט אָן אַ ציטער פֿון שוואַרצאַפּל: ״זיי (די גויִים) וועלן דאָס ניט פֿאַרשטיין, אָבער מיר ביידע ווייסן גענוי דעם ענטפֿער: אומעטום וווּ ייִדן באַגריסן זיך און זאָגן ״גוט סאַבעס״— דאָרט, כּידוע, איז ליטע, און דאָרט וווּ ייִדן זאָגן: ״גוט שבת!״ פֿון דאָרט און ווײַטער איז רוסלאַנד!״

דעם אונטערשייד צווישן שין און סין האָט אָפּגעמעקט דאָס אַש פֿון באַבי־יאַר, פּאָנאַר און נײַנטער פֿאָרט. אָבער אויך דאָס האָט ניט פֿאַרשטאָפּט דעם קוואַל פֿון וועלכן עס פֿליסט לעבן און ייִדישע שאַפֿונג — אויף אַן אַנדער פּלאַץ, אויף יענער זײַט. אויפֿן דרך פֿון פּאַראַפֿראַזע קען מען פֿרעגן: ווו גייט היינט אַדורך די גרענעץ פֿון דער ייִדישער וועלט?

זיי (די גויִים) וועט דאָס אפֿשר שווער זיין צו פֿאַרשטיין, אָבער צווישן אונדז דאַרפֿן מיר ווייסן דעם ענטפֿער אין זײַן פֿולער איינפֿאַכקייט: אומעטום ווו דאָס אויער הערט דעם שבת שלום.

אומעטום ווו ייִדן באַגריסן זיך נאָך מיט אַ שבת שלום, מיט אָדער אָן אַ דיאַלעקט, איז פֿאַראַן האָפֿענונג צו זינגען — דאָס ייִדישע פֿאָלק זאָל האָבן גוטע צײַטן און עס זאָל זיך ווידער הערן אין דער גאַס פֿון דער שטאָט אין יאָר 2000:

״און מיר זײַנען אַלע ברידער,
אוי־אוי, אַלע ברידער,
און מיר זינגען פֿריילעך לידער,
אוי־אוי, אוי־אוי!״.

די אַנטאָלאָגיע פֿון יידישע פֿאָלקסלידער ווערט דערלאַנגט דורכן העברעיִשן אוניווערסיטעט ירושלים. די זאַמלונג האָט געקליבן און דורכגעשמוגלט דורך פֿאַרבאָטענע גרענעצן מיט מסירות־נפש אהרון ווינקאָוויעצקי, אַ נײַער עולה פֿונעם ראַטן־פֿאַרבאַנד, וואָס האָט מיט רשעותדיקער סיסטעמאַטישקייט פֿאַרשניטן די יידישע קולטור; זעט אויס, אַז דאָס איז מער ווי אַ סימבאָל, אפֿשר — אַ נבֿואה פֿון האַרץ. דען נצח ישראל לא ישקר. דעם וועג פֿון גײַסט ווער ווייסט? די גײַסטיקע פֿאַרענדערונגען אין דער מאָדערנער געזעלשאַפֿט, אַלגעמיינער ווי יידישער, די וואָס איז צעשפּרייט צווישן פֿעלקער און אויך די וואָס קריסטאַליזירט זיך אויס אין מדינת ישׂראל איז גורם מענטשן זאָלן ווידער פֿאָרשן זייערע מקורות און די וואָרצלען פֿון זייער אידענטיטעט.
אַ באַנייט באַקענען זיך מיטן פֿאָלקסליד איז עשוי צו געבן ניט בלויז עמאָציאָנעלע נאָסטאַלגיע, נאָר — און איך גלייב אין דעם — צוריקקערן דעם מאָדערנעם מענטש דאָס קול פֿון זײַנע עלטערן, וואָס שטאַרבט קיין מאָל ניט!

„און מיר האַלטן זיך אין איינעם,
אוי־אוי, זיך אין איינעם,
ס'איז אַזוינס ניטאָ בײַ קיינעם —
אוי־אוי, אוי־אוי!" — — — — — —

קיבוץ עין החורש, תשרי תשמ"א